W0228445

Die Welt der Zigarre

Richard Carleton Hacker

Die Welt der Zigarre

Von der Kunst ihrer Herstellung
und dem Genuß des Rauchens

WILHELM HEYNE VERLAG
MÜNCHEN

Alle Fotografien in diesem Buch stammen, falls nicht anders angegeben,
aus dem Archiv des Autors.

Titel der amerikanischen Originalausgabe:
The Ultimate Cigar Book
Ins Deutsche übertragen von Kerstin Dietrich
Redaktion H. Dieter Wirtz, Mönchengladbach

3. Auflage

Umschlaggestaltung: Art & Design Norbert Härtl, München
Umschlagfoto: Manuel Schnell, München,
in Zusammenarbeit mit Christian Diener, Berlin
Satz: Leingärtner, Nabburg
Druck und Bindung: RMO-Druck, München
Printed in Germany

ISBN 3-453-09098-5

Meiner wunderbaren Frau Joan gewidmet,
die meine Passion für Zigarren nicht nur erträgt,
sondern wohlwollend unterstützt.
Noch niemals hat sie auch nur einen Anflug
von Eifersucht gezeigt.

»Gentlemen, Sie dürfen rauchen.«
König Edward VII.

»Wenn man im Himmel nicht rauchen darf, gehe ich nicht hin.«
Mark Twain

»Ich bin sicher, daß es viele Sachen gibt, die noch besser sind als eine gute Zigarre. Im Moment will mir allerdings keine einfallen.«
Richard Carleton Hacker

Inhaltsverzeichnis

Vorwort
oder
Warum dieses Buch
keine Grenzen kennt

Ebenso wie etliche Tabakblätter benötigt werden, um eine Zigarre herzustellen, waren etliche Helfer erforderlich, damit dieses Buch fertiggestellt werden konnte. Eigentlich sollte das Buch *Die Welt der Zigarre* schon vor einigen Jahren erscheinen, aber das Weltgeschehen und die unglaubliche Anzahl von immer neuen Marken, die anfingen, die Zigarrenszene zu überschwemmen, veranlaßten mich, die Veröffentlichung mehrmals zu verschieben, denn dieses Buch sollte umfassender und vollständiger sein als alle Bücher, die jemals die Zigarre zum Thema hatten.

Natürlich kann ein Buch wie das vorliegende niemals völlig auf dem neuesten Stand sein. Trotz mehr als zehnjähriger Reise- und Interviewtätigkeit, trotz zahlloser Filmrollen und Videos wird die Hoffnung, alles erfaßt zu haben, immer eine Hoffnung bleiben. Interessanterweise hatten die Verantwortlichen von Cubatabaco ähnliche Probleme, als sie versuchten, die Entstehungsgeschichte ihrer großen Havanna-Marken zu rekonstruieren. Das liegt zum Teil daran, daß viele der Familien, welche die Zigarrenherstellung in Kuba begründet hatten, bei der Machtergreifung Castros aus Kuba flüchte-

9

ten und all ihre kostbaren Aufzeichnungen und Erinnerungen mitnahmen. Als Folge davon war es notwendig, die Geschichte der Zigarre nicht nur in Kuba, sondern auch in der Dominikanischen Republik, in Honduras und Jamaika, in Spanien und anderen Regionen der Welt zu verfolgen. Zum Glück war ich in der Lage, einen großen Teil dieses Materials zusammenzutragen, da ich mit vielen Zigarrenherstellern, die einstmals auf Kuba lebten und arbeiteten, persönlich befreundet bin. Deshalb werden Sie auch in diesem Buch einige Informationen finden, die niemals zuvor veröffentlicht worden sind. Außerdem habe ich die Hoffnung, daß das »Internationale Verzeichnis der Zigarrenmarken« (Kapitel 8) dazu beitragen wird, wieder etwas Ordnung in die Welt der Zigarren zu bringen.

Nachdem ich also die Notwendigkeit einer Auflistung aller Zigarren der Welt erkannt hatte, mußte ich auch neue Schneisen in einen Dschungel schlagen, der bis dahin weder Wege noch Pfade aufwies. Dann veranlaßte mich das Fehlen einer allumfassenden Bewertungsmethode für Zigarren zunächst, ein eigenes System zu erstellen, das solch einem Anspruch gerecht werden konnte. Diese Idee ließ ich jedoch schon bald fallen, denn diese Idee war deshalb nicht umzusetzen, weil jeder Zigarrenraucher seine bestimmte Vorstellung von »Aroma« hat. So erfand ich statt dessen die »Highly Prejudiced HackerScale«, kurz »HPH«. Dieses Bewertungssystem richtet sich nach der Stärke der Zigarre, nicht nach ihrem Geschmack – letztendlich bestimmt ja der persönliche Geschmack, warum der einzelne diese oder jene Zigarre für rauchenswert erachtet oder nicht.

In der Tat ist das Rauchen einer Zigarre eine ebenso vom Menschen bestimmte individuelle Tätigkeit wie ihre Herstellung. Vielleicht bin ich auch deshalb während der gesamten Arbeitszeit an diesem Buch mit unzähligen Menschen zusammengekommen, mit Persönlichkeiten, die, ebenso wie die Zigarren, die sie herstellen, von »feinster Qualität« waren, von einer »individuellen Beschaffenheit«, die niemals enttäuschte. Die meisten werden im Zusammenhang mit ihren Produkten in diesem Buch erwähnt. Einige verdienen jedoch besondere Erwähnung ...

Zuallererst muß ich Carlos (Carlito) Fuente jr. für seinen überbordenden Enthusiasmus danken, als er bemerkte, daß ich dabei war, *Die Welt der Zigarre* zu schreiben, und dafür, daß er so viele ungewöhnliche Wege beschritt, um mir so manche Tür in der Dominikanischen Republik zu öffnen. Ebenso war Dick DiMeola von der Consolidated Cigar Corporation die Hingabe in Person, wenn es darum ging, »alles zu tun, was der Förderung der Zigarre dienlich ist«.

Danny Blumenthal von Villazon verdient dieselbe Anerkennung, stellte er doch all seine Erfahrung aus einem ganzen (Geschäfts-) Leben mit Zigarren zur Verfügung. Frank Llaneza, heute einer der weltweit angesehensten Zigarrenhersteller, bin ich für die freizügige Preisgabe seines unschätzbaren Insiderwissens ebenfalls zu Dank verpflichtet. Auch Benjamin Memendez (General Cigar) und Hendrik Kelner (Tabadom) sowie Manuel Quesada (Matasa) aus der Dominikanischen Republik waren jederzeit zur Auskunft bereit. Schließlich schienen Larry und Brad Weinfeld von Hollco-Rohr in den USA niemals zu beschäftigt zu sein, um die vielen Rückfragen während der Entstehung dieses Buches nicht zu beantworten. Und absolute Anerkennung gebührt Robin Philpott von der Alfred Dunhill, Ltd., in London, dem der Titel »Schnellstes Fax in Großbritannien« zusteht, folgte doch der Anfrage, sobald sie auf seinem Schreibtisch gelandet war, stante pede die Antwort.

Internationale Grenzen waren niemals ein Hindernis für Zigarrenrauch, und so kam es, daß mir Heinrich und Monika Villiger in Deutschland und in der Schweiz nicht nur Einblick in ihre Zigarrenherstellung gewährten, sondern sich auch als Vermittler mit Cubatabaco zur Verfügung stellten und es zuließen, daß ich mit einem Hagel von Korrespondenz ihre Büros in Deutschland auf den Kopf stellte. In dem Land der Dichter und Denker beschafften mir außerdem viele Freunde eine Menge nützlicher Informationen. So waren mir Peter Heinrichs und sein »Haus der 10 000 Pfeifen« in Köln, Richard Diehl von »Wilh. & Rich. Diehl« in München sowie Michael Kohlhase und Bernd Kopp von der »Kohlhase, Kopp & Co.« im schleswig-holsteinischen Rellingen sehr behilflich, indem sie mir Interessantes und Wissenswertes aus der Welt der Zigarren zukommen ließen und meine Fragen stets beantworteten, sei es per Telefon, per Fax, sei es schriftlich – und manchmal auch persönlich, dann bei einem Glas Wein und einer guten Zigarre. Und im Nachbarstaat Niederlande waren es Peter Zwart und Bernard Prenger, die mir meine vielen Fragen bezüglich Rothman beantworteten, während Dr. Herbert Rupp meinen Wissensdurst bezüglich Austria Tabak und der Entwicklungsgeschichte dieses Hauses und seiner Produkte stillte. Ich werde niemals den Tag vergessen, an dem Herbert mich fragte, ob ich nicht Lust hätte, während meines Aufenthalts in Wien ein paar hundert Jahre alte kubanische Zigarren zu sehen – natürlich hatte ich Lust!

In den Vereinigten Staaten war es vor allem der Einzelhandel, bei dem ich Unterstützung fand, so bei Hugh Getzenberg im »Century

11

City Tobacco Shoppe« in West Los Angeles, der mir mit großer Bereitschaft Zigarren zu Testzwecken zur Verfügung stellte, die irgendwo anders womöglich gar nicht zu bekommen gewesen wären. Und Jimmy Hurwitz in »Gus' Smoke Shop« in Sherman Oaks, Kalifornien, überließ mir uneigennützig seinen Humidor, damit die Zigarren, die ich für Testzwecke und für Fotos aufbewahrte, während der langen Arbeitszeit an diesem Buch entsprechend gelagert werden konnten und so weder zerfaserten noch alt und trocken wurden.

Für seine Freundschaft und Hilfe muß ich auch Victor Migenes jr. von La Plata Cigar danken, dem letzten Hersteller handgerollter Zigarren in Los Angeles – ebenso seinem Vater, nahm sich doch gegen Ende der sechziger Jahre Victor Migenes sen. immer Zeit, wenn es galt, eine Vielzahl von Fragen zu beantworten, die damals ein junger Werbemanager stellte. Der betrat einmal die Woche sein Geschäft, um eine handgerollte ›Hacker Special‹ abzuholen und dabei die Zigarrenmacher in seinem Hinterzimmer zu beobachten.

Dann bin ich noch meiner langjährigen Freundin Isabelle, Countess Cowley, zu Dank verpflichtet. Sie stand mir bei meinen internationalen Kontakten mit ihrem multilingualen Sprachtalent mehr als einmal helfend zur Seite. Lady Cowley ist inzwischen wohl die Nichtraucherin mit den weltweit besten Kenntnissen über Zigarren.

Die größte Anerkennung habe ich mir für den Schluß aufbewahrt. Für immer werde ich meiner Frau Joan dankbar sein, zum einen für ihre Hilfe bei der Durchsicht meines Manuskriptes, bei der sie mir manche Anregung gab, zum anderen für ihre unendliche Nachsicht. Ich werde nie vergessen, wie sie bei unserem ersten Rendezvous, als ich hastig meine Zigarre ausdrückte, ziemlich kühl bemerkte: »In deinem Auto riecht es wie bei uns im Wohnzimmer.« Anscheinend war ihr Vater ebenfalls Zigarrenraucher.

Natürlich haben auch viele andere mitgeholfen, damit dieses Buch Wirklichkeit werden konnte, aber sie alle aufzuführen käme dem schlimmsten Alptraum eines Doktoranden gleich. So muß es genügen, darauf hinzuweisen, daß es Menschen waren, die mich unterstützt und die – in einer Welt der Maschinen und der technisierten Abläufe – einige der besten Zigarren gemacht haben, welche die Welt jemals gekannt hat. Dabei beruhigt es ungemein, daß solche Erzeugnisse – unter Berücksichtigung der Inflation – zu einem der erschwinglichsten Vergnügen gehören, denen wir uns heute hingeben können.

Ich habe das Glück, einer der wenigen Autoren zu sein, der die Möglichkeit hatte, all jene Länder zu besuchen, die für sein Thema von enormer Wichtigkeit waren und sind. Ich hatte auch das Glück, einen wesentlichen Teil aller heute hergestellten Zigarren rauchen zu können, außerdem einige, die schon länger nicht mehr hergestellt werden. Und ich habe die Hoffnung, daß Sie durch dieses Buch einige meiner Abenteuer und Entdeckungsreisen mit mir erleben werden. Also, stellen Sie einen Aschenbecher bereit, zünden Sie sich eine Ihrer Lieblingszigarren an, und reisen Sie mit mir durch die kommenden rauchumwobenen Seiten.

Richard Carleton Hacker

Kapitel 1
Kolumbus entdeckte nicht nur Amerika
Wie alles begann ...

Zwölfter Oktober 1492. Dieses Datum ist allgemein bekannt. In der Schule war es das Datum, das mit dem Beginn der Neuzeit gleichgesetzt wurde, Bücher kreisen darum, und so mancher Film hatte es zum Thema. Der 12. Oktober 1492 war der Tag, an dem Christoph Kolumbus, nachdem er sich um eine halbe Hemisphäre verrechnet hatte, versehentlich die beiden Amerika entdeckte. Was die Schule allerdings nicht vermittelt: Die drei Schiffe des Kolumbus segelten siebzehn Tage später, am 29. Oktober, in die geschützten Gewässer der Bahia de Gibara von Kuba. Da der Genuese durchaus ein weitblickender, aber auch ein vorsichtiger Mann war, schickte er zwei Matrosen an Land: Rodrigo de Jerez und Luis de Torres. Hier – und nicht auf der Bahamainsel San Salvador, wie oft fälschlicherweise berichtet wird – geschah es: Zwei spanische Abenteurer trafen auf eingeborene Männer und Frauen, die etwas rauchten, das höchstwahrscheinlich die erste Version einer Zigarre war. Und es waren Havannas! Natürlich unterschieden sich diese Zigarren von den heutigen, denn sie waren aus rohen, gedrehten Blättern von unbehandeltem Tabak gefertigt, während getrocknete Maishülsen als »Deckblätter« dienten. Der geschätzte Umfang der Zigarren betrug Armstärke. Weiter ist überliefert: Rodrigo tat einige Züge und wurde so zum ersten europäischen Zigarrenraucher in der Geschichte.

Acht Tage später, am Dienstag, dem 6. November, wurden Rodrigo und Luis erneut an Land gesetzt, diesmal auf der Insel San Salvador. Und wieder fanden sie »Indianer« vor – so nannte sie Kolumbus, der ja der Meinung war, den Seeweg nach Indien gefunden zu haben –, welche die gleichen in so roher Manier hergestellten Zigarren rauchten.

Kolumbus brachte neben seinen neuen Kenntnissen auch einige Tabakblätter mit zurück nach Spanien – und schon bald war das Zigarrenrauchen *Nouvelle culture* in der spanischen Gesellschaft. Kurze Zeit später wurde der Brauch aus der Neuen Welt in Portugal übernommen. Aufgrund der hohen Tabakkosten blieb er jedoch der besseren Gesellschaft vorbehalten (was noch heute für die handgerollte Zigarre zutrifft). Aus irgendwelchen Gründen behielten Spanier wie Portugiesen die Entdeckung des Tabaks für sich, und während der nächsten drei Jahrhunderte waren Zigarren außerhalb der Iberischen Halbinsel selten.

Zu Beginn des 18. Jahrhunderts war dann die Zigarrenherstellung dennoch ein wichtiger Produktionsfaktor geworden, und so wurden

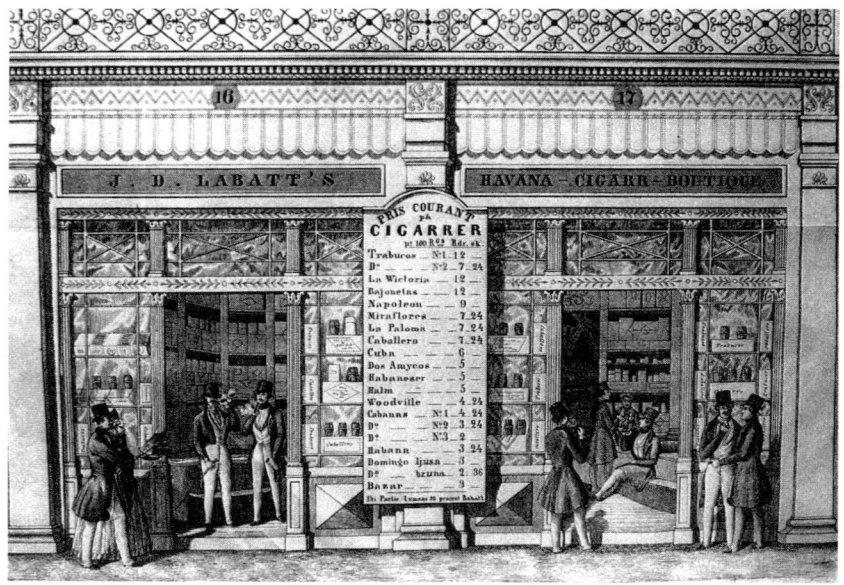

Eine europäische »Zigarren-Boutique« aus dem frühen 19. Jahrhundert.

Ein Accessoire für den Gentleman aus dem vorigen Jahrhundert: Wenn man oben am Knopf dreht, springen die kleinen Türen auf, wobei jede eine Zigarre freigibt.

1731 die »Königlichen Manufakturen von Sevilla« ins Leben gerufen, um die wachsende Industrie in den Griff zu bekommen. Um die Mitte desselben Jahrhunderts brachten holländische Händler die Zigarre in ihre Heimat, und schließlich gelangte sie sogar nach Rußland. Dort ließ Katharina die Große ihre Zigarren mit feinen Seidenbändern umwickeln, damit ihre erlauchten Finger keine Nikotinflecken vom Rauchen bekamen. Dieses ebenso einfache wie geniale Hilfsmittel war der Vorläufer der Bauchbinden, wie sie heute allgemein bekannt sind.

Und Amerika? Es bedurfte eines britischen Seeoffiziers, um den Zigarrentabak dorthin zu bringen – sein Name: Israel Putnam. Als der Colonel 1762, nach Beendigung des Krieges gegen Kuba, unter König George III. in die Kolonien zurückkehrte, brachte »Old Put« (wie er später während des Amerikanischen Bürgerkriegs genannt wurde) drei Eselladungen Havanna-Zigarren mit. Zu dieser Zeit waren die amerikanischen Rebellen jedoch schon völlig von ihrem eigenen Tabak eingenommen, der in Pfeifen geraucht wurde – und so blieb das Rauchen von Zigarren in der jungen Republik bis ins frühe 19. Jahrhundert weitgehend unbekannt (und spielte bis zu den fünfziger Jahren jenes Jahrhunderts keine bedeutende Rolle).

Obwohl Kuba nur ein Jahr lang unter britischer Herrschaft stand (1763), genügte dieser kurze Zeitraum, um für den Havanna-Tabak die Tore Europas zu öffnen und dem süßen, erdigen Aroma dieser Blätter Einlaß zu gewähren. Solch Geschmack und Empfindung kannten nur wenige auf dem Kontinent, abgesehen natürlich von den Spaniern, Portugiesen und Holländern. Die Verlockungen dieses scharfen Duftes breiteten sich weiter aus, als französische Truppen 1808 Spanien besetzten und die Soldaten Napoleons kubanische Zigarren »aus erster Hand« kennenlernten. Das war jedoch nicht die erste Begegnung der Franzosen mit Havannas. Während der Kämpfe gegen die Briten requirierte ein gewisser Antoine Depierre 1793 ein aus Havanna kommendes holländisches Handelsschiff und schaffte es in einen französischen Hafen. An Bord waren – natürlich – Zigarren! Sie wurden sofort zum Riesenerfolg bei jedem, der das Glück hatte, eine zu ergattern. Als schließlich die französische Regierung erkannte, welche Einnahmen da zu machen waren, gründete sie 1811 das »Staatliche Tabakmonopol«, begann jedoch erst 1816, nach Beendigung des Krieges mit Großbritannien, mit der Zigarrenproduktion.

Zu Beginn des 19. Jahrhunderts hatte sich die Zigarrenproduktion auf Italien und die Schweiz ausgeweitet. Und im Jahre 1810 wurde schließlich die erste Zigarrenfabrik in Amerika gegründet. Das war zu der Zeit, als Tonpfeife und Schnupftabak bei den Rauchern gang und gäbe waren, und obwohl die Zigarre der viel angenehmere Weg war, »Tabak zu sich zu nehmen«, dauerte es eine Weile, bis sie gesellschaftsfähig wurde – um dann, jenseits des Atlantik, während des »goldenen« Viktorianischen Zeitalters, nach und nach eine Aura von Prominenz und Respektabilität zu erhalten. Wurden 1823 nur 15 000 Zigarren nach ganz Großbritannien importiert, so war die Zahl um 1840 auf 13 Millionen emporgeschnellt – das Rauchen von Zigarren war eindeutig im Kommen. Da eine Zigarre viel teurer war als eine Pfeifenfüllung, wurde sie gleichzeitig zum Symbol für Eleganz und Reichtum – für den Tabakgenießer ein Rauchzeichen im wahrsten Sinne des Wortes dafür, zu den erfolgreicheren Bewohnern der zivilisierten Welt zu gehören.

Um 1845 hatte der Tabak den Kaffee als Kubas wichtigsten Exportartikel abgelöst, und viele der kleinen Tabakfirmen, die von spanischen Kolonialisten gegründet worden waren, wurden geschlossen und in großen Plantagen zusammengefaßt. Als sich Kubas Wohlstand mit der wachsenden Berühmtheit des Tabaks aus Havanna ständig mehrte, mußte Spanien fürchten, seine Provinz im »Neuen Amerika« zu verlieren. Diese Angst war durchaus berechtigt. Schon in den frühen fünfziger Jahren des 19. Jahrhunderts hatte es in den Vereinigten Staaten Bestrebungen gegeben, Kuba zu annektieren, und 1854 versuchte Präsident Franklin Pierce tatsächlich, Kuba von Spanien abzukaufen. Hätte er Erfolg gehabt, wäre der 14. Präsident der Vereinigten Staaten heute bekannter – vielleicht nicht unter Historikern, bestimmt aber unter den amerikanischen Zigarrenrauchern.

In der Mitte des 19. Jahrhunderts bekamen auch die Zigarrenbauchbinden die ihnen gebührende Aufmerksamkeit, und viele der Bauchbinden, die noch heute auf legendären Marken wie ›Punch‹, ›Partagas‹ und ›Romeo y Julieta‹ zu sehen sind, sind seit ihrer Entstehung so gut wie unverändert geblieben.

Dieser »Musterkasten« eines Vertreters stammt aus der Sammlung des Österreichischen Tabakmuseums in Wien. Statt umständlich im Katalog zu blättern, zeigt der Kunde einfach auf die Zigarren, die er erwerben will.

Nach 1870 war England *der* Markt für Havanna-Zigarren geworden. Deshalb nimmt es auch nicht wunder, daß sich in der zweiten Hälfte des 19. und zu Beginn des 20. Jahrhunderts einige neue Formen entwickelten, die auf Anregung prominenter britischer Zigarrenraucher entstanden. So gab etwa in den achtziger Jahren des 19. Jahrhunderts der Londoner Finanzier Leopold de Rothschild bei der berühmten Zigarrenfabrik Hoyo de Monterrey in Havanna eine kurze Zigarre mit großem Umfang in Auftrag, damit er soviel Rauchgenuß wie möglich haben konnte, ohne die Zeit aufzuwenden, die das Rauchen einer Zigarre üblicher Länge normalerweise beanspruchte. Als nach dem kubanischen Embargo die ersten in Honduras hergestellten Zigarren in die Vereinigten Staaten gebracht wurden, war es sinnigerweise die Firma Hoyo de Monterrey, die die amerikanischen Raucher wieder mit dem berühmten Rothschild-Format bekannt machte. Auch heute noch wird die klassische Rothschild (4 $\frac{1}{2}$ x 52; siehe auch die Seiten 120 und 123) hergestellt, und zwar nicht nur von Hoyo de Monterrey unter dem originalen Warenzeichen, sondern auch von unzähligen anderen Zigarrenfirmen. Viele dieser Firmen haben versucht, diesem klassischen Format Ehre zu erweisen, indem sie ihr neue Namen gaben, wie zum Beispiel ›Robustos‹ (Davidoff), ›Romanos‹ (Dunhill), ›Pluton‹ (Pléiades) und ›Consul‹ (Joya de Nicaragua). Jedenfalls bestanden nicht wenige Formate, die von Briten angeregt worden waren, fort bis ins 20. Jahrhundert, so

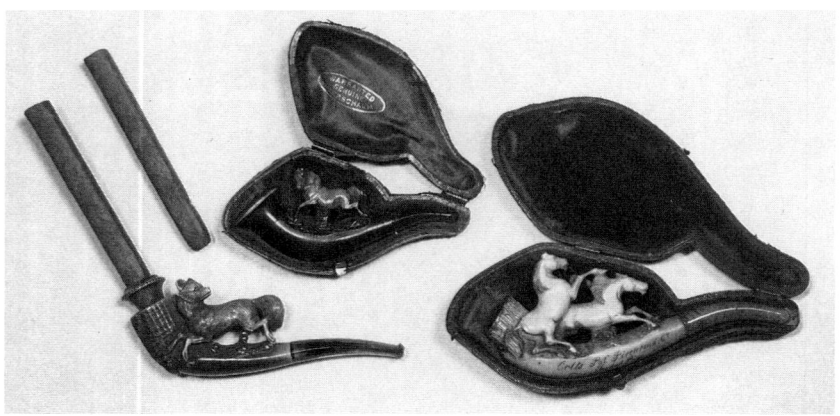

Viktorianische Stumpenhalter. Oft wurden sie irrtümlicherweise für Pfeifen gehalten. Solche Exemplare waren gegen Ende des 19. Jahrhunderts äußerst beliebt. Der Stumpenhalter ganz rechts ist eine Spezialanfertigung, hergestellt für die »Colt's Patent Firearms Company«, und trägt das Datum 1877.

etwa, als der Earl of Lonsdale die Firma Rafael Gonzales in Havanna beauftragte, eine Sonderform nur für ihn zu entwerfen. Das Porträt des Earls war dabei gut sichtbar auf dem inneren Etikett der geöffneten Schachtel angebracht. Für einige Zeit waren die neuen ›Rafael Gonzales Lonsdales‹ die teuersten Zigarren, die aus Kuba kamen. Auch heute ist die Lonsdale eine der beliebtesten Formate unter Zigarrenrauchern, einerlei, ob sie jetzt unter diesem Namen angeboten wird oder unter einem anderen.

Inzwischen steigerte sich in Amerika die Zigarrenproduktion kontinuierlich, und es waren Zigarrenliebhaber wie der Bürgerkriegsheld und spätere Präsident Ulysses S. Grant und der Literat Mark Twain, die die Aufmerksamkeit sowohl auf kubanische als auch auf amerikanische Produkte lenkten. In fast allen Staaten der Union schossen Fabrikationsstätten, die sich in der Kunst der Tabakverarbeitung versuchten, aus dem Boden – vom Einmannbetrieb bis zu Fabriken, die sich über mehrere Stockwerke erstreckten. Die meisten dieser Fabriken waren auf einer Ost-West-Linie gebaut, so daß in die Räume der Blattsortierer und Zigarrenroller – ähnlich wie in einem Künstleratelier – stets das Licht von Norden einfiel. Viele jener ersten amerikanischen Zigarren waren beileibe nicht als Kunstwerke zu bezeichnen. Erst nach 1875 wurden in fortschreitenden Experimenten, die sich vor allem auf verbesserte Spannungen der Einlage konzentrierten, amerikanische Zigarren entwickelt, welche sich durch einen charakteristischen Geschmack auszeichneten. Bald kamen die besten US-Tabake aus Wisconsin, Pennsylvania, Ohio, New York, Florida und Connecticut.
Mit den verbesserten Tabaken bekam die amerikanische Zigarrenproduktion neuen Auftrieb, unterstützt von ständig hereinströmenden Immigranten aus Kuba und Europa, die in der Kunst der Zigarrenherstellung außerordentlich versiert waren. Vor allem in Florida – und hier wiederum in Key West und in Tampa, das schon bald den Beinamen »Little Havanna« trug – arbeiteten viele Kubaner, die ihre Insel, die immer wieder durch Aufstände zur Erlangung der Unabhängigkeit von Spanien erschüttert wurde, verlassen hatten. (1898 mußte dann Spanien nach dem Krieg mit den USA im Frieden von Paris Kuba an die Vereinigten Staaten abtreten.) Auch deutsche Einwanderer – es waren hauptsächlich Arbeiter, die aufgrund der Bismarckschen Sozialistengesetze von 1878 ihrer Heimat den Rücken gekehrt hatten – trugen zum Aufschwung der amerikanischen Zigarrenindustrie bei. Unter ihnen waren es wiederum versierte Drucker,

die ihre unvergleichlichen Kenntnisse in der Chromolithographie zum Wohle »in Sachen Zigarre« einbrachten. Jene Technik der Chromolithographie revolutionierte nämlich geradezu die Herstellung von Zigarrenetiketten. Im Zuge der Einwanderungswellen waren bald New York und Florida die Zentren der Zigarrenproduktion.

Um 1890 garantierte denn auch »Made in Tampa« absolut sichere Verkaufserfolge, da ganz selbstverständlich davon ausgegangen wurde, daß nur die fähigsten kubanischen Blattsortierer und Zigarrenroller in der Herstellung beschäftigt waren. Eine Zigarre aus Tampa galt jedenfalls fast genausoviel wie eine Havanna. Tatsächlich wurden die meisten amerikanischen Zigarren unter Verwendung von Havanna-Tabak hergestellt. Die Zigarre bestand dann entweder aus einer Havanna-Einlage mit amerikanischem Umblatt und Deckblatt, oder aber Einlage, Umblatt und Deckblatt bestanden zu 100 Prozent aus importiertem kubanischem Blatt, was zu der Bezeichnung »reine« (das heißt vollständig aus kubanischem Blatt bestehende) Havanna führte.

Eine beliebte »Zweigstelle« der Zigarrenproduktion von Tampa war Ybor City, 1885 von Vincente Martinez Ybor gegründet, einem »Free Cuba«-Sympathisanten, der gezwungen gewesen war, während der

Ein Kabinettschränkchen von Henry Clay aus dem 19. Jahrhundert. Wenn man eines der Bücher aus Zedernholz herauszog, kam beim Öffnen jedesmal ein Sortiment eines bestimmten Formats zum Vorschein.

Wirren auf Kuba nach Florida zu fliehen. Um 1898 gab es schließlich über fünfhundert Zigarrenfabriken allein in der Gegend von Tampa, Ybor City und Key West, außerdem siebentausend Fabriken im übrigen Land. Amerika war wahrhaftig zu einer Nation der Zigarrenhersteller und -raucher geworden. Der Jahresabsatz von Zigarren diente sogar einmal als Indikator für den ökonomischen Zustand des Landes: Am 9. Oktober 1899 vermerkte eine New Yorker Zeitung, die steigenden Verkaufszahlen von »Stogies«, jenen billigen Kleine-Leute-Zigarren, beweise, daß die wirtschaftliche Depression von 1880/90 überwunden sei.

Während dieser Zeit kostete eine gute, aus Havanna-Blatt in Ame-

Zu Beginn des 20. Jahrhunderts war der »Zigarrenladen-Indianer« ein vertrauter Anblick in den Vereinigten Staaten geworden. Der hier abgebildete wurde um 1907 in New York aufgenommen. (Foto: Herb Peck jr.)

rika hergestellte Zigarre 5 Cent pro Stück, während man für eine importierte Havanna, je nach Sorte und Größe, 10 bis 15 Cent hinlegen mußte. Auf der anderen Seite konnte man noch immer eine »Stogy« für einen Penny bekommen.

Wie zu ihren Entstehungszeiten, so hatte die Zigarre auch jetzt Auswirkungen auf die Gesellschaft. Während der viktorianischen Zeit wurde es allgemein als unhöflich betrachtet, in der Öffentlichkeit zu rauchen, vor allem in Gegenwart von Frauen. 1880 erließ dann Boston sogar ein Gesetz, das verbot, auf den Straßen der Stadt brennende Zigarren in der Hand zu halten. Das war natürlich nicht das erste Gesetz gegen das Rauchen (und bekanntlich sollte es auch nicht das letzte bleiben). Nun kam der Rauchsalon auf, und für die Männer war es bald so etwas wie ein Ritual, nach dem Dinner einer guten Havanna und einem Glas Port zu frönen, während die Damen ihren Neigungen nachgingen.

Obwohl in England das Zigarrenrauchen während der viktorianischen Zeit äußerst beliebt war, wurde es selten öffentlich getan. Das lag in erster Linie an Queen Victoria, die alles, was mit Tabak zu tun hatte, mißbilligte. Als dann jedoch ihr Sohn Edward nach seiner Krönung zum Siebten seines Namens im Jahre 1901 bemerkte: »Gentlemen, Sie dürfen rauchen« und so das öffentliche Anzünden einer Zigarre salonfähig machte, war die Welt der Tabakan-

Edward, Prince of Wales (dieses Foto stammt aus dem Jahre 1875), war ein leidenschaftlicher Zigarrenraucher. Bei seiner Thronbesteigung im Jahre 1901 tat er den historischen Ausspruch: »Gentlemen, Sie dürfen rauchen.« (Foto: Swisher International)

hänger endgültig in Ordnung. So ist es denn auch mehr als verständlich, warum die ›King Edward‹ – sie war um 1940 übrigens die meistgekaufte Zigarre der Welt – auch heute noch eine der beliebtesten Zigarren in England ist.

Ein anderer unsterblicher Ausspruch wurde an amerikanischen Stränden im Jahre 1920 getan, als Thomas R. Marshall, T. Woodrow Wilsons Vizepräsident, gelangweilt von den Reden im Senat über das, was Amerika brauchte, zu anwesenden Senatoren bemerkte: »Was dieses Land braucht, ist eine wirklich gute Fünf-Cent-Zigarre.« Marshalls Wunsch wurde wahr: 1921 bekam man für 5 Cents ein Bier oder – eine gute Zigarre.

Der wahre Zigarrenkenner weiß um die Notwendigkeit, eine Zigarre feucht zu halten. Leider wurde seinerzeit jene Notwendigkeit nicht allgemein erkannt. Nicht umsonst beruhte damals der Nimbus der Tampa-Zigarren (abgesehen von ihrem Tabak und ihrer Beschaffenheit) zu einem Großteil darauf, daß sie im feuchten Klima Floridas frischer blieben als in anderen Herstellungs- und Versandorten. Die Tabakhändler bewahrten ihre Zigarren normalerweise offen auf, hauptsächlich in gläsernen Schaukästen, so daß die Kunden die Auswahl an Sorten und Größen, die vorrätig waren, in Augenschein nehmen konnten. Später, als es überall Elektrizität gab, wurden versiegelte Zigarrenkisten in befeuchteten Lagerräumen aufbewahrt, wobei einzelne Zigarren noch immer »vorne im Laden« aus Kisten verkauft wurden.

Einer der ersten Hersteller, der die Notwendigkeit der Befeuchtung und die Bedeutung des Reifens von Zigarren erkannte, war der Brite Alfred Dunhill, der 1907 sein Lager in der Londoner Duke Street eröffnete. Nach ihrer Ankunft aus Havanna mußten die meisten Dunhill-Zigarren mindestens zehn Monate lang in besonderen, mit Zedernholz ausgekleideten Räumen, den *Holding rooms*, lagern, damit sie reifen konnten, bevor sie an die Kundschaft verkauft wurden. Später, im Jahre 1920, begann Dunhill, seine Zigarren in hermetisch versiegelten Blechdosen anzubieten, für die sein Katalog in Anspruch nahm, daß sie die Frische der Zigarren »perfekt« erhalten würden, und zwar für »… den Reisenden, den Yachtbesitzer oder den im Ausland lebenden Raucher«. Dunhill führte auch sogenannte *Customer gift cabinets*, Kundengeschenkkästen, die zwischen 500 und 3000 Havannas enthielten. Damals kannte man noch seine Freunde …

Der Erste Weltkrieg hatte den Fluß von Havannas nach Europa zwar

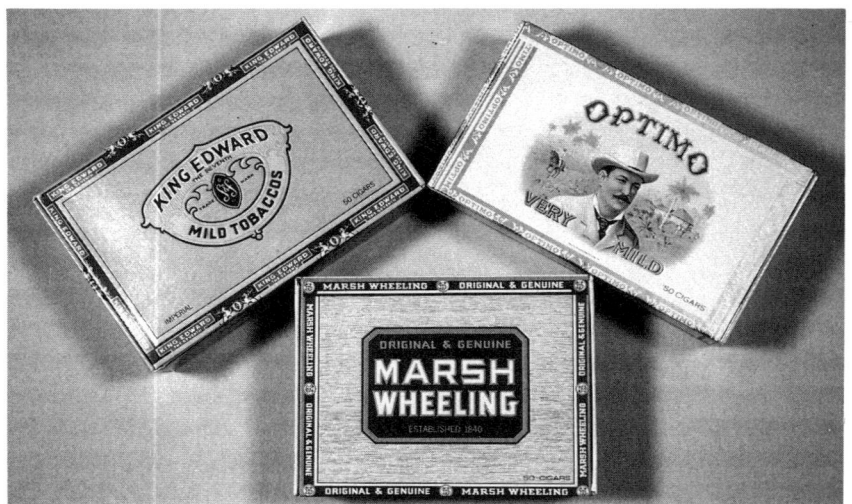

Nostalgische Zigarrenkisten aus den Vereinigten Staaten, hergestellt für Marken, die in Massen produziert werden: ›King Edward‹, ›Optimo‹ und ›Marsh Wheeling‹. Die Kisten sind über die Jahre unverändert geblieben, während die Zigarren nun maschinell hergestellt werden, und zwar aus homogenisiertem Tabak. Die ›King Edward‹ ist nach wie vor die beliebteste Zigarre in England, die ›Optimo‹ wurde früher einmal aus 100 Prozent Havanna-Tabak hergestellt, während die ›Marsh Wheeling‹ 1840 erstmals auf den Markt kam und somit die älteste Marke von den dreien ist.

schwer behindert, ihn aber niemals ganz zum Stillstand gebracht, da die Vereinigten Staaten ja über eine selbständige Industrie verfügten, die Tabak im Lande anbauen und Zigarren vor Ort herstellen ließ. Nachdem 1918 der Waffenstillstand erklärt worden war, bekam es die Zigarrenwelt mit einem viel verheerenderen Schlag zu tun: der wachsenden Beliebtheit von Zigaretten. Jedenfalls begannen die Verkaufszahlen für Zigarren in den zwanziger Jahren zu sinken, da sich mehr und mehr Konsumenten der billigeren, in Massenproduktion hergestellten Zigarette zuwandten. Ganz klar, es mußte etwas getan werden, um die Preise zu senken, die Produktion zu erhöhen und Kunden zurückzugewinnen. Ein Erfolgsrezept der Zigarettenfabriken schien die Mechanisierung zu sein, und so standen denn auch in den dreißiger Jahren in vielen Firmen zunehmend Zigarrenfertigungsmaschinen. Einige Firmen, wie etwa Cuesta-Rey und Swisher, waren Pioniere bei diesen Bemühungen und hatten schon viel früher damit begonnen, Zigarren maschinell herzustellen. Die maschinell hergestellte Zigarre war jedoch kein amerikanisches Phänomen, da diese Technik auch in Europa benutzt wurde. Die Qualität litt nicht, da es sich nach wie vor um reine Tabakzigarren handelte, viele davon noch immer aus Havanna-Blatt. Und die Produktion wurde erhöht: Gegen Ende der zwanziger Jahre brachte beispielsweise die Firma Jno. H. Swisher & Son, eine der größten Zigarrenhersteller der Welt, pro Jahr um die hundert Millionen Zigarren auf den Markt.

Tabak war immer noch relativ preiswert, und durch die neue mechanisierte Massenproduktion fiel der Zigarrenpreis in den Vereinigten Staaten – gerade noch vor Beginn der Großen Depression. Die Schachteln waren nun aus Pappe statt aus Holz, und man bekam drei Zigarren für einen Nickel. Plötzlich konnte sich fast jeder mindestens eine Zigarre pro Woche leisten, und das Image vom eleganten, feingeistigen Zigarrenraucher verblaßte schnell; an seine Stelle trat der rauchende Durchschnittsarbeitnehmer; lediglich die teure handgemachte Havanna blieb dem Kenner vorbehalten. Nirgendwo war dies augenfälliger als in Europa.

Aber noch nicht einmal die Havanna war gegen die Wirrungen des Zweiten Weltkriegs gefeit. Plötzlich war es nämlich Kuba unmöglich, seine Zigarren nach England, einer seiner größten Absatz-

Beeindruckend: Der »Reifungsraum« von Dunhill in London (wohl 1928), vollgefüllt mit Havannas. (Foto: Alfred Dunhill, Ltd.)

Selten war britische Entschlossenheit offensichtlicher als am 17. April 1941: Alfred Dunhill stellte einen Verkaufstisch auf die Straße, nachdem sein berühmter Laden in der Duke Street 30 einen Tag zuvor bei einem überraschenden Luftangriff der Deutschen zerstört worden war. Obwohl Teile der Londoner Innenstadt in Schutt und Asche lagen, konnte man bei Dunhill nach wie vor Zigarren kaufen. (Foto: Alfred Dunhill, Ltd.)

Zigarren waren während des Zweiten Weltkriegs ein begehrtes Objekt, auch für US-Truppen. Hier sieht man eine Gruppe von GIs im Südpazifikraum, die sich im Dschungel um eine gerade geöffnete Kiste mit ›King Edwards‹ schart. (Foto: Swisher International)

märkte, zu verkaufen, da Großbritannien den Dollar eingefroren hatte (Kubas ausländisches Zahlungsmittel). England, verrückt nach Zigarren, richtete nun seine Augen auf Jamaika, der Kronkolonie in der Karibik. Hier war das Britische Pfund legales Zahlungsmittel. Die Jamaikas waren zwar teuer, aber die einzigen vollformatigen Zigarren, die zu bekommen waren – schließlich wollte der britische Genießer nicht nur auf die kurzen trockenen Zigarren holländischen (bzw. europäischen) Typs, gefertigt aus Tabaken, die in Brasilien, Burma und Indien gereift waren, angewiesen sein, auch nicht auf die wenigen »hauseigenen« Marken, die einige englische Zigarrenhersteller auf der Insel anboten.

Die Briten, schon immer bekannt als große Zigarrenraucher, nicht aber als hervorragende Zigarrenhersteller, fanden jedenfalls schnell Gefallen an dem, was da aus Jamaika zu ihnen herüberkam – und das nicht nur während der Kriegsjahre, sondern auch danach. (In der Tat begann England erst 1953 wieder, Havannas zu importieren.) Der Zigarrenindustrie Jamaikas konnte seinerzeit natürlich nichts Besseres passieren, und Marken wie ›El Caribe‹, ›Flor del Duque‹ und ›Temple Hall‹ standen plötzlich im Mittelpunkt der Raucheröffentlichkeit. Eine quantitative (und qualitative) Erweiterung ihres Zigarrenangebots erfuhr die Karibikinsel, als dann noch einige Zigarrenhersteller aus Kuba eigene Fabriken in Jamaika gründeten und sie über geraume Zeit betrieben, nämlich so lange, bis Castro sie nach Beendigung der Revolution zwang, ihren Besitz aufzugeben. Nur eine kubanische Marke von allen, die während des Krieges auf Jamaika hergestellt wurden, konnte allen Irrungen und Wirrungen trotzen: die ›Macanudo‹.

Nach dem Zweiten Weltkrieg begannen sich die Dinge zu wandeln, nicht nur auf dem Erdball insgesamt, sondern auch in der Zigarrenwelt. So schätzten viele britische Raucher weiterhin den Geschmack einer guten Zigarre aus Jamaika, selbst nachdem der Import von Havannas wieder angelaufen war. So stiegen im Amerika der Nachkriegszeit die Zigarrenpreise: zuerst auf 10 Cents, dann auf 25 Cents pro Stück. Und so zerriß der erhöhte Einsatz von Hochgeschwindigkeitsmaschinen bisweilen das empfindliche Deckblatt einiger Zigarren, und homogenisierte Tabakblätter (HTL; siehe auch Glossar) wurden mehr und mehr zur Herstellung amerikanischer Zigarren verwendet (auch für solche, die noch immer aus kubanischem Tabak hergestellt wurden). Das betraf zunächst nur das Umblatt, schließlich aber auch das Deckblatt – die in Massen produzierte, vollkommen maschinengefertigte Zigarre war erfunden. Sogar Kuba startete

Kurz nach Ende des Zweiten Weltkriegs war Winston Churchill wohl der bekannteste Zigarrenraucher der Welt. Mit der Zigarre in der Hand sieht er hier so aus, als überlege er, ob er die Kiste mit ›Churchills‹, die er gerade angeboten bekommt, inspizieren soll. (Foto: Churchill Cigars, Schweiz)

bald eine eigene Maschinenproduktion – darauf bedacht, gegen das plötzliche Erscheinen dieser Billigprodukte konkurrenzfähig zu bleiben. Diese dramatischen Veränderungen in der Zigarrenherstellung halbierte förmlich den Preis einer Havanna, und Raucher, die bisher über den Preis von 75 Cents für eine handgemachte Havanna in Verzweiflung geraten waren, sahen nun, daß eine maschinengefertigte Havanna für die Hälfte des bisherigen Preises zu bekommen war. Endlich konnte sich der Durchschnittsbürger eine Havanna leisten! Dieser Umstand trug mehr als alles andere dazu bei, daß die reine Havanna in Amerika populär wurde. Davor hatten Amerikaner vor allem amerikanische Zigarren geraucht, im Gegensatz zu den Europäern, die in der Regel nur zwischen den teuren Havannas und den billigeren trockenen Zigarren holländischen Typs wählen konnten. Die maschinengefertigte Havanna veränderte alles.

Während die europäische Vorliebe für Havannas unverändert blieb, hatten die amerikanischen Raucher nur eine kurze »Affäre« mit kubanischen Zigarren. Nachdem die kubanische Revolution am 26. Juli 1953 begonnen hatte, kam sechs Jahre später Fidel Castro an die Macht. Wer dessen kommunistische Neigungen kannte, sah Schwierigkeiten in den Beziehungen zu dem Karibikstaat voraus, während andere wenig Beunruhigung zeigten. Warum auch? Schließlich hatte Amerika Castro beim Umsturz des Regimes Batista unterstützt, und für viele war ein Bruch in den amerikanisch-kubanischen Beziehungen undenkbar. Dennoch: Diejenigen, die Zeitung lasen, wußten um die Überlegungen Präsident Eisenhowers, gegen Kuba ein Embargo zu verhängen (das jedoch erst unter Kennedy realisiert wurde).

Es kam, wie es kommen mußte. 1961 verhängte John F. Kennedy besagtes Embargo, und somit war es fortan jedem US-Bürger (und natürlich auch jeder US-Firma) verboten, Waren aus Kuba zu beziehen. Das hinderte den ersten Mann im Staate jedoch nicht daran, zwölf Stunden vor seiner historischen Ansprache an die amerikanische Nation, in der er seinen Schritt gegenüber Castros Inselstaat begründete, seinen Pressesekretär Pierre Salinger (legal) zu beauftragen, tausend ›H. Upmann Petit Coronas‹ zu ordern. Salinger ging noch über das, was ihm die Pflicht gebot, hinaus, indem er schließlich zwölfhundert kleine kubanische Zigarren für den Präsidenten einkaufen konnte.

Das Embargo traf viele amerikanische Zigarrenhersteller und Zigarrenraucher unvorbereitet. Die Preise für kubanischen Tabak, jenem wesentlichen, hundert Jahre alten Bestandteil der amerikanischen Zigarrenproduktion, stiegen sozusagen über Nacht rasant in die Höhe. Kostete vor dem Embargo ein Ballen kubanischen Tabaks 150 Dollar, so war schon 1962 der Preis auf 1000 Dollar pro Ballen emporgeschossen (sofern überhaupt ein Ballen zum Verkauf stand). Es brach eine regelrechte »Panetela-Panik« aus. Die Raucher grapschten sich, was noch an kubanischen Zigarren in den Lagern zu finden war.

Einige Gesellschaften wiederum hatten diese Entwicklung kommen sehen, hatten demnach vorausgeplant und riesige Mengen kubanischen Tabaks gehortet. Folglich war es noch viele Jahre nach dem Embargo möglich, in Amerika Zigarren zu kaufen, die mit kubanischem Tabak hergestellt waren. Ich erinnere mich daran, wie ich noch 1971 honduranische ›Hoyo de Monterreys‹ kaufte, die noch immer mit kubanischem Tabak aus der Zeit vor dem Embargo hergestellt worden waren. Viele Gesellschaften überstanden so den Schock des Embargos, gewannen darüber hinaus Zeit, ihre Geschäftspolitik in der neuen Ära – eine Ära ohne Havannas – zu überdenken.

Obwohl das Embargo viele große Marken vernichtete, verhalf es anderen dagegen zum Aufstieg. ›Bances‹ wurde eine der berühmtesten Zigarren in Amerika, weil sie, obwohl sie in Tampa hergestellt wurde, eine reine Havanna war, denn die Gesellschaft hatte vor dem Embargo wie der sprichwörtliche Hamster gehortet. Sogar heute noch werden Zigarren der Marke ›Martinez y Cia Havana Blend‹ unter Verwendung von kubanischem Tabak aus dem Jahre 1959 hergestellt. Bestand früher die Einlage aus 100 Prozent reinem Havanna-Tabak, schrumpfte der Prozentsatz aufgrund der schwindenden Reserven allerdings auf 20 Prozent. Dennoch, diese bescheidene Marke ist eine der letzten Zigarren mit Havanna-Einlage, die noch legal in Amerika erworben werden können.

Schon im Jahre 1961 wußte jedoch jedermann: Der geringe Vorrat an kubanischem Tabak, der auf wenige Gesellschaften verteilt war, würde nicht ewig vorhalten. Und eine reine Tabakzigarre mit Langblatteinlage, in Amerika von Hand hergestellt, würde viel zu teuer in der Herstellung sein, denn die Tage der niedrigen Löhne für die Arbeiter in der Zigarrenindustrie waren längst gezählt. Die Zigarrengesellschaften mußten sich notgedrungen neu orientieren.

Mit ähnlich gelagerten Problemen sahen sich die kubanischen Familienbetriebe konfrontiert, deren Betreiber aus ihrem Heimatland geflohen waren, als sich Castro anschickte, ihre Besitzungen und Betriebe zu verstaatlichen. Kuba blieb also dem amerikanischen Markt, jenem bisher größten Abnehmer für Tabak und Zigarren aus Kuba, nun verschlossen, und die Frage war, wohin sich die Zigarrenproduzenten wenden sollten. Plötzlich erschienen die Kanarischen Inseln vielen als das Mekka, das sie suchten. Natürlich wurde dort kein Zigarrentabak angebaut, aber das spielte keine Rolle, schließlich war es ja möglich, Tabak von den Plantagen aus zu verschicken, die bereits auf Jamaika, in Honduras und in der Dominikanischen Republik gegründet worden waren. Viel wichtiger war ein anderer Umstand: Schon seit dem 17. Jahrhundert wurden auf den Kanaren Zigarren für Spanien hergestellt. Die entsprechenden Fabriken waren also bereits vorhanden, das Fachwissen war da – und die Arbeiter sprachen Spanisch, was für die Kommunikation zwischen Kanaren und Exilkubanern enorm wichtig war. Und schließlich gebar das Erscheinen der ›Montecruz‹, der ›Don Diego‹, der ›Don Marcos‹ und, später, der ersten Nicht-Havanna, der ›H. Upmann‹, die Saga von der Zigarre von den Kanarischen Inseln, handgefertigt auf felsigen Eilanden, wohin der Tabak exportiert werden mußte.

Zwischenzeitlich hatten die amerikanischen Zigarrenhersteller auch wieder verliebte Blicke nach Jamaika geworfen, das ebenfalls mit kompetenten Arbeitern und bereits existierenden Fabrikanlagen lockte. Außerdem bestand ein zusätzlicher Reiz darin, daß dieses Land seinen eigenen Tabak anbaute. Und so war es Jamaika mit seiner ewig berühmten ›Macanudo‹, das letztendlich für den Exodus der Zigarrenhersteller von den Kanarischen Inseln verantwortlich zeichnete. Aber bis dahin sollte noch viel Wasser an die Strände jener Inselgruppe gespült werden ...

Auch andere Gebiete in der Karibik schienen interessant zu sein, wobei die Dominikanische Republik als besonders reizvoll angesehen wurde – schließlich konnte sie auf eine lange Tradition verweisen: Die Taino-Indianer dieser riesigen tropischen Insel hatten schon vor Kolumbus Tabak angebaut und geraucht; in der Republik selbst wurden seit 1902 Zigarren hergestellt; und in jüngerer Zeit, zwischen 1930 und 1960, hatte eine aufsteigende Zigarrenindustrie im Dorf Moca floriert. Viele der ehemaligen Arbeiter aus Kuba und auch aus Zentral- und Südamerika lebten dort noch immer, obwohl ein Großteil von ihnen in das nahe gelegene Santiago gezogen war. Von noch größerer Bedeutung war jedoch eine andere wesentliche Tatsache: Das frische, grüne Cibao-Tal, durchzogen von den Armen des Rio del Yaqui del Norte, wies eine der fruchtbarsten und produktivsten Bodenarten zum Tabakanbau auf, die alle anderen Böden der Karibik übertraf, Kuba vielleicht ausgenommen. Die unverwechselbare Qualität des dominikanischen Tabaks prägte dann auch bald viele Zigarren von den Kanarischen Inseln.

Von einer Zigarrenindustrie, die diesen Namen verdient, konnte in der Dominikanischen Republik jedoch keine Rede sein. Das lag nicht zuletzt an der politischen Instabilität dieses Landes. Nach der Etablierung des Regimes Castro auf Kuba wurde mit Beginn der sechziger Jahre auch die Dominikanische Republik – wie so viele ihrer karibischen Nachbarstaaten – durch revolutionäre Umtriebe erschüttert. Erst gegen Ende der Siebziger kam das Land allmählich zur Ruhe, als sich die demokratischen Kräfte durchzusetzen begannen. Trotz all dieser Widrigkeiten wurde 1972 die zeitgenössische dominikanische Zigarre Realität. Und heute ist die Dominikanische Republik einer der Spitzenproduzenten für Premium-Zigarren in der Welt geworden, was nicht zuletzt die Exportrate von annähernd 50 Millionen handgemachter Zigarren pro Jahr unterstreicht (die meisten davon gehen in die Vereinigten Staaten). Darüber hinaus werden fünf Millionen maschinell gefertigter Zigarren verkauft.

Mit der Wiedergeburt der Zigarrenindustrie in der Dominikanischen Republik – nahezu parallel war der Niedergang jener Industrie auf den Kanarischen Inseln, bedingt nicht zuletzt durch die fehlende fiskalische Unterstützung Madrids, vonstatten gegangen – fingen viele Hersteller damit an, ihre Produktion in den Karibikstaat zu verlegen. Die Dominikanische Republik war jedoch nicht der einzige Nugget in der neuerdings entdeckten Goldader der Zigarrenindustrie. Im Westen der Dominikanischen Republik, in derselben tropischen Klimazone, lag Honduras – und auch dieses Land verfügte über einen Boden von einzigartiger Qualität, eine Eigenschaft, die Experten des Tabakanbaus sofort auffiel, als sie die bergigen Dschungelgebiete besuchten. Das geschah schon 1960, als ein Embargo gegenüber Kuba zur Diskussion stand. Nachdem dann das Embargo verkündet worden war, taten sich 1962 Pioniere wie der Tabakexperte Angel Olivas und der Zigarrenhersteller Frank Llanez zusammen, um in Honduras Zigarren zu produzieren, unterstützt von erfahrenen Kubaflüchtlingen, die bestrebt waren, wieder ins Geschäft zu kommen.

Doch es gab Schwierigkeiten. Viele Jahre lang wurde die Entwicklung der honduranischen Zigarren durch ein national ausgerichtetes Gesetz behindert, das ausschließlich den Verbrauch von honduranischem Tabak gestattete. Als dann das besagte Gesetz in der Mitte der siebziger Jahre aufgehoben wurde, entfaltete sich in kurzer Zeit das ganze Potential der honduranischen Zigarre. Zum einen war da die Erkenntnis, daß Tabake aus anderen Teilen der Welt ebensogut in honduranischer Erde wachsen konnten; zum anderen gestatteten es die neuen Gesetze auch, daß Tabake importiert und zur Zigarrenherstellung verwendet werden durften; und zum dritten richtete eine neue Regierung, welche die Wichtigkeit dieser aufkeimenden Industrie sowie die Möglichkeiten des internationalen Marktes erkannt hatte, eine Freihandelszone ein – vergleichbar den Zonen, die bereits auf Jamaika und in der Dominikanischen Republik Bestand hatten. So konnten Zigarren relativ kostengünstig für den Export hergestellt werden, da das Hindernis einer hohen Besteuerung nicht mehr gegeben war. Das Resultat: Heute können honduranische Zigarren in Qualität und Preis mit jeder Zigarre in der Welt konkurrieren.

Vor allem die Qualität ist es, die dieses Erzeugnis aus Mittelamerika so auszeichnet, heben sich doch die honduranischen Zigarren durch einen ausgeprägten Geschmack ab – einen Geschmack, der sie unter anderem zur zweitbeliebtesten Zigarre in den USA gemacht hat, denn schließlich finden dort jährlich allein 30 Millionen hochkarätige honduranische Premium-Zigarren ihre Käufer. Auch in Europa erreichen heute, da gelegentlich Schwierigkeiten bei der

Herstellung und Lieferung von Havannas auftreten, die honduranischen (wie die dominikanischen) Produkte immer mehr Zigarrenraucher.

Von geringerer Bedeutung, aber ebenso eindrucksvoll in seiner ausgezeichneten Qualität des Tabaks ist Nicaragua, das somit in der Lage ist, einige der besten Zigarren der Welt zu produzieren. Besonders der Boden, durch den die Grenze zwischen Nicaragua und Honduras verläuft, ist von ausgezeichneter Qualität und durchaus der reichen roten Erde des Vuelta Abajo auf Kuba ähnlich.
Leider sind in Nicaragua die Folgen der sandinistischen Revolution immer noch nicht überwunden. Wie die gesamte Wirtschaft, so beginnt auch die Zigarrenindustrie erst langsam, sich vom Schock der Sandinistenherrschaft und von dem des US-Embargos – es dauerte von 1985 bis 1990 – zu erholen und den Neubeginn zu wagen. Trotz einer Regierung, die versucht, die jahrzehntealten Wunden zu heilen, ist der Erholungs- und Regenerierungsprozeß schmerzhaft. Doch für die Zigarrenindustrie Nicaraguas – und somit auch für die verwöhnten Zigarrenraucher in aller Welt – zeichnen sich auch Streifen am Horizont ab: Durch die 1993 von der Regierung eingerichtete Nicaraguan Tobacco Corporation wird sich, ebenso wie durch die Reprivatisierung der Zigarrenfabriken, die Lage des nicaraguanischen Tabakmarktes wohl allmählich wieder verbessern (zusätzliche Informationen hierzu sind unter ›Joya de Nicaragua‹ in Kapitel 8 zu finden).

Bis in die Mitte der siebziger Jahre hinein gaben jene Zigarrenhersteller, die Kuba verlassen hatten und ihre Handwerkskunst nun an einem anderen Flecken der Erde ausübten, den Zigarren, die sie von den »neuentdeckten« Ländern aus auf den Markt brachten, auch neue Namen. Das geschah mit Absicht, denn sie nahmen an, daß die alten Markenbezeichnungen, die jetzt unter Castro auf der Karibikinsel verwendet wurden, für ihre neuen Produkte nicht mehr zulässig waren. 1975 fand dann jedoch ein aufsehenerregender Prozeß in den Vereinigten Staaten statt, in dem es um die Besitzrechte an dem Namen Upmann ging. Das Gericht (und nach ihm weitere) bestimmte damals, daß eine Familie, die ihren Besitz in Kuba zurückgelassen hatte, nach amerikanischem Recht dennoch die Markennamen, die sie vor Castros Machtergreifung geerbt bzw. erworben hatte, weiterführen durfte.
In der Folgezeit tauchten schon bald wieder die alten Namen auf, die

von nun an »Exilmarken« genannt wurden – berühmte Zigarrenmarken, die zwar weiterhin in Havanna, aber jetzt auch anderswo hergestellt wurden. So besteht heute jenes verwirrende Dilemma, daß es etwa zwei Versionen der ›Romeo y Julieta‹, der ›H. Upmann‹ und der ›Partagas‹ sowie kubanisch-honduranische Paare gibt (wie etwa die berühmten Marken ›Hoyo de Monterrey‹ und ›Punch‹). Doch es kommt noch schlimmer ...

Zunächst einmal ist dieses »Dilemma« vordergründig keines, denn es verursacht beim Verbraucher weit weniger Verwirrung, als zu befürchten, da keine konkurrierenden »Exilmarken« neben Produkten von Cubatabaco verkauft werden dürfen. In der Schweiz beispielsweise wird der Zigarrenraucher niemals eine kubanische ›Por Larrañaga‹ neben einer dominikanischen ›Por Larrañaga‹ im Angebot finden. Der Verkauf jener dominikanischen Marke ist in diesem Land nämlich absolut nicht erlaubt. Doch jetzt kommt es, denn des Dilemmas zweiter Teil ist nun wirklich eines: Eine dominikanische Marke mag durchaus einen anderen Namen haben als ihr kubanisches Gegenstück, und auch das Aussehen ihrer Bauchbinde mag durchaus ein anderes sein als das ihres Pendants aus Havanna, doch die Mischung aus Einlage, Umblatt und Deckblatt kann durchaus der Mischung des kubanischen Erzeugnisses entsprechen. Womit wir sowohl des Rätsels Lösung als auch dem Grund des Dilemmas näher gekommen wären: So wird der Zigarrenraucher (beispielsweise in der Schweiz) niemals eine honduranische ›Punch‹ neben der Havanna gleichen Namens finden, wohl aber eine Zigarre, die jener Havanna in allen Einzelheiten ähnlich ist – was beileibe nicht auf eine Störung seiner Wahrnehmungssinne zurückzuführen ist, denn die in Honduras hergestellte ›San Pedro Sula‹ ist exakt die gleiche Zigarre wie die auf Kuba hergestellte ›Punch‹.

In Amerika wird diese Doppelnationalität identischer Marken keinerlei Verwirrungsprobleme heraufbeschwören, da inzwischen ganze Generationen von Zigarrenrauchern herangewachsen sind, ohne je eine Havanna gesehen oder geraucht zu haben. Aber viele Europäer, besonders diejenigen, die in die Vereinigten Staaten reisen und die Zugang sowohl zu Havanna- als auch zu Nicht-Havanna-Zigarren mit derselben Markenbezeichnung haben, sollten acht geben auf das, was sie kaufen. Manchmal reicht es nicht aus, das Markenschild zu studieren, da sowohl die »Havanna-Hersteller« der anderen Länder als auch Cubatabaco dieselben Logos auf ihren Schachteln und Bauchbinden verwenden. Nur spezielle Stempel auf der Kiste (siehe auch Kapitel 4), das Wort »Habana« und natürlich der Preis (Nicht-

Havannas sind sehr viel preiswerter als echte Havannas) geben eindeutig darüber Aufschluß, aus welchem Land die Zigarre stammt –
der Connaisseur muß sich also nicht eine oder mehrere jener so
geliebten Zigarren anzünden, um den Unterschied herauszufinden.
Doch Vorsicht: Noch nicht einmal der Geschmack kann den endgül-
tigen Beweis liefern, denn viele der besten dominikanischen und
honduranischen Zigarren gleichen heute einigen der derzeitigen
kubanischen Produkte, ja übertreffen sie sogar.
Leider ist dies nicht immer der Fall gewesen. In den siebziger Jahren
litt die Qualität vieler Zigarren aus der Dominikanischen Republik
und von den Kanarischen Inseln, als viele damit begannen, ihre
Fabriken in diese Länder zu verlegen. Fast jede Fabrik mußte
zunächst auch auf Arbeiter zurückgreifen, die nicht über das entsprechende Know-how verfügten; kamen dann noch schlechte Ern-
ten hinzu, so waren die Resultate, die schließlich die Regale der
Tabakwarenhändler füllten, nicht gerade überwältigend. Darüber
hinaus brachten Gesellschaften in der Dritten Welt bisweilen eine
begrenzte Anzahl von Zigarren heraus, gaben ihnen einen spanisch
klingenden Namen und verkauften sie an eifrige amerikanische
Importeure. Das Problem dabei: Wenn jemand an einer solchen
Zigarre Gefallen fand, konnte er sie nicht mehr nachkaufen. So
etwas passiert zwar heute auch noch, allerdings nicht mehr häufig.
Das liegt vor allem daran, daß Zigarrenraucher viel lieber Marken
auswählen, die Bestand haben, und heute, da der Konkurrenzkampf
unter den Anbietern sehr hart ist, will niemand auch nur einen Kunden verlieren.

In den USA hatte das Zigarrenrauchen seine Glanzzeit 1964, als der
Surgeon General's Report bekanntgab, das Rauchen von Zigarren sei
gesünder als das von Zigaretten – allein in diesem Jahr sprang der
Zigarrenumsatz von 7,2 Milliarden auf 9 Milliarden in die Höhe.
Abgesehen vom US-Embargo geschahen auch noch andere bemerkenswerte Dinge in diesem schicksalsträchtigen Jahrzehnt. So
brachte in den späten sechziger Jahren Dunhill wieder seine eigene
Havanna-Marke auf den europäischen Markt, und der *Grand maître*
des verfeinerten Rauchgenusses, Zino Davidoff, erhielt von Cubatabaco die Erlaubnis, seine eigene exklusive Havanna-Marke herauszubringen.
Gegen Ende der achtziger Jahre war es jedoch für beide Gesellschaften aus mit der Liebe zu Kuba. Es begann 1989, als Cubatabaco von
heute auf morgen alle Verträge mit jenen Exportfirmen kündigte,

mit der Gesellschaft in Geschäftsverbindung standen. Es kamen Forderungen auf, wonach Cubatabaco einen Besitzanteil von 51 Prozent an allen Betrieben forderte, die ihre Zigarren importierten. Kuba hatte das Gefühl, an der fast jährlich stattfindenden Preissteigerung von Havannas nicht genügend beteiligt zu sein. Außerdem zielte die Strategie der Kubaner darauf ab, nicht mehr anderer Leute Zigarren herstellen zu wollen. Sie wollten den begrenzten Vorrat an kostbarem Tabak, der auf ihren Superböden wuchs, für ihre eigenen Marken verwenden. Dunhill reagierte mit der schlichten Ausmusterung seines Havanna-Angebots und konzentrierte sich allein auf die gerade auf den Weltmarkt eingeführten gereiften dominikanischen Zigarren. Davidoffs Reaktion war ein klein wenig dramatischer. Am Mittwoch, dem 23. August 1989, verkündeten die Meldungen rund um den Globus, Davidoff, für lange Zeit der Champion unter den besten Havanna-Herstellern, habe gerade freiwillig 130000 Stück seiner kubanischen Zigarren verbrannt – was einem Gegenwert von grob drei Millionen Dollar entsprach. Davidoffs schlichte Erklärung: mangelnde Qualität – die Zigarren taugten nicht länger zum Tragen von Davidoffs Bauchbinde.

Schon bald tauchten neue Produktreihen bei Davidoff auf, so daß Cubatabaco mehr von seinem kostbaren Havanna-Blatt verblieb als zuvor erwartet. Gleichwohl hatten Davidoff und Dunhill noch riesige Bestände kubanischer Zigarren aus der Zeit vor 1989 auf Lager. Als ich beispielsweise 1989 die Lager von Davidoff in Basel besichtigte, schätzte ich, daß sich dort ein Dreijahresbedarf befand. Und 1992 erfuhr ich bei einem Treffen mit Cubatabaco, daß zwar noch einige Havannas für Davidoff auf der Insel lagerten, diese aber laut Übereinkunft nach dem 31. Dezember 1992 nicht mehr verkauft werden durften.

Abgesehen von der Auflösung dieser beiden berühmten kubanischen Marken, die viel dazu beitrug, daß sich die Aufmerksamkeit des Zigarrenkenners auf die hervorragende Qualität der dominikanischen Produkte lenkte, gab es in den achtziger Jahren noch ein anderes Ereignis, das einen fragwürdigen Meilenstein in den Annalen des Zigarrenrauchens hinterließ. Nachdem der amerikanische Kontinent auf nahezu fünf Jahrhunderte ungetrübten Rauchgenusses zurückblicken konnte, wurden in den Vereinigten Staaten »Gesundheitswarnungen« für Zigarren erlassen. Der gefeierte amerikanische Komiker George Burns wird wohl ganz schön gelacht haben, als der Arzt, der ihm angeraten hatte, das Rauchen seiner ›El Productos‹ aufzugeben, einige Jahre nach dieser Empfehlung starb. Ebenso werden wohl andere über solche oder ähnliche »gutgemeinten Ratschläge« geschmunzelt haben, so etwa Don Arturo Fuente, jener Gründer der Firma, die seinen Namen trägt. Don Arturo hat sein Leben lang Zigarre geraucht, und zwar fünfundzwanzig am Tag – was ihn nicht daran hinderte, fünfundachtzig Jahre alt zu werden. Und noch etwas Erwähnenswertes geschah in den achtziger Jahren: Castro gab das Rauchen auf – wodurch noch mehr Tabak für die 60 Millionen Zigarren, die Kuba nun jährlich exportierte, übrigblieb.

Die neunziger Jahre fingen für Kuba wenig verheißungsvoll an. Der Zusammenbruch der Sowjetunion stürzte den Inselstaat, dessen Wirtschaft nicht gerade florierte, endgültig ins Chaos. Heute ist alles rationiert, einschließlich Kleidung, Essen und Benzin. Den Menschen auf Kuba steht nur eine halbe Rolle Toilettenpapier pro Monat zu, eine Schachtel Streichhölzer – und, unter anderem, eine kleine Zigarre, eine Abart der Havanna, die locker gerollt ist und scheußlich bitter schmeckt, zum Rauchen kaum geeignet, geschweige denn zum Export. Selbstverständlich gibt es ob solcher Verhältnisse einen blühenden Schwarzmarkt. Ich werde niemals vergessen, wie ich, als ich durch die Straßen Havannas ging, von einem Jungen auf einem Fahrrad angehalten wurde und eine Kiste ›Bolivars‹ zu einem phan-

Die Partagas-Fabrik im Zentrum von Havanna.

tastisch verbilligten Preis angeboten bekam. Natürlich hatte ich keine Möglichkeit, mich zu vergewissern, ob es sich um echte ›Bolivars‹ und nicht um einen Verschnitt aus Restblättern handelte. Das interessanteste an dieser Geschichte aber: Sie spielte sich vor den Büros von Cubatabaco ab! Überflüssig zu sagen, daß die Sache dem offiziellen Begleiter von Cubatabaco, der sich stets an meiner Seite befand, äußerst unangenehm war.

Stand Kuba schon in guten Zeiten immer vor dem Problem, ausreichend Tabak zu liefern, um die Nachfrage auf dem Weltmarkt zu befriedigen, so verschlimmerte sich dieses Problem gegen Ende der achtziger Jahre noch, als darangegangen wurde, etliche Tabakfelder in Farmland umzuwandeln, um die Ernährungslage der heimischen Bevölkerung zu verbessern. Als man sich jedoch bewußt wurde, daß der Export von Zigarren auf der Liste der Ausfuhrwaren die vierte Stelle einnahm, legte man 1991 zusätzliche 6700 Hektar Tabakfelder im Vuelta Abajo an – was einen Zuwachs von 17 Prozent bedeutete. So erzielte man eine größere Ernte von Deckblattblättern, die nach Ernte und Reifezeit 1994 Verwendung finden sollten. Aber dann kam, 1992, Hurrikan »Andrew« und zerstörte etliche Reifehallen, angefüllt mit der Winterernte, die für die Zigarrenherstellung des Jahres 1996 vorgesehen war.

Natürlich exportiert Kuba auch weiterhin Tabak in andere Länder, so etwa auch nach Deutschland und Österreich, wo jetzt Havannas hergestellt werden. Das beste Beispiel in Deutschland sind die maschinengefertigten ›San Luis Reys‹ und die ›Romeo y Julietas‹, kleine Zigarren und Zigarillos, die aus 100 Prozent importiertem Havanna-Blatt bestehen – ungefähr eine Million dieser kleinen Rauchartikel gehen in Deutschland jedes Jahr über den Ladentisch.

Trotz aller Probleme, die Kuba plagen, ist das weltweite Bedürfnis nach der begehrten Havanna ungebrochen. Da ist es für die Liebhaber kubanischer Zigarren beruhigend, daß 1994 der Verkauf von Havannas im Vergleich zu 1993 um 26 Prozent gestiegen ist (wobei Kuba der Export mehr als 100 Millionen Dollar in jenem Jahr einbrachte). Darüber hinaus übertrug Cubatabaco 1994 zur Verbesserung des Absatz-Marketings die Verantwortung für den Export auf das Privatunternehmen Habaneros S. A., behielt sich allerdings die Kontrolle über den gesamten Export nach Frankreich vor, Cubatabacos weitaus größtem Markt.

Das Problem besteht jedenfalls nach wie vor, und es wird auch nicht zu schnell aus der Welt zu schaffen sein: Es sind nicht genügend kubanische Zigarren zu bekommen, um den weltweiten Bedarf zu befriedigen. Deshalb sind einige Länder wie Deutschland und Frankreich dazu übergegangen, Zigarren aus der Dominikanischen Republik und Honduras zu importieren. Zwar führt Frankreich jährlich 7,2 Millionen Havannas ein – das »Land der Genießer« ist damit der zweitgrößte Importeur dieses karibischen Produkts, gleich nach Spanien und weit vor England – und bewegt sich in Deutschland die Einfuhrmenge kubanischer Zigarren immerhin um die Millionengrenze (wobei das Angebot in Duty-free-Shops sowie die kleinen, in Deutschland hergestellten Zigarren nicht mitgerechnet sind), aber dennoch reichen diese Importe nicht aus. Der Connaisseur in Frankreich findet also neben den ›Bolivars‹, ›Quinteros‹ und ›Quai d'Orsays‹ nun auch Zigarren, die Namen tragen wie ›Fuente‹, ›La Aurora‹, ›Joya de Nicaragua‹, ›Juan Clemente‹ und ›Pléiades‹, während sich die eine Million Zigarrenraucher in Deutschland langsam an »Ersatzmarken« wie ›Dunhill‹, ›Henry Clay‹, ›Royal Jamaica‹ und ›Excalibur‹ (eine andere Namensgebung für die in Honduras hergestellte ›Hoyo de Monterrey‹, um Verwechslungen mit der Havanna gleichen Namens auszuschließen) gewöhnen und die dominikanischen Zigarren von John Aylesbury schätzen. In England, für lange Zeit der Havanna treu, tauchen nun, zusammen mit Bündelzigarren (siehe auch die Seiten 130 ff.), Marken wie die ›Santa Damiana‹ aus der Dominikanischen Republik und die ›San Pedro Sula‹ (eine honduranische ›Punch‹) auf – nicht vergessen werden darf natürlich die ›Dunhill‹, Großbritanniens eigene dominikanische Marke.

Das soll nun nicht bedeuten, die Havanna verlöre in Europa an Beliebtheit – weit davon entfernt, wird sie doch noch immer als *die* Zigarre des Kenners angesehen. Aber es gibt Probleme. Im September 1992 erließ nämlich der Appellationsgerichtshof in Paris ein Dekret, wodurch Kuba verboten wurde, einige seiner beliebtesten Marken – ›Montecristo‹, ›H. Upmann‹ und ›Por Larrañaga‹ – in Frankreich zu verkaufen. Cubatabaco bot daraufhin als Ersatz ›Fonsecas‹, ›La Gloria Cubanas‹, ›Rafael Gonzales‹' und ›Rey del Mundos‹ an, aber die französischen Connaisseurs wollten ihre alten Marken wiederhaben. Viele fuhren daraufhin über die Grenzen, um ihre Lieblingszigarren zu erwerben, vor allem den Bestseller ›Montecristo‹, viele andere jedoch taten dies nicht – mit dem Ergebnis, daß der Absatz von Havannas seit 1993 in Frankreich dramatisch sank.

Eine ähnliche Situation trat im Sommer desselben Jahres in Spanien ein – wieder mit dem Ergebnis, daß einige der beliebtesten kubanischen Zigarren von einem überaus wichtigen Markt verschwanden.

Dominikanische und honduranische Zigarren beginnen nun, die entstandene Leere auszufüllen.

Da letztere wesentlich weniger kosten als ihre kubanischen Gegenstücke, werden nicht wenige Zigarrenraucher auf dem Kontinent wohl mehr und mehr dazu übergehen, eine dominikanische bzw. honduranische Zigarre für den Alltag zu wählen und eine teure Havanna für das Wochenende sowie für besondere Gelegenheiten aufzusparen, obwohl der Gaumen der meisten Europäer für die dominikanischen und honduranischen Zigarren erst sensibilisiert werden muß, da der Tabak eines jeden Landes seinen eigenen unverwechselbaren Geschmack hat. Doch der Versuch, einige dieser Zigarren zu probieren, ist durchaus lohnenswert.

Weniger erfreulich sind die Gesetze, die in den letzten Jahren in Amerika wie in Europa den spontanen Genuß der Lieblingszigarre erheblich einschränken. Zwar ist es uns (noch) möglich, lässig eine elegant geformte Lonsdale zu paffen, während wir eine Einkaufsmeile entlangschlendern, doch in vielen Ländern ist es uns nicht mehr gestattet, das Dinner mit einer Churchill zu krönen. Nirgendwo trifft das mehr zu als auf Amerika, wo das Rauchen in den meisten Restaurants und öffentlichen Gebäuden der Städte verboten ist. Sogar in vielen offenen Sportstadien ist das Rauchen von Zigarren nicht erlaubt.

Gottlob bildet hier Deutschland die berühmte Ausnahme. Aus diesem Grunde genieße ich es so, in einem feinen Restaurant in München gut zu speisen, damit ich mich dann gemütlich zurücklehnen und mir eine doppelte Corona anzünden kann, ohne von irgend jemandem behelligt zu werden. Und eine meiner schönsten Erinnerungen an Deutschland ist die, wie ich einmal im mittelalterlichen Miltenberg durch die malerischen, kopfsteingepflasterten Straßen schlenderte und dabei eine ›Cohiba Esplendido‹ rauchte.

Die Vereinigten Staaten, Inbegriff der individuellen Freiheit, sind zwar der traurige Vorreiter jener Anti-Raucher-Entwicklung, doch noch trauriger stimmt es, daß viele europäische Länder als Nachahmer auftreten. So verbot 1990 das französische Parlament das Rauchen in allen öffentlichen Lokalen, und drei Jahre später wurde auch jegliche Tabakwerbung untersagt. Das ist eindeutig ein Verstoß gegen die persönlichen Menschenrechte, die für alle Zeit, so dachte man, durch die Französische Revolution von 1789 garantiert sind. Großbritannien, immerhin die »Wiege der Demokratie«, wollte da wohl nicht zurückstehen und erließ, ebenfalls im Jahre 1990, eine

Verordnung, nach der jede Zigarrenverpackung mit einer Gesundheitswarnung zu versehen war, und schon 1991 verbannten die Briten die Tabakwerbung aus den Fernseh- und Hörfunkprogrammen.
Damit nicht genug, hat sogar Kuba inzwischen Anti-Raucher-Gesetze. Es ist mehr als nur Ironie, wenn ausgerechnet in Ländern Zigarren verteufelt – oder, bestenfalls, ignoriert – werden, in denen die Zigarre viel zu deren Wohlstand beigetragen hat. So erwähnen zum Beispiel einige der bekanntesten Reiseführer für die Dominikanische Republik noch nicht einmal die für diese herrliche Inselrepublik so wichtige zigarrenherstellende Industrie. Da ist es für den Karibikstaat nur ein geringer Trost, daß es den geschichtsträchtigen Zigarrenindustrien in Honduras, Mexiko und in den Niederlanden – um nur einige Länder zu nennen – nicht anders ergeht.
Natürlich sind den Zigarrenrauchern Vorurteile und Diskriminierung nicht fremd, wird doch unser edler Zeitvertreib unverantwortlicherweise schlicht in die Schublade mit dem Etikett »Raucher« gesteckt, und zwar in erster Linie von falsch informierten Medien- und Regierungsvertretern, die außer acht lassen, daß Zigarrenraucher nicht inhalieren und daß ihr Produkt ausschließlich *natürliche* Ingredienzien enthält. In einer Zeit, in der Umweltbewußtsein großgeschrieben wird – hat da schon irgend jemand erwähnt, daß Zigarren biologisch abbaubar sind, und hat da schon irgend jemand darauf hingewiesen, wie förderlich der Gesundheit eine gute Zigarre nach einem schlechten Tag ist? Es ist nun einmal so: Nichtraucher sind allein schon von der Tatsache verwirrt, daß eine große Zahl von Premium-Zigarren von denselben Leuten geraucht werden, die Sport treiben, Mineralwasser trinken und auf ihre Ernährung achten. Wer also, der nicht selbst Zigarrenraucher ist, wäre in der Lage zu erkennen, warum das Rauchen einer Zigarre gleichzeitig Körper und Geist anregen und entspannen kann?! »Es bedeutet geistige Gesundheit; darüber gibt es keinen Zweifel«, sagt der amerikanische Arzt David A. Boska, zu dessen Klientel zahlreiche (zigarrenrauchende) Berühmtheiten aus Unterhaltung, Sport und Politik gehörten und gehören. »Das Rauchen von Zigarren ist eine sehr vergnügliche Sache«, so Dr. Boska. »Man wird nicht süchtig davon wie von einigen Entspannungsdrogen, die in der Regel sowieso nicht lange anhalten. Es dauert eine Weile, bis man eine Zigarre aufgeraucht hat – und Befriedigung tritt schon während des Rauchens ein. Oft denke ich, die beste Gruppentherapie wäre dann gegeben, wenn ein paar Freunde zusammensitzen, mit denen es Freude macht, eine Zigarre zu rauchen.«

Vielleicht läßt sich vor diesem Hintergrund die plötzliche »Wiederbelebung« des »Victorian Smoker« erklären, eine Veranstaltung, die im England des 19. Jahrhunderts aufkam, um einen sicheren Hafen für Zigarrenliebhaber zu schaffen, in den sie vor dem Haß der Nichtraucher flohen und in dem sie in der Lage waren, ihren Tabak in Ruhe und Frieden zu genießen. Der »Gentleman's Smoker« ist jedenfalls in ganz Amerika in Mode gekommen, und solche Veranstaltungen finden mindestens einmal im Monat in praktisch jeder größeren Stadt der Vereinigten Staaten statt. Ich werde oft gebeten, auf solchen Veranstaltungen zu sprechen, vor fünfzig, hundert, hundertfünfzig Leuten. Dieses Phänomen hat sich in Europa zwar noch nicht ganz so stark verbreitet, ist aber in Ländern wie der Schweiz und Frankreich im Kommen, da mehr und mehr Leute entdecken, welche Freude es mit sich bringt, eine gute Zigarre mit guten Freunden zu rauchen. Jene »Smokers« können formell oder informell sein und zentrieren sich häufig um ein Abendessen oder eine Wein-, Whisk(e)y- oder Cognacprobe. Sehr oft veranstaltet auch ein örtliches Tabakwarengeschäft einen »Smoker«, um eine neue Zigarre vorzustellen, und nicht selten ist es ein sympathischer Restaurantbesitzer, der einen »Smoker« an seinem Ruhetag organisiert. Man braucht nicht unbedingt einen Anlaß für einen »Smoker«. Alles, was man braucht, sind ein paar Leute und eine Menge Zigarren. Diese Entwicklung ist mehr als erfreulich, denn die unglaublich große Häufigkeit solcher »Zigarrenabende«, die sich als Teil unserer Kultur etabliert haben, ist hinreichender Beweis für einen überaus wichtigen Umstand: Zigarrenliebhaber sind nicht allein auf dieser Welt. Und wir sind wirklich nicht allein. Zwar sind Nichtraucher schnell mit der Information bei der Hand, daß in den Vereinigten Staaten (eine der Nationen mit überdurchschnittlich vielen Zigarrenrauchern im Verhältnis zur Bevölkerungszahl), der Zigarrenabsatz von 9 Milliarden im Jahre 1964 auf 2,3 Milliarden im Jahre 1992 gefallen sei, doch dabei ist zu bedenken, daß der Einbruch vor allem bei den maschinengefertigten Massenprodukten stattgefunden hat. Bei den Premium-Zigarren hat es hingegen einen ständigen Verkaufsanstieg gegeben, denn viele Zigarrenraucher haben diesen neuen alten Zeitvertreib entdeckt, den der Gentleman in viktorianischer und edwardscher Zeit so gut kannte. Heute haben Premium-Zigarren eine Verkaufssteigerung von 35 Prozent pro Jahr – allein 1992 wurden mehr als 130 Millionen dieser hochwertigen Zigarren verkauft (wobei in jenem Jahr der Umsatz beim Zigarrenverkauf insgesamt über 705 Millionen Dollar lag). Inzwischen rauchen von 8 Millionen

Zigarrenrauchern in den USA mehr als 400 000 Premium-Zigarren (womit sich ihre Zahl seit Mitte der siebziger Jahre mehr als verdoppelt hat).

In Deutschland ist die Entwicklung ähnlich verlaufen. Zwar ist hier der Zigarrenkonsum jährlich um 5 Prozent zurückgegangen, doch der Verbrauch von kubanischen Zigarren stieg 1994 um 10 Prozent, während er in den ersten beiden Monaten des Jahres 1995 um 25 Prozent höher lag als im Jahr zuvor. Ganz klar: Premium-Zigarren sind stark im Aufwärtstrend. So nimmt es denn auch nicht wunder, als 1992 ein spezielles Hochglanzmagazin mit dem Namen *Cigar Aficionado* auf den Markt kam. Dem folgte 1994 *Cigar*, ein in der Schweiz herausgebrachtes elegantes Magazin in deutscher Sprache. In Österreich wiederum gibt es das *Cult-Cigar-Journal*, das vollgepackt ist mit Informationen rund um den exquisiten Dunst. Offensichtlich ist das Zigarrenrauchen dabei, eine wichtige und dabei mehr und mehr anerkannte Rolle im täglichen Leben des modernen Mannes einzunehmen.

Auch wenn die Anzahl der Raucher von Premium-Zigarren ständig zunimmt, steigt die Anzahl dieser hochwertigen Zigarren nicht immer in gleichem Umfang. Die Ursache dafür liegt auf der Hand: Der Zigarrenliebhaber von heute raucht wesentlich weniger als noch vor einigen Jahren. Das führt wiederum zu der Schlußfolgerung: Es wird zwar weniger geraucht, dafür aber eine bessere Qualität verlangt – der Genuß steht im Vordergrund.

Rückblickend läßt sich feststellen, daß das Kubaembargo der Vereinigten Staaten das Beste war, was dem Zigarrenraucher von heute passieren konnte, und zwar nicht nur dem in Amerika. Wenn nicht direkt, so hat es meist aber indirekt dazu beigetragen, daß Qualitäten von Zigarren entdeckt werden konnten, die es sonst vielleicht niemals gegeben hätte: die Milde einer dominikanischen Zigarre mit Connecticut-Deckblatt, die würzige Einlage einer honduranischen Zigarre mit einem Sumatra-Umblatt, die reiche, süße Erdigkeit einer Havanna, den schweren Grundgeschmack einer mexikanischen Maduro. Außerdem haben sowohl die neuen als auch die alten Marken weitere Verfeinerungen erfahren, wie etwa das Erscheinen sorgfältig gereifter Auslesezigarren und die Entwicklung kleinerer Formate. Dann wiederum ist ein Trend zu beobachten, der mir äußerst willkommen ist – der Trend zu einem größeren Umfang, wodurch ein volleres Aroma erreicht wird. Vor allem aber: Premium-Zigarren sind zwar relativ teuer gegenüber Massenprodukten, dennoch preiswert, gemessen an dem Genuß und den Freuden, die sie bereiten.

Der Cartoonist Jeff MacNelly, Träger des Pulitzer-Preises, legt für seine Zigarrenfreunde oft ein gutes Wort ein, so etwa auch mittels seiner in mehreren Zeitungen veröffentlichten Comic-Serie »Shoe«.

Kurz vor der Veröffentlichung dieses Buches fragte mich ein Reporter von *ABC News,* was ich von dem Phänomen der enormen Zunahme des Zigarrenrauchens halte. Die Frage war einfach zu beantworten: Die Welt, die wir geschaffen haben, ist viel hektischer, als sie jemals zuvor war, angefüllt mit Streß, Sorgen privater und beruflicher Art, Problemen im ökonomischen wie im ökologischen Bereich. Dabei sehnt sich wohl jeder nach einer kleinen Festung, einem sicheren Ort, kurz, einem Platz, der es ihm erlaubt, den Gedanken nachzuhängen, dabei – wenigstens für kurze Zeit – die Unbilden des Lebens vergessend. Die Zigarre ist zu einer solchen Festung geworden, zu einem Ort, der es ermöglicht, die inneren Kräfte wieder zu sammeln. Mit nur einer Zigarre hat jeder Mensch es (buchstäblich) in der Hand, den Sorgen der Welt für eine Weile zu entfliehen.

Kapitel 2
Vom Setzling zum Zedernholz
Die Zigarrenherstellung

Es ist schon faszinierend: Seit gut hundert Jahren hat sich in der Kunst der Zigarrenherstellung im Prinzip nichts geändert. Aus diesem Grunde ist eine handgerollte Zigarre das Nonplusultra für all jene, welche die Kunstfertigkeit einer solchen Handarbeit zu schätzen wissen. Deshalb finden auch in letzter Zeit die Premium-Zigarren immer mehr Liebhaber, obwohl sie in gewisser Weise einen Widerspruch in sich vereinen: Zum einen ist jede von ihnen einzeln von Hand gefertigt, zum anderen wollen wir, daß sie sich in nichts voneinander unterscheiden, daß sie alle gleich schmecken. Um die Komplexität einer guten Zigarre überhaupt verstehen zu können, müssen wir uns daher zu den Wurzeln der Zigarrenherstellung begeben. Und diese Wurzeln entspringen im wahrsten Sinne des Wortes in der Tabakpflanze selbst.
Jede geographische Region, in der man Tabak sät, wird ihre eigene Tabakpflanze hervorbringen – und diese die Blätter, aus denen schließlich eine Zigarre wird, die sich dann durch einzigartige und spezielle Eigenschaften auszeichnet. So kommt es, daß eine honduranische Zigarre anders schmeckt als eine dominikanische, die wiederum anders schmeckt als eine Havanna.
Auf der ganzen Welt gibt es nur extrem wenige Gebiete, welche die

47

perfekte Kombination aus Boden, Temperatur und Regenfällen auf sich vereinen, um eine Tabakernte hervorzubringen, die gut genug ist, damit daraus eine hochwertige Zigarre hergestellt werden kann. Die meisten dieser Gebiete befinden sich in der Karibik und in den fast ebenso beschaffenen Regionen in Mittelamerika.

Ganz am Anfang der Geschichte der Zigarrenherstellung steht Kuba, und es hat seither immer eine führende Rolle auf dem Gebiet der Zigarren gespielt. Die Vereinigten Staaten waren bekanntlich einer der größten Abnehmer von Havannas, bis 1961 das US-Embargo in Kraft trat. Schon bald begann nun die Zigarrenproduktion anderer

Die Hauptanbaugebiete von Zigarrentabak

Länder zu florieren, und obwohl die kubanische Zigarre noch immer als die größte Zigarre in Europa gilt, mag es dennoch von Interesse sein, sich zunächst den anderen Ländern, in denen Zigarren hergestellt werden und die sich während der letzten drei Jahrzehnte auf diesem Gebiet kontinuierlich entwickelten, eingehend zuzuwenden, da viele dieser ausgezeichneten Zigarren heute nach Deutschland und in die übrigen Länder Europas eingeführt werden.

Eines der berühmtesten tabakanbauenden und zigarrenherstellenden Gebiete ist heute die Dominikanische Republik, eine faszinierende Insel voller Gegensätze. Auf der einen Seite gibt es den Pico Duarte, ein Berg, der sich auf 10 000 Fuß (ca. 3050 Meter) erhebt, auf der anderen Seite den Lago Enriquillo mit seinen vielen Krokodilen, der sich 144 Fuß (ca. 44 Meter) unter dem Meeresspiegel befindet. Es ist ein Land, das Zigarren hervorbringt, die eines Kaisers Humidor (siehe auch die Seiten 171 ff.) würdig wären, in dem aber auch die Verwaltung in bestimmten Abständen – und ohne Vorwarnung – in ganzen Gebieten den Strom sperrt, um Elektrizität einzusparen. Die

Die Hauptanbaugebiete von Zigarrentabak außerhalb Amerikas
* Kein Tabakanbau, jedoch Fertigung von Zigarren

49

Firma Fuente mit ihrer großen Produktbreite reagierte darauf, indem sie einen Dieselgenerator, für den immer rund 50 000 Liter Treibstoff zur Verfügung stehen, ständig einsatzbereit hält, damit ihre Zigarrenproduktion nicht unterbrochen werden muß.

In der Dominikanischen Republik, die heutzutage die meisten Premium-Zigarren herstellt, die nicht aus Kuba kommen, gibt es nur zwei Täler, die sich für den Tabakanbau eignen: das Real-Tal (der Name stammt von Kolumbus und bedeutet Königstal) und das Cibao-Tal. Jene beiden Täler, die verschiedene Bodenstrukturen besitzen, bringen den edelsten, langblättrigen Einlagetabak hervor, der jemals in eine Zigarre gerollt wurde. Es handelt sich vor allem um die Sorten Olor Dominicano, ist also dominikanischen Ursprungs, und Piloto Cubano, Saatgut, das einst Castro-Flüchtlinge in die Dominikanische Republik gebracht haben. Wenn also von kubanischer Saat, in der Dominikanischen Republik gewachsen, die Rede ist, so handelt es sich um Piloto Cubano. Es gibt auch Virginia-Tabak, der in der Dominikanischen Republik wächst, doch dient dieser vor allem dem Inlandverbrauch und wird nicht für hochwertige Zigarren verwendet.

Interessanterweise wird der Tabak, der in diesen unglaublich fruchtbaren Gebieten in der Dominikanischen Republik wächst, fast ausschließlich als Einlage und Umblatt verwendet. Der Grund: In der Dominikanischen Republik wächst kein Deckblatt, da für die entsprechende Pflanze die richtige Kombination aus Boden und Saatgut noch nicht gefunden worden ist. So muß dieses berühmte Tabakanbaugebiet noch immer sein Deckblatt aus anderen Ländern importieren, wie zum Beispiel aus Connecticut in den USA und aus Kamerun in Afrika. In den achtziger Jahren gab es dann erste Versuche bei der General Cigar Corporation, Deckblattpflanzen aus Connecticut in der Dominikanischen Republik für einige ihrer »Flaggschiffe« anzusiedeln.

Und die diesbezüglichen Versuche gingen weiter. 1992 konnte ich miterleben, wie die Familie Arturo Fuentes im Cibao-Tal den ersten probeweisen Anbau von Deckblatt-Tabak aus Kuba vornahm. Wie es der Zufall wollte, war die Saison 1992/93 besonders gut, und obwohl einige Pflanzen während der schweren Winterregen eingingen, blieben genug übrig, damit 1994 das erste in der Dominikanischen Republik gewachsene Deckblatt um eine Einlage und ein Umblatt gewickelt werden konnte, die ebenfalls in der Dominikanischen Republik gezogen worden waren. So konnte zum erstenmal in der Geschichte eine zum Verkauf hergestellte dominikanische

Zigarre, die ›Fuente Opus‹, schließlich »puro«, also »rein«, genannt werden. Eine »reine« Zigarre zeichnet sich dadurch aus, daß Einlage, Umblatt und Deckblatt in einem einzigen Land gewachsen sind.

Obwohl jenes Blatt in seiner satten roten Farbe bestem Havanna-Blatt ähnelt, bleibt dieses dominikanische Deckblatt doch extrem anfällig und eignet sich nicht für den rigorosen Herstellungsprozeß, den eine Maduro (siehe auch Seite 125) erfordert. Hinsichtlich des Geschmacks ist dieses im Schatten gezogene Deckblatt aber reich an Aroma und absolut einzigartig.

Im Westen der Dominikanischen Republik, auf dem Festland, liegt Honduras, der weltweit zweitgrößte Hersteller von Premium-Zigarren. Honduras ist ein rauhes Land mit zerklüfteten Bergen, die von Dschungel überwuchert sind, wodurch mancher Region etwas Archaisches anhaftet. Zwar werden in diesem mittelamerikanischen Staat nur 16 Prozent des Bodens kultiviert, doch wächst hier einer der aromatischsten Tabake der Welt. Da die honduranischen Zigarrenhersteller erst vor kurzem die Erlaubnis erhalten haben, Tabak zu importieren und auch anzupflanzen, der nicht aus dem Land der Maya-Zeugnisse stammt, dürfen wir nun aromatische honduranische Zigarren genießen, deren Aroma durch Deckblätter und Umblätter aus anderen Ländern verfeinert worden ist.

Im Süden grenzt Honduras an Nicaragua, der größten Republik Mittelamerikas, ein Land, das von Vulkanen geprägt ist, aber auch ein Land, das zwei fruchtbare Täler sein eigen nennt – das Jalapa-Tal und das Esteli-Tal –, in denen einige der besten Sorten an Einlage-, Umblatt- und Deckblattpflanzen wachsen. Dieses Gebiet befindet sich in der Nähe der Grenze zwischen Honduras und Nicaragua, und einige Farmer sagen, seine Erde sei der kubanischen so ähnlich, daß man Kuba nicht näher kommen könne, es sei denn, man fahre nach Kuba. Das bedeutet nichts anderes, als daß dominikanische und honduranische Zigarren gut sind, nicaraguanische jedoch sehr gut. Leider beginnt dieses Land erst langsam, sich von den politischen Spannungen in der jüngsten Vergangenheit zu erholen, und obwohl Normalität im Alltag schon hier und da zu erkennen ist, wird es noch einige Zeit dauern, bis aus den Gegenden, die sich phantastisch für den Tabakanbau eignen, auch phantastische Zigarren auf den Weltmarkt gelangen.

Auch Mexiko verfügt über einige Gebiete, die sich zum Anbau hervorragenden Tabaks eignen würden. Das berühmteste ist vielleicht das San-Andrés-Tuxtla-Tal im Bundesstaat Veracruz, südöstlich von Mexiko City und 100 Meilen unterhalb der Küstenstadt Veracruz gelegen, und zwar auf der Seite des Landes, die von den Wassern des Golfs von Mexiko umspült wird. (Ich erzähle Ihnen das deshalb so genau, weil Sie vielleicht nach dem Genuß einer ›Veracruz‹ bis hinauf zur Bauchbinde und einiger Gläser Tequila plötzlich das Bedürfnis verspüren könnten, den Geburtsort ihrer Zigarre aufzusuchen.) Hier befindet sich auch die älteste Zigarrenfabrik Mexikos, La Prueba de Balsa Hermanos, die 1852 gegründet worden ist.

Zigarrentabak wird auch in der Pazifikhälfte des Landes angebaut, im Nachbarstaat Oaxaca, während sich in Guadalajara, der Hauptstadt des Bundesstaates Jalisco, die bekannte Firma Ornelas befindet. Ein anderes Tabakanbaugebiet liegt im Bundesstaat Nayarit in der Nähe der Küste, und zwar nördlich von Puerto Vallarta.

Mexiko ist anerkannt für seine ausgezeichneten Umblattpflanzen ebenso wie für seine Produktion von wetterharten, würzigen Deckblattpflanzen, die sich hervorragend für die Herstellung von Maduro-Zigarren eignen. Selbstverständlich baut man im Land auch Einlagetabak an. Und man tut gut daran, denn die Regierung verlangt, daß alle Zigarren aus 100 Prozent mexikanischen Blättern bestehen, obwohl ein neues Gesetz vielleicht irgendwann zulassen wird, daß Havannas zum erstenmal in der Geschichte in Mexiko hergestellt werden.

Die Vereinigten Staaten gewinnen zwar in vielen Gebieten des Landes Tabak, doch zwei der am meisten gefeierten Sorten kommen aus Connecticut, genauer aus der Gegend des Housatonic-Tals. Hier werden das feinste Schatten-Deckblatt (auf ca. 40 Hektar) und breitblättrige Pflanzen (auf ca. 330 Hektar) angebaut, wobei die Größe der Anbauflächen deutlich macht, welche Bedeutung (und welchen Anteil) beide Tabaksorten für den begierigen Weltmarkt haben. Wegen des einzigartigen sandigen Bodens im erstgenannten Anbaugebiet hat das im Schatten gezogene Deckblatt einen unvergleichlichen Geschmack, der noch nirgendwo in der Welt nachgeahmt werden konnte.

Das gesamte Anbaugebiet im Tal des Connecticut River, das sich von Hartford nach Norden bis an die Grenze zu Massachusetts erstreckt, besteht aus einem Streifen von drei Kilometern Ausdehnung, der eine unglaublich fruchtbare Bodenkruste aufweist, die dort vor Jahrhunderten ein sich verengender Fluß abgelagert hat. Wegen der Fruchtbarkeit dieses Ackerlandes wurde Schatten-Connecticut eines der beliebtesten Deckblätter der heutigen Zeit für Nichthavannas.

Trotz all dieser ausgezeichneten Anbaugebiete für Tabak ist es doch nach wie vor die größte der Westindischen Inseln, die wie das kostbarste Juwel in der Krone der Zigarrenhersteller erstrahlt. Kuba, jene überaus fruchtbare Insel, liegt nur 90 Meilen südlich von Florida und hat seit Kolumbus den Ruf behalten, *der* Zigarrenproduzent an sich zu sein. In der Tat hat der unverwüstlichen Saga von der guten kubanischen Zigarre bisher nichts etwas anhaben können – keine Katastrophen, weder natürliche noch von Menschen gemachte, einschließlich Kriege, Seuchen und Embargos. Was also ist es nur, das die legendären Zigarren von diesem einen Eiland so einzigartig macht? Es liegt nicht an den Zigarrenmachern, auch nicht an den Fabriken, denn ich habe – sowohl in der Dominikanischen Republik als auch in Honduras – viele gleich gute Arbeiter kennengelernt, nicht wenige von ihnen sowieso Exilkubaner, und ebenso habe ich eine Reihe moderner Zigarrenfabriken in anderen Teilen der Welt besucht, die hervorragende Produkte auf den Markt bringen. Es liegt auch nicht am Wetter, denn viele Länder, die Zigarren produzieren, weisen ein fast identisches Klima auf, mit überreichlich Wärme, mit genügend Feuchtigkeit, mit sonnigen Tagen und kühlen, luftigen Nächten. Außerdem: Es ist jederzeit möglich, erfahrene Zigarrenroller anzuwerben bzw. Arbeiter entsprechend auszubilden.
Wie nahezu überall, so kann sich auch auf Kuba das Wetter ändern – der Boden jedoch nicht. Und hierin liegt der Schlüssel zum Geheimnis des kubanischen Erfolgs. Denn nirgendwo sonst gibt es einen solchen Überfluß an grober, fruchtbarer roter Erde (obwohl Regionen in Honduras und Ecuador sowie ein kleines Tal in der Dominikanischen Republik dem äußerst nahe kommen). Es ist also der Boden, der das entscheidende Ingredienz in dem Elixier darstellt, das aus Kuba das perfekte Ökosystem für Tabak macht.
Im Zusammenhang mit kubanischem Tabak gibt es zwei Wörter, die dem Zigarrenliebhaber einen Adrenalinstoß versetzen: Vuelta Abajo. Dieses eine Gebiet, ein Tal von überströmender saftiger Frische am westlichen Ende der Insel, ist weltbekannt für seine im Schatten gezogenen Einlage- und Deckblätter, jene beiden Tabakblätter, die bei jeder Zigarre das beherrschende Aroma bilden.
Neben dem ständig im Rampenlicht stehenden Vuelta Abajo gibt es

jedoch noch drei andere Anbaugebiete in Kuba, die ihr Licht keinesfalls unter den Scheffel stellen müssen. Überquert man die Insel von West nach Ost, so stößt man zunächst auf das Partido-Gebiet, in dem ebenfalls ausgezeichnete Einlage- und Deckblätter wachsen (die jedoch nicht ganz so gut sind wie die im Vuelta Abajo). Als nächstes erreicht man das Remedios-Gebiet, im Herzen Kubas gelegen, in dem Einlage- und Umblätter wachsen. Schließlich findet man, im östlichsten Teil der Insel, die zwei Abschnitte des Oriente-Gebiets, wo ebenfalls Einlage- und Umblätter angebaut werden.

Von allen vier Anbaugebieten bietet aber nur das Vuelta-Abajo-Tal die Voraussetzungen für den Anbau aller drei Bestandteile der Zigarre: Einlage, Umblatt und Deckblatt. Selbst wenn ein erfahrener Tabakfarmer hinginge und dieselben Samen, die im Vuelta Abajo verwendet werden, irgendwo anders auf der Insel aussäte, wäre der geerntete Tabak nicht von der Qualität, welche dieses einzigartige Mikroklima hervorbringt.

Interessant am Rande: In den letzten Jahren vor dem US-Embargo stammte der größte Teil des aus Kuba in die Vereinigten Staaten exportierten Tabaks, der für die Zigarrenproduktion bestimmt war, ausschließlich aus dem Remedios-Gebiet. Der Inselstaat hielt

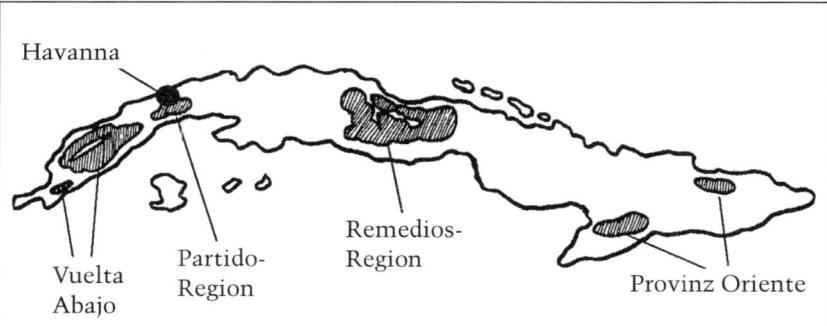

Die vier Tabakanbaugebiete auf Kuba
Die Provinz Pinar del Rio im Vuelta Abajo produziert die besten Deckblatt-, Umblatt- und Einlage-Tabake – die einzige Region auf Kuba, in der alle drei Tabaksorten angebaut werden können. Die Provinz Havanna in der Partido-Region bringt nur Deckblätter hervor, während die Provinz Santa Clara in der Remedios-Region (die auch Vuelta Arriba genannt wird) 95 Prozent Einlage- und 5 Prozent Deckblatt-Tabak produziert. In der Provinz Oriente wird dagegen nur Einlage-Tabak angebaut, obwohl einige Blätter auch für das Umblatt geeignet wären.

damals die hochwertigsten Tabake, also die aus dem Vuelta Abajo, für die Herstellung seiner eigenen Zigarrenmarken zurück. Das verstärkte natürlich den Mythos von der echten Havanna und ist der hauptsächliche Grund dafür, warum der Geschmack einer guten Havanna niemals außerhalb Kubas nachgeahmt werden konnte. Heute trifft dies allerdings nicht mehr zu, da bestimmte kubanische Marken jetzt auch in anderen Ländern hergestellt werden, und zwar aus sorgfältig ausgewähltem importiertem Tabak. Tatsächlich war die Nachfrage nach Einlage-, Umblatt- und Deckblatt-Tabaken aus den fruchtbaren Anbaugebieten des Vuelta Abajo nie größer. So fand ich es irgendwie beruhigend, als ich auf einem Besuch in dieser legendären Gegend bemerkte, daß dieser von der Natur so bevorzugte Landstrich weitgehend für den Tabakanbau reserviert bleibt.

Es gibt natürlich noch andere erwähnenswerte Gegenden in der Welt, die für ihren Tabak berühmt sind. Ecuador beispielsweise produziert unter seinem ständig bedeckten Himmel eines der feinsten, sozusagen in natürlichem Schatten gewachsenen Deckblätter der jüngeren Geschichte. Die delikate Würze des Kamerun-Tabaks wiederum wird durch das in Westafrika vorherrschende Wetter bestimmt, das durch reichlich Nebel und Feuchtigkeit geprägt ist (obwohl Kamerun-Saaten jetzt auch in anderen Teilen Afrikas gezüchtet werden) – hieraus wird ein dünnes, sehr aromatisches Deckblatt hergestellt. Sumatra, die zweitgrößte der Großen Sundainseln, im westlichen Teil Indonesiens gelegen, produziert ebenfalls einen wohlschmeckenden Deckblatt-Tabak, der sowohl für angefeuchtete als auch für nicht angefeuchtete (trockene) Zigarren verwendet wird. Eine andere berühmte Region für beide Typen, also »nasse« und »trockene« Zigarren, ist Brasilien (vornehmlich Bahia). Weitere bekannte Tabake kommen aus Jamaika und den Philippinen, während sich einige weniger bekannte Regionen (zum Beispiel Indien und China) auf der ganzen Welt verteilt finden.
Das größte Anbaugebiet für Tabak in China liegt in der Provinz Yunnan, und zwar in der Nähe der Stadt Qujing. Obwohl dort schon früher Tabak angebaut worden war, war die Zigarrenherstellung bis vor kurzem ein mehr oder weniger schlafender Industriezweig im Reich der Mitte. China nahm den Tabakanbau im Jahre 1942 wieder auf, machte sein Produkt der Welt aber erst ab 1988 zugänglich. Viele der unter Regierungsaufsicht hergestellten Tabake stammen aus Röhrentrocknung und werden für Zigaretten verwendet. Die chinesische Regierung hat jedoch die wachsende Bedeutung des Welt-

marktes für Zigarren erkannt, und so produzieren die Chinesen nun einen Zigarillo, der mild und sehr süß im Aroma ist. Ob diese chinesischen Zigarren je eine wichtige Rolle in Europa oder Amerika spielen werden, sei dahingestellt, aber es ist doch eine Entwicklung, die zu verfolgen für Zigarrenraucher in aller Welt interessant ist.

Egal, in welchem Teil der Erde nun Tabak angebaut wird, am Anfang stehen immer Boden und Setzling. In Anbetracht der Tatsache, daß die berühmtesten Zigarren aus der Dominikanischen Republik, Honduras und Kuba stammen, scheint es sinnvoll, die Entstehung einer typischen Zigarre (das klingt paradox, da keine Zigarre wirklich typisch ist) in einem dieser drei Länder nachzuvollziehen, und zwar vom Setzling, der schließlich, zur vollausgereiften Zigarre mutiert, seinen (gebührenden) Platz in einer Zedernholzkiste findet. Zunächst einmal bestimmt der Tabaksamen Größe, Farbe, Struktur und Art der Pflanze, während Boden und Klima für Geschmack und Aroma sowie für die Farbe der Asche (wie in Kapitel 4 erläutert) und die Brenneigenschaften verantwortlich sind. Der Standort des Tabaks ist deshalb genauso wichtig wie die Art des Anbaus.
Das Leben einer entstehenden Zigarre beginnt im September und Oktober, wenn die stecknadelgroßen Tabaksetzlinge erst einmal in geschützte transportable Kästen oder in Saatbeete gepflanzt werden. Nach etwa fünfundvierzig Tagen sind die Setzlinge soweit, um die Pflanzung im Freien vorzunehmen. Während dieser Anfangsphase werden die Setzlinge von den Bauern sorgfältig gehegt und gepflegt.

Diese Piloto-Cubano-Setzlinge sind fünfunddreißig Tage alt. Aus ihnen wird eines Tages im Schatten gezogener Tabak.

Nach fünfunddreißig bis fünfundvierzig Tagen werden die Setzlinge auf das offene Feld verpflanzt, und zwar in genauem Abstand voneinander. Besonders zu beachten ist der zweite Mann von links. Er verwendet einen Stock, um die Stelle kenntlich zu machen, in welche die Pflanze gesetzt werden soll. Eine lange Leine, auf dem Bild kaum zu erkennen, markiert die jeweils zu bearbeitende Reihe. Dieses Feld im Cibao Valley der Dominikanischen Republik steht voll Wasser, da am Tag zuvor ein Wolkenbruch niedergegangen ist.

Dabei ist – man höre und staune – das Rauchen in der Umgebung der winzigen Tabakpflanzen nicht erlaubt, und zwar aus Angst, daß ein Virus durch winzige Aschepartikel auf die Setzlinge übertragen werden könnte. Interessanterweise ist die Übertragungsgefahr bei Maduro-Zigarren geringer, da die extreme Hitze bei der Fermentation mit hoher Wahrscheinlichkeit alle potentiell gefährlichen Organismen im Deckblatt bereits vernichtet hat. Nun könnte man annehmen, Maduros seien gesünder, aber ich persönlich fühle mich nie besser als beim Rauchen eines EMS-Deckblatts (siehe auch Glossar).

Wie gesagt, nach ungefähr fünfundvierzig Tagen werden die kräftigsten Pflanzen auf die Tabakfelder umgesetzt, wo sie sorgfältig in Reihen und in genauen Abständen gepflanzt werden. Der Tabak wird im Schatten gezogen, das heißt unter einem Dach aus gespannten

Tüchern (Musselin oder Synthetikgewebe), um die Pflanzen vor direkter Sonneneinstrahlung zu schützen. (In der Sonne gezogener Tabak wächst nicht unter einer solchen künstlichen Abdeckung.) Je nach Bodenstruktur und unter der Voraussetzung, daß die Pflanzen genug Sonne und Wasser bekommen, reifen sie sehr schnell heran, und nach weiteren rund fünfundvierzig Tagen sind sie reif für die erste Ernte bzw. das »Priming« (siehe auch Glossar), was soviel heißt, daß bestimmte Blätter von der Pflanze abgepflückt werden. Diese Blätter läßt man dann trocknen und reifen, um dann Zigarren daraus zu machen.

An jeder Pflanze befinden sich drei Hauptarten von Blättern. Die

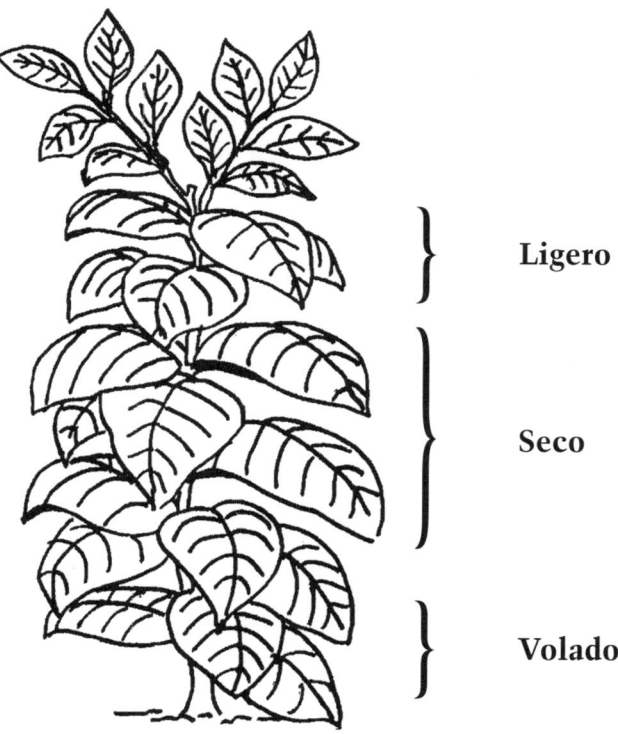

Ligero

Seco

Volado

Die drei Grundblattarten der Tabakpflanze. Das Volado-Blatt hat den mildesten Geschmack, das Seco-Blatt die größte Konzentration an Geschmack und Aroma, während das Ligero-Blatt am ausgeprägtesten in Struktur und Geschmack ist.

Dieser Arbeiter auf Kuba pflückt die oberen Blüten von einer im Schatten gezogenen Tabakpflanze. Die Blüte einer Tabakpflanze wird niemals verwendet, und wenn man sie entfernt, sobald sie erscheint, werden die Blätter um so kräftiger. Diese Pflanzen, die einmal für Deckblätter verwendet werden, werden ungefähr fünfundachtzig Tage lang auf dem Feld bleiben. Während dieser Zeit wachsen sie auf eine Größe von etwa 5 $\frac{1}{2}$ Fuß (ca. 1,68 m) bis 6 Fuß (ca. 1,83 m) heran.

untersten heißen »Volado«; das sind die Blätter mit dem mildesten Geschmack. Die mittleren – dieser Teil der Pflanze ist der ertragreichste – werden »Seco« genannt; das sind Blätter mittlerer Geschmacksstärke. Die oberen heißen »Ligero«; das sind die Blätter mit dem stärksten Geschmack. Je weiter man also die Pflanze »hinaufwandert«, desto dicker werden die Blätter und desto schwerer wird der Geschmack. Normalerweise benötigt man eine Mischung aus allen drei Blattarten in wechselnden Zusammensetzungen, um eine Zigarre herzustellen. Je höher etwa der Anteil von Ligero ist, desto stärker wird dann die Zigarre im Geschmack. Verwendet man dagegen nur Seco und fügt Volado hinzu, so wird die Zigarre beträchtlich leichter im Geschmack. Eine Zigarre, die nur aus Seco bestünde, wäre wohl zu fad, also ohne Charakter.

In der Regel werden pro »Priming«, also pro Pflückung, zwei bis vier Blätter von der Pflanze genommen. Im Verlauf einer Wachstumssaison, die bis Januar dauern kann, finden im ganzen fünf bis sechs »Primings« pro Pflanze statt, beginnend an den untersten Blättern, da diese als erste reif werden; dadurch kann mit der Zeit mehr Kraft in die oberen Blätter dringen. Da die Blätter in der Mitte weder leicht noch schwer in ihrer Struktur und im Geschmack sind, sind diese Seco-Blätter am vielfältigsten verwendbar bei der Zigarrenherstellung, während sich die dickeren, schwereren Ligero-Blätter ideal für das Deckblatt eignen. Weil die oberen Blätter am längsten an der Pflanze bleiben, erhalten sie mehr Nährstoffe und haben dadurch ein stärker strukturiertes Blatt und ergeben somit auch einen stärkeren Tabak. Die meisten Blätter, die beispielsweise für das Maduro-Deckblatt verwendet werden – es benötigt eine sehr intensive Fermentationsphase (darauf wird in diesem Kapitel noch näher eingegangen) –, kommen von den oberen Teilen der Pflanze, da diese Teile, um es etwas salopp zu formulieren, die Hitze am besten vertragen.

Jede Tabakpflanze wirft nur 16 bis 18 Blätter ab, die für die Zigarrenherstellung geeignet sind. Bei günstigem Wetter kann eine zweite Aussaat im Dezember beginnen, so daß sich die Erntesaison bis in den März und in den April hinein verlängert – was dann natürlich den Fabriken eine Rekordernte beschert.

Der Blauschimmel ist die von allen Tabakanbauern wohl am meisten gefürchtete Krankheit. Die Pflanze kann praktisch über Nacht befallen werden, wobei sie verunstaltet und unbrauchbar gemacht wird; die ganze Pflanze wird praktisch völlig zerstört. Dieser Algenpilz wird von mikroskopisch kleinen Sporen aus der Luft übertragen;

Ein gesundes Havanna-Blatt aus dem Vuelta Abajo – der Anfang einer großen Zigarre. Noch hat es nicht die notwendige Reife, um geerntet und dann weiterverarbeitet zu werden.

Dieses Ligero-Blatt ist von Tabakkäfern befallen. Die linke Hälfte des Blattes muß entfernt werden, damit die rechte Hälfte noch verwendet werden kann.

Ein Arbeiter auf Kuba hält Blätter in seinen Händen, die von der Ring-
fleckenkrankheit befallen sind. Er hat sie von den ansonsten gesunden
Pflanzen entfernt.

der Befall beginnt an der Unterseite des Blattes und breitet sich von dort aus. Blauschimmel stellt so lange keine Gefahr dar, wie das Wetter trocken und klar bleibt, denn um zu gedeihen, braucht dieser üble Feind eine Menge Regen, benötigt kalte Tage mit wenig Sonne, nicht das typische karibische Wetter. Wenn er aber einmal auftritt, ist die Bühne vorbereitet für ein Desaster. Plötzliche Feuchtigkeit in der Luft und ein Temperaturabfall sind meist die auslösenden Elemente für eine Blauschimmelepidemie, die sich wie ein Präriefeuer ausbreiten und die gesamte Ernte eines Landes zerstören kann.

Eine Behandlung mit Schädlingsbekämpfungsmitteln ist der einzige Schutz gegen diese Plage, leider jedoch nicht immer erfolgreich. In Kuba beispielsweise werden alle jungen Setzlinge zum Schutz gegen den verhaßten Pilz besprüht, aber 1980 gelang es ihm trotzdem, die gesamte Tabakernte des Landes zu zerstören – wodurch 26 000 Arbeiter entlassen werden mußten und 100 Millionen Dollar Verluste entstanden, da der gesamte Zigarrenexport zum Stillstand kam. 1984 traf dann die Plage die Dominikanische Republik und 1985 Mittelamerika, auch hier jeweils mit verheerenden Auswirkungen. Und 1992/93, nach einem der kältesten und feuchtesten Winter in der Geschichte der größten karibischen Insel – und als Hurrikan »Andrew« ein übriges tat –, wurde Kubas Herzland des Tabakanbaus wiederum vom Blauschimmel heimgesucht.

In Honduras, wo die Anbausaison normalerweise von September bis März andauert, sind viele Bauern dazu übergegangen, schon außerhalb der Saison mit dem Pflanzen zu beginnen, manchmal schon im Juli, um vom guten Wetter zu profitieren und um zu vermeiden, daß die Ernte womöglich den kalten, nassen Wintermonaten ausgesetzt wird. Der Nachteil dieser Methode: Der Boden wird durch die zu häufige Bepflanzung ausgelaugt.

Eine andere Krankheit befällt den Stamm der Pflanze und läßt den ganzen Stengel schwarz werden, bis schließlich die ganze Pflanze zerstört ist (»Black Shank« = »Schwarzer Stengel«), während der Mosaik-Virus die Tabakblätter blau und gesprenkelt aussehen läßt. Um letzterer Geißel Herr zu werden, gibt es eine recht unkonventionelle Methode, aber sie ist wirksam: Die Arbeiter waschen sich die Hände in Milch, bevor sie die Setzlinge aus den Saatbeeten aufs freie Feld umpflanzen. Warum diese Methode so wirksam ist – keiner weiß es. Hauptsache, sie hilft. Dann ist da noch die »Nemesis«, die alle Farmer auf der Welt verfolgt: Käfer. Insbesondere die Blattlaus und der gefürchtete Tabakkäfer (*Lasioderma*), der zu unserem Schrecken schon in so mancher Klimabox aufgetaucht ist, treiben in unserem

Fall gerne ihr Unwesen. Diese kleinen Biester legen ihre Eier in das Tabakblatt, und innerhalb von zweiundzwanzig Tagen verwandelt sich die Larve in einen Wurm, der sich mit dem Tabakblatt vollfrißt, bevor er sich schließlich in einen stecknadelgroßen Käfer verwandelt und davonfliegt. Natürlich ist bis dahin das Tabakblatt völlig zerstört. Damals, in den frühen sechziger Jahren, als die honduranische Zigarrenindustrie im Aufbau begriffen war, wurden Tabakfelder direkt neben den dicht wuchernden Waldrändern angelegt und bepflanzt. Niemand bemerkte, daß in diesem Gewirr von Pflanzen Millionen von Raupen lebten, welche die Tabakfelder als phantastisches Tag-und-Nacht-Buffet ansahen. Bald kamen ganze Horden dieser Lebewesen aus dem Dschungel, krochen scharenweise über die Musselin-Überdachungen und begannen, die Tabakpflanzen bis hinunter zum Stamm aufzufressen. Diese honduranischen Kriechtiere hatten noch nie zuvor ein so saftiges Festmahl auf diese Weise vor ihren Augen sprießen sehen. Schließlich blieb den Farmern nichts anderes übrig, als den Dschungel bis weit hinter ihre Felder zu roden und das ganze Gebiet mit Insektiziden zu behandeln.
Ob all dieser Bedrohungen ist es geradezu ein Wunder, daß überhaupt Tabak gedeiht. Deshalb sind die Farmer auch ständig im Einsatz, indem sie laufend die Felder überwachen, Insektizide einsetzen und sogar manchmal – wie ich es in Kuba gesehen habe – Käfer einzeln von den Pflanzen picken. Wenn jedes einzelne Blatt endlich vom Stiel abgetrennt ist, wenn der Bauer die Ernte sozusagen »in der Hand hält« – erst dann kann er einen Seufzer der Erleichterung ausstoßen.

Nachdem die Tabakblätter gepflückt sind, werden sie nach Größe und Struktur sortiert (nicht nach Farben, denn jedes Blatt ist grün) und sorgfältig mit Palmbändern zusammengebunden. Die aufgereihten, frisch gepflückten Blätter werden dann in Trockenschuppen, die auf den Feldern stehen, an langen Stangen, den *Cujes*, befestigt und, vor der Sonne geschützt, aufgehängt. Nun werden die Blätter (je nach Tabaktyp und Wetter) für eine Zeitdauer von drei bis acht Wochen bewegt – indem sie von den warmen, sanften karibischen Lüften »gestreichelt« werden. Auf diese Weise verringert sich allmählich der Feuchtigkeitsgehalt der Blätter.
Während jener Zeit der natürlichen Lufttrocknung verändert sich langsam die Farbe, indem sie von Grün übergeht zunächst in gelbe, dann in braune Flecken, bis schließlich das ganze Blatt braun ist. Soll das Blatt eine hellere Färbung bekommen, wird es von den Trocken-

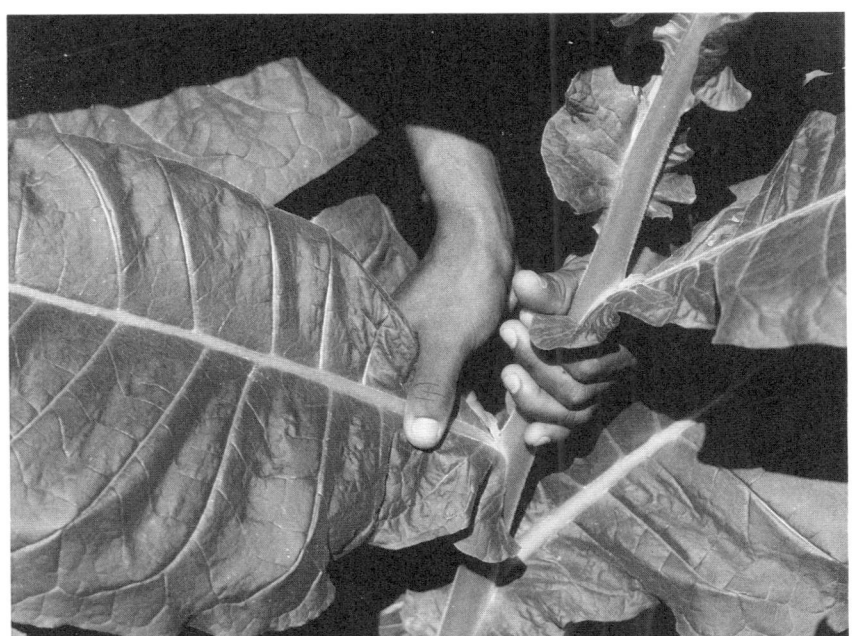

Wenn das Blatt aufhört, einen Bogen nach oben zu bilden, und sich die Farbe der Mittelrippe von Hellgrün nach Weiß verändert, ist das ein Zeichen dafür, daß die Zeit der ersten Pflückung gekommen ist. (Foto: Domingo Batista)

Die luftgetrockneten Blätter werden aus den offenen Holzregalen im Trockenschuppen geharkt. Innerhalb von drei bis sieben Tagen (je nach Wetterlage) trocknen die Blätter so weit, daß sie nur noch 15 bis 18 Prozent Feuchtigkeit aufweisen. An besonders feuchten Tagen unterstützt eine Gasflamme den Trocknungsprozeß.

gestellen im Freien entfernt, solange es noch halbgrün ist, und kommt in einen verschlossenen Raum, in dem eine künstliche Wärme herrscht. So ist es möglich, die Endfarbe entsprechend zu beeinflussen und zu verhindern, daß das Blatt zu dunkel wird. Im Schuppen werden derweil die trockenen Blätter zusammengeschoben, wenn die nächste, frisch gepflückte Lage zusammengetragen ist und gespeichert werden muß. Dieser Vorgang wiederholt sich so lange, bis der ganze Schuppen dicht mit luftgetrockneten Blättern angefüllt ist – ein willkommener Anblick für jeden Zigarrenhersteller (und jeden Zigarrenraucher). Der Tabak hat jetzt aber noch immer einen weiten Weg vor sich, bis er endlich zur Zigarre mutiert ist ...

Von den Trockenschuppen werden die Blätter zu den Packhäusern gebracht, wo Arbeiter sie trennen und nach Größe, Struktur und jetzt auch nach Farben sortieren. Überhaupt werden die Blätter während des gesamten Vorgangs der Zigarrenherstellung wieder und wieder sortiert. Deshalb gibt es heutzutage so viele hochwertige Zigarren (und weniger »Billigzigarren«).

Wenn Käufer in die Packhäuser kommen, um den Tabak zu inspizieren, sind einige unter den vielen Merkmalen, die sie in Augenschein nehmen, Farbe, Größe, Flecken und andere Makel sowie Aroma und Geschmack des Blattes, und zwar sowohl in angezündetem wie auch in nichtangezündetem Zustand. So ist es durchaus nicht ungewöhnlich, wenn ein Käufer ein rohes Blatt von einem Ballen nimmt, es aufrollt und raucht, um die reine Essenz dessen zu kosten, wofür er bezahlen wird. Gebrochene Blätter werden zur Seite gelegt, damit zu sehen ist, ob noch genug Oberfläche vorhanden ist, um, je nach Tabaktyp, als Deckblatt, Umblatt oder Einlage verwendet zu werden. Sind die Blätter sortiert, werden sie nach Kategorien mit einem Streifen von Palmblättern zu je 20 Blättern in Bündel (»Händen«) zusammengefaßt. Von nun an beginnt ein äußerst ungewöhnlicher Fermentationsprozeß.

In der Fabrik bilden die vielen Tabakbündel riesige freistehende Haufen, die *Burros*, oder klobige, eckig geformte Stapel, die zwischen 3600 und 4500 Kilogramm wiegen und die, ein bis zwei Meter hoch, überall herumstehen. Es liegen dabei so viele Schichten von Blättern übereinander, daß die Luft im Haufen nicht mehr zirkulieren kann, sozusagen eingeschlossen ist. Als Folge davon bildet sich im Haufen langsam eine natürliche Hitze, wodurch Feuchtigkeit, Pflanzensäfte und Ammoniumnitrat in den Tabakblättern freigesetzt werden. – Wenn man einen der warmen Fermentationsräume betritt, wird man überwältigt von dem schweren, stechenden Geruch des Ammoniums.

Nachdem die Blätter auf den Feldern getrocknet worden sind, werden sie in Lagerschuppen gebracht, um dort von Hand sortiert zu werden. Viele Arbeiter drehen sich selbst eine »Zigarre« aus dem Produkt, das sie gerade sortieren, wie bei der Frau im Vordergrund zu sehen ist (Dominikanische Republik).

Der natürliche Fermentationsprozeß, das »Schwitzen«, verändert das Aussehen des Tabaks. Die Farbe wird langsam dunkel, die Stärke in den Blättern verwandelt sich allmählich in Zucker (was der Grund dafür ist, daß man manchmal beim Anzünden einer Zigarre einen feinen, süßen Geschmack auf der Zunge hat), und das Blatt bekommt seinen ganz spezifischen Charakter und seine eigene Feinheit – vergleichbar einer Raupe, die als zerbrechlicher Schmetterling aus ihrem Kokon schlüpft.

Es ist unbedingt notwendig, daß jeder Haufen aus Blättern besteht, welche dieselbe Beschaffenheit aufweisen, da diese sonst nicht im gleichen Maße fermentieren und der Haufen ruiniert wird. Bei der Fermentation wirkt Wasser als Katalysator, und so steigt an Regentagen die Temperatur in den Fermentationsräumen dramatisch an.

Um den Fermentationsprozeß zu kontrollieren, werden lange Thermometer in den Haufen gesteckt, wobei die Temperatur regelmäßig kontrolliert und notiert wird. Die Temperatur sollte nicht höher als 70 Grad Celsius steigen, denn je höher sie steigt, desto dunkler wird der Tabak und desto stärkerer Spannung ist das Blatt ausgesetzt. Läßt

Dieser Arbeiter auf Honduras befeuchtet gerade einen Primero rosado, *ein getrocknetes Deckblatt erster Pflückung, das zur Verarbeitung fertig ist. Dabei fächert er die Blätter des Bündels auseinander, damit alle Blätter benetzt werden.*

man in Kuba die Temperatur bei den meisten Blättern nicht höher als 50 Grad Celsius werden, so beträgt sie in der Dominikanischen Republik und in Honduras für Einlage-Tabak zwischen 50 und 70 Grad Celsius und für Deckblatt-Tabak zwischen etwas mehr als 30 und 50 Grad Celsius. Das wird deshalb so gehandhabt, weil Deckblatt-Tabak in der Regel leichter und weicher ist und einem heißen und schweren Fermentationsprozeß nicht standhalten könnte.

Die einzige Ausnahme bildet der Maduro, der Temperaturen von mindestens 74 Grad Celsius ausgesetzt sein muß (in der Regel ist die Temperatur viel höher), um seine dunkle Farbe zu erhalten. So braucht eine Maduro-Zigarre ein relativ dickes, derbes Blatt, meist

Die Blätter werden eingeteilt nach Farbe, Struktur und Größe. Das ist besonders wichtig im Hinblick auf die Herstellung von Premium-Zigarren, da sich diese nicht nur durch ein einzigartiges Aroma, sondern auch durch die äußere Form auszeichnen, welche die eine wie andere Zigarre gleich aussehen läßt. (Foto: General Cigars)

Die getrockneten Blätter werden für die Anfangssortierung in das Lagerhaus gebracht. (Foto: General Cigars)

Der Zigarrenmachermeister Frank Llaneza inspiziert die neu eingetroffenen Tabakblätter im Lagerhaus (Honduras).

aus dem Ligero-Abschnitt der Pflanze. Gelingt es andererseits, ein Seco-Blatt in einen Maduro zu fermentieren, so erhält man eine bemerkenswert milde Zigarre. Zwei der Blattsorten, die sich gut zu einer Maduro fermentieren lassen, sind das sonnengewachsene Connecticut- und das Mexiko-Blatt aus dem San-Andrés-Tal. Je länger diese Tabake fermentiert werden, desto milder werden sie im Geschmack. Eine lange Fermentationszeit läßt außerdem das Blatt dunkel werden. (Die verallgemeinernde Feststellung, alle Maduro-Zigarren hätten einen starken Geschmack, trifft daher nicht zu; das unterstreichen beispielsweise eine ansonsten eindrucksvolle ›Onyx #750‹ und eine ›Ashton #60 Aged Maduro‹, beide aus der Dominikanischen Republik.) Bisweilen wird dem Maduro auch Wasser beigefügt, um die Temperatur zu erhöhen, und sehr oft kommt das Blatt in einen Dampfkochtopf, um Hitze und Feuchtigkeit zu erhöhen und die Farbgebung zu kontrollieren. Kuba produziert übrigens sehr wenig Maduro.

Sobald die Hitze im Haufen die gewünschte Temperatur erreicht hat, wird er, unabhängig vom Tabaktyp, »gewendet«. Das geschieht, indem die obersten Blätter nach ganz unten »wandern« (im Prinzip wird also ein neuer Haufen angelegt) und die unteren schließlich obenauf liegen. Jedes der Tabakbündel wird dabei tüchtig geschüt-

70

Während der Fermentationsphase wird die Temperatur ständig kontrolliert, um sicherzustellen, daß der Haufen genau im richtigen Augenblick gewendet wird (Kuba).

Der Tabak wird zu einem Haufen geschichtet, damit der Fermentationsprozeß beginnen kann (Dominikanische Republik).

telt, damit die Hitze, die zwischen den Blättern gespeichert ist, entweichen kann. Nun beginnt die Fermentation von vorne, wobei sich jedoch mit jedem Wenden des Haufens der Temperaturanstieg verlangsamt und die Temperatur niedriger bleibt. Ein Haufen muß übrigens zwischen sechs- und zehnmal (!) gewendet werden, bis der richtige Reifegrad und die richtige Färbung erreicht sind. Dieser Prozeß kann zwischen 20 und 60 Tage in Anspruch nehmen, je nachdem, ob es sich um Volado-, Seco- oder Ligero-Blätter handelt, wobei Volado die wenigste Fermentationszeit und Ligero die längste benötigt. Beim Maduro-Deckblatt wiederum kann der Fermentationsprozeß bis zu sechs Monaten und mehr dauern. Das erklärt, warum diese Zigarren in der Regel teurer sind – sie haben einfach eine längere Produktionsdauer.

Wenn der Fermentationsprozeß beendet ist, wird jedes Blatt fein säuberlich vom Haufen genommen, sortiert, inspiziert und zugeordnet, wobei die Deckblattblätter nach den Farben, die sie durch die Fermentation erhalten haben, sortiert werden (Claro = leicht goldbraun; Colorado = mittelbraun; Maduro = dunkelbraun; Oscuro = bräunlichschwarz). Jede Blattsorte wird dann in Ballen gepackt, welche mit der Rinde der Königspalme umwickelt sind. Sodann werden die Ballen mit Palmwedeln festgezurrt, hinsichtlich des Tabaktyps, seiner Herkunft sowie des Lagerdatums gekennzeichnet und gelangen schließlich zum Reifen in die Lagerhäuser der Zigarrenfabriken. Hier ruht der Tabak für ein, zwei oder drei Jahre, manchmal sogar noch länger. Die meisten Hersteller halten eine Lagerzeit von mindestens achtzehn Monaten für erforderlich. So haben sie jedenfalls immer genug »Rohmaterial« zur Verfügung, auch wenn einmal die Ernte schlecht ausfallen oder durch Krankheitsbefall verlorengehen sollte. Natürlich ist dadurch eine riesige Menge an Material und Kapital notwendig, denn eine Rendite gibt es erst, wenn tatsächlich die fertigen Zigarren verkauft werden.

Um eine Zigarre zu produzieren, die stets, Jahr für Jahr, gleich schmeckt, muß genügend Tabak vorhanden sein, damit immer alter mit neuem gemischt werden kann. Das ist vergleichbar mit bestimmten Cognac-Sorten: Um einen fünfzig Jahre alten Cognac zu erhalten, mischt man fünfundzwanzig Jahre alten Cognac mit fünfundsiebzig Jahre altem. Die Zigarrenherstellung funktioniert nach demselben Prinzip, denn in dem Augenblick, in dem unsere Lieblingsmarke plötzlich den Geschmack verändert, stoßen wir den Schrei: »Sie ist nicht mehr dieselbe!« aus – und wenden uns von ihr ab. Aus diesem Grunde haben Cubatabaco und Consolidated Cigar

Corporation, General Cigar Company und A. Fuente riesige Tabakvorräte, von denen einige (vor allem in der Dominikanischen Republik und in Honduras) noch aus den achtziger Jahren stammen. Wenn ein bestimmtes Blatt, das sie für die Herstellung einer bestimmten Zigarrenmarke benötigen, gerade nicht greifbar ist, suchen sie ihre Lagerhäuser auf und bedienen sich aus ihren Beständen. So ist Kontinuität garantiert.

Während des gesamten Lagerungs- und Reifungsprozesses findet noch immer eine milde Form der Fermentation statt (die aber nicht mit den dramatischen Vorgängen im Fermentationsraum zu vergleichen ist). In vergangener Zeit ließ man den Tabak bis zu zehn Jahre reifen, doch da heute die Nachfrage nach Premium-Zigarren so enorm gestiegen ist, stehen die Zigarrenhersteller vor zwei Alternativen: Sollen sie ihr Kapital für lange Zeit binden, indem sie ihren Tabak länger lagern, um die bestmögliche Zigarre zu produzieren, oder sollen sie den Tabak früher in Zigarren und somit in klingende Münze verwandeln, was weniger Risiko birgt? Der Kenner und Liebhaber wird natürlich auf Qualität setzen und abwarten. Profitorientierte Menschen werden es jedoch vorziehen, so schnell wie möglich Zigarren zu produzieren, damit sich die Investitionen in die Blätter so bald wie möglich in Profit verwandeln. Aber all diese eilig hergestellten Zigarren sind alles andere als zufriedenstellend, und Händler wie Kunden verlieren gleichermaßen schnell das Interesse an einer Marke, die »unreif« schmeckt, weil sie nicht richtig fermentiert oder nicht ausgereift ist. So widerfährt der ordentlich gereiften Zigarre Gerechtigkeit, indem ihre Rendite letzlich viel höher liegt als bei der unsachgemäß hergestellten, denn hat eine Zigarre erst einmal den Ruf, ausgezeichnet zu sein, garantiert sie treue Kundschaft und beständige Verkaufszahlen.

Zu einem ganz bestimmten Zeitpunkt werden die gereiften Ballen geöffnet und inspiziert, die Tabakbündel ausgeschüttelt und mit einem feinen Zerstäuber noch einmal befeuchtet. Diesen Vorgang nennt man »Casing« (siehe auch Glossar). Auf den ersten Blick sieht das so einfach aus wie das Sprengen eines Rasens, doch da jedes Tabakblatt seine eigene Struktur hat, muß die Feuchtigkeitsmenge dieser Struktur angeglichen werden. Der nasse Tabak wird dann auf Gestelle gehängt, damit das Wasser sanft abtropfen und dabei den ganzen Blattkörper benetzen kann. (Jeder, der seine Zigarren schon einmal zu feucht hat werden lassen, weiß, daß Tabakblätter sehr saugfähig sind.) Sind nun die Blätter, die aus dem Lagerhaus kom-

men, spröde und steif, so verwandeln sie sich schnell in dünne, bieg-
same Membranen, die man leicht »um den Finger wickeln« kann. In
gewisser Weise wird so der Tabak nach langem Schlaf wieder zum
Leben erweckt.

Die Blätter, die nach dem Befeuchtungsprozeß als Umblatt und
Deckblatt dienen sollen, werden nun entrippt, wobei die Mittelrippe
entweder von Hand oder maschinell völlig entfernt wird. Das Blatt
wird dadurch in eine linke und eine rechte Hälfte gespalten, was von
extremer Wichtigkeit für das Umblatt bei handgerollten Zigarren ist,
denn das Rollen erfolgt nach einem ganz bestimmten Muster, das
sich nach der natürlichen Form des Blattes richtet. Bei Langblatt-
Einlagen findet der Entrippungsprozeß im Lagerhaus vor der Fermentation statt. In diesem Fall werden nur 25 bis 75 Prozent – je
nach Land – am unteren Ende des Stiels entfernt, damit das Blatt
während der Fermentation ganz bleibt.

Nach dem Befeuchten und Entrippen werden die Blätter noch einmal
untersucht, eingeteilt und schließlich von Hand in drei Kategorien
eingeteilt: Deckblatt, Umblatt und Einlage. Diese drei Blattkategorien werden nun zum Mischer geschickt, der die einzelnen Mischungen für die jeweils in dieser Fabrik hergestellten Zigarren zusam-
menstellt. Die Rezepte für diese Mischungen sind die bestgehüteten
Geheimnisse im Zigarrengeschäft, und es wird wesentlich einfacher

*Nach der Fermentation werden die Blätter noch einmal befeuchtet
(»Casing«; siehe auch Glossar). Bei General Cigar wird ein »Sprührad«
verwendet, das die einzelnen Blattlagen befeuchtet. So werden die Blätter biegsam und lassen sich hervorragend bearbeiten (Dominikanische
Republik).*

Links: Beim Entrippungsprozeß wird der zwirnsdicke Mittelstiel entfernt. Der Tabak wird entweder von Hand oder maschinell entrippt (wie hier). Die maschinelle Entrippung geht schneller, ist aber nicht immer möglich, da manche Blätter – wie etwa die aus Java – von Hand entrippt werden müssen, weil sie sonst reißen. Aus diesem Grund wenden einige Fabriken, wie beispielsweise die Consolidated Cigar Corporation, beide Methoden an (Dominikanische Republik).
Rechts: In Kuba wird nur von Hand entrippt. Ein Großteil der Stiele findet für die Herstellung eines Insektizids mit dem (sehr passenden) Namen »Tabacina« Verwendung. Die Stielreste wiederum dienen unter anderem als Kurzblatt-Einlage für Zigarren, welche für den einheimischen Verbrauch bestimmt sind. Das Rauchen der »Nationalistic cigars« ist deshalb in Kuba nicht besonders empfehlenswert.

sein, die geheime Telefonnummer Steffi Grafs herauszubekommen als das Mischrezept eines Zigarrenherstellers für eine bestimmte Marke.

Die Mischung ist das, was der Zigarre ihren unverwechselbaren Charakter und, vor allem, ihren Geschmack gibt. Deshalb ist es wichtig, daß die Zusammensetzung des Rezepts für jede einzelne Sorte genau beachtet wird. Das bedeutet, daß jeder Zigarrenhersteller genaue Kenntnisse über Tabak und seine Eigenschaften haben muß. So brennt beispielsweise ein starker Tabak in der Regel langsamer als ein Tabak, der leichter im Geschmack ist, wodurch eine starke Zigarre länger hält als eine milde, auch wenn beide dieselbe Form aufweisen. Auf dem Gebiet des Einlage-Tabaks, um ein anderes Beispiel zu nennen, sehen sich Olor- und Piloto-Einlageblätter aus der Dominikanischen Republik sehr ähnlich, geben aber sehr unterschiedliche Geschmacksrichtungen ab. Um die Sache noch schwieriger zu machen: Diese beiden Blattkategorien unterteilen sich noch jeweils in zahlreiche Unterkategorien. Der Zigarrenhersteller muß sie nicht nur alle benennen können, sondern muß auch wissen, wie sie aussehen, wie sie schmecken und wie sie brennen.

Nun zu den Deckblättern. Wenn man beispielsweise Connecticut-Blatt charakterisieren will, so muß man unbedingt unterscheiden zwischen breitem Blatt, im Schatten in den USA gezogenen, in Ecuador gezogenen Blättern und so weiter. Es ist auch wichtig zu wissen, daß ein Kamerun-Deckblatt, welches in Ecuador gewachsen ist (wo heute die meisten Deckblätter herkommen), anders schmeckt und

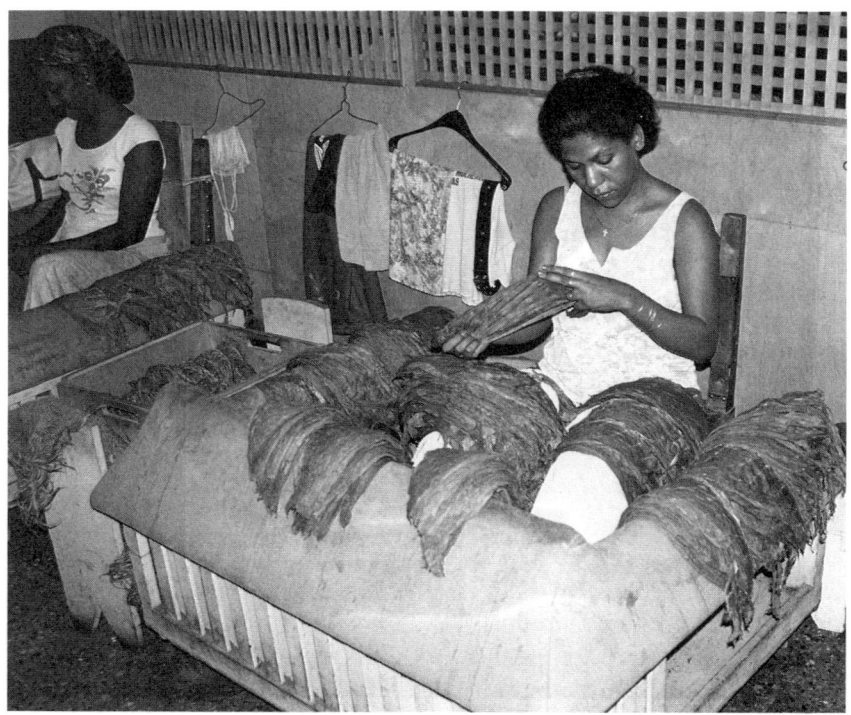

Nach der Entrippung erfolgt die Sortierung der Blätter nach Farbe und Größe. In diesem Sortierraum, der sich in der Partagas-Fabrik in Havanna befindet, werden die Deckblätter in eigene interne Kategorien eingeteilt. Die Sorten heißen dann Chicos, Marevas, Piramedes oder Robusto. Ein Marevas-Blatt wird beispielsweise für die ›Montecristo‹, aber auch für die ›Bolivar Petite Corona‹ verarbeitet, da für beide Zigarren Blätter desselben Formats sowie derselben Farbe und Größe verwendet werden.

76

brennt als ein Kamerun-Blatt aus Afrika, das sich wiederum unterscheidet von einem Kamerun-Blatt aus Mexiko (wie es für Zigarrenmarken wie ›Montecruz‹ verwendet wird). Und in Kuba kann ein Deckblatt aus der Partido-Region in der fertigen Zigarre anders schmecken als ein Deckblatt aus dem Vuelta Abajo.

All dies zeigt anschaulich, welche Möglichkeiten es bei den Einlagen für Zigarrensorten gibt – sie scheinen jedenfalls schier endlos, da jede Sorte durch ihre individuellen Eigenschaften einen bestimmten Charakter aufweist. Bei dieser nicht enden wollenden Fülle gibt es jedoch drei feststehende Komponenten, die zur Herstellung einer jeden Zigarre benötigt werden:

Die Einlage

Sie ist das »Herz« der Zigarre. Es gibt zwei Arten von Einlagen: zum einen die Langblatt-Einlage, wobei jedes Blatt die ganze Länge der Zigarre hat, zum anderen kurze Einlagen, die aus kleinen Stücken bestehen und meistens für maschinell gefertigte Zigarren verwendet werden. Eine Langblatt-Einlage ergibt eine lange Asche, während kurze Einlagen naturgemäß keine lange Asche bilden können, ohne vorher abzufallen. Langblatt-Einlagen sind teurer und werden deshalb heute mit Premium-Zigarren assoziiert. Es gibt aber viele ausgezeichnete Zigarren (wie von Grave und Finck in den Vereinigten Staaten bzw. von Villiger in der Schweiz), die kurze Einlagen verwenden. Und einige Zigarren bestehen aus einer einzigartigen Mischung aus Lang- und Kurzblatt-Einlage, die manchmal die Bezeichnung »Kubanisches Sandwich« tragen (siehe auch Glossar unter »Sandwich-Einlage«). Dann ist da noch die »gehackte« Einlage, die aus ganz fein geschnittenem Tabak besteht, der oft in den besseren Sorten trockener Zigarren, das heißt Zigarren holländischen Typs, verwendet wird. Diese Sorte hat nichts mit den Einlagen zu tun, die aus Abfällen aller oben erwähnten Einlagen hergestellt werden und meist für billigere Zigarren verwendet werden. Dagegen kann die Einlage einer Premium-Zigarre aus zwei bis fünf verschiedenen Langblattsorten bestehen. (Noch mehr verschiedene Sorten in die begrenzte Hülle einer Zigarre zu stecken, wäre nicht möglich.)

Nebenbei bemerkt: Je mehr verschiedene Blattypen man verwendet, desto kleiner wird der Anteil jeder einzelnen Sorte. Die meisten Mischer benutzen deshalb zwei oder drei verschiedene Tabake, obwohl einige, wie Juan Clemente und A. Fuente, nicht weniger als vier verschiedene Langblatt-Tabake für ihre Einlage-Mischungen verwenden.

Das Umblatt

Das Umblatt ist wie ein Mantel, der die Einlage zusammenhält – und hat die besondere Aufgabe, zum einen stark genug zu sein, um seine Funktion (die des Halts) zu erfüllen, zum anderen vom Aroma so beschaffen zu sein, damit es sich mit den Aromen von Einlage und Deckblatt ergänzt. Das Umblatt ist oft ein Aushängeschild für Hersteller von Premium-Zigarren, die sich damit rühmen, ihr Umblatt bestehe aus natürlichem Tabakblatt, während viele billige Massenprodukte homogenisierte Umlagen (siehe auch Glossar) verwenden, die aus Blattstückchen und Zellulose bestehen. So gewinnt der Aufdruck »Aus 100 % Tabak« auf den Zigarrenkisten eine neue Bedeutung.

Das Deckblatt

Das Deckblatt ist in vielerlei Hinsicht der wichtigste Bestandteil der Zigarre, da es nicht nur 30 bis 60 Prozent des Aromas beisteuert, sondern auch, weil es die Verkörperung der ganzen Zigarre und somit ihres Charakters darstellt. Für die Augen des Rauchers *ist* das Deckblatt die Zigarre. Die Qualität des Blattes, die Farbe, die Struktur und der Duft – all das zusammen vermittelt uns einen allerersten, unverwechselbaren Eindruck einer Zigarre, noch bevor wir sie angezündet haben, egal, wie Umblatt und Einlage, die sich darunter verbergen, beschaffen sein mögen. Sollte das Deckblatt nicht alle unsere Sinne ansprechen, so sind die Chancen gering, daß wir gerade diese Zigarre rauchen, geschweige kaufen werden. Das ist einer der Gründe dafür, daß gute, feingeäderte Deckblätter mit einer ebenmäßigen Struktur so teuer sind, halten sie doch im wörtlichen wie im übertragenen Sinn alles zusammen.

Wenn ein Zigarrenhersteller alle drei Komponenten entsprechend zusammensetzt, so kann er aus einem Tabakblatt ein Kunstwerk schaffen, ebenso wie ein herausragender Maler aus einer weißen Leinwand ein Meisterwerk schaffen kann. Jedenfalls gleicht das

Schneidebrett des Zigarrenmachers der Farbpalette eines Malers, mit der der Künstler eine endlose Zahl von Meisterwerken schaffen kann, indem er alle Schattierungen des Regenbogens ausnutzt oder, wie in unserem Fall, jede mögliche Kombination aus Aroma, Brenneigenschaft und Geschmack. Das ist eine der großen Herausforderungen bei der Zigarrenherstellung. Und: Irgendwo gibt es für jeden die perfekte Zigarre, und es kann immer eine andere sein!

Bei der Kreation ihrer Produkte werden einige Zigarrenmacher auf die perfekte Zusammensetzung von Einlage, Umblatt und Deckblatt stoßen und jene Kombination dann mit kleinen Abweichungen für ihre gesamte Produktpalette verwenden. Auf diese Weise schaffen sie nicht selten eine »Zigarrenfamilie« mit einheitlicher Grundstruktur, und oft wird ein Raucher, dem eine ihrer Marken zusagt, auch eine weitere mögen. Andere Firmen versuchen im Gegensatz dazu, für jede ihrer Marken eine spezifische Mischung zu schaffen – mit dem Ziel, eine möglichst breite Produktpalette zu besitzen, die somit ein großes Spektrum von Kunden erreichen soll. Wieder andere kreieren eine äußerst beliebte Mischung und verwenden sie in verschiedenen Zigarren, wobei sie lediglich die Bauchbinden und Kisten verändern, um sortentreue Raucher anzusprechen. – Aus diesem Grund finde ich es faszinierend, wie verschieden diese genau gleichen Zigarren bei Proben oft beurteilt werden.

Keine der oben beschriebenen Praktiken ist besser als die andere. Sie sind vielmehr der Grund dafür, warum wir heute über eine so hervorragende Auswahl von Zigarren verfügen. Aber gerade weil die Auswahl heute so groß ist, liegt eine der primären Herausforderungen an die Zigarrenhersteller darin, Beständigkeit in der Erscheinung, im Geschmack und in der Zeichnung bei jeder ihrer Marken zu erzeugen und zu erhalten. Gleichbleibende Qualität ist eine der wichtigsten Eigenschaften einer guten Zigarre. Und hier kommt der Zigarrenmacher ins Spiel ...

Grundsätzlich gibt es drei verschiedene Herstellungsmethoden für Zigarren (auch wenn Werbebroschüren manchmal andere Beschreibungen verwenden als die unten genannten). Diese drei Methoden sind:

Handfertigung

Die ganze Zigarre wird einzeln und von Hand gefüllt, gerollt und beschnitten. Alle Arbeitsgänge können entweder von einer einzigen

Person ausgeführt werden, oder die Arbeit wird aufgeteilt zwischen einem »Füller« und einem »Roller«. Stets gibt es jedoch ein Hauptkriterium: Die Zigarre wird von Anfang bis Ende von Hand gemacht.

Maschinell gepreßt, von Hand gerollt

Die Einlage wird zunächst maschinell gepreßt, dann die Einlage-Umblatt-Kombination dem Zigarrenroller übergeben, der von Hand das Deckblatt hinzufügt.

Maschinenfertigung

Einlage, Umblatt und Deckblatt werden vollständig von der Maschine zusammengefügt.

Die Gültigkeit dieser Begriffe wird etwas erschwert durch ein Gesetz, das besagt, eine Zigarre dürfe legalerweise auch dann »handgefertigt« genannt werden, wenn nur das Deckblatt von Hand hinzugefügt worden sei. Hält man also die Maschine kurz an, um eben eine Tabakhülle von Hand anzulegen, darf man diese Zigarre mitunter als handgefertigtes Produkt bezeichnen. Aber Gesetzeslücken und marktschreierische Werbung beiseite: In diesem Buch gelten nur die drei Definitionen, so wie ich sie dargestellt habe.
Die handgemachte Zigarre ist wohl die Zigarre in ihrer reinsten Form. Auf diese Weise wurden Zigarren auf Kuba schon gemacht, als es noch gar keine Kubaner gab. Und auf diese Weise werden die besten Premium-Zigarren in der Dominikanischen Republik, in Honduras, auf Jamaika, in Mexiko und auf den Philippinen hergestellt. Jene Methode ist die arbeitsintensivste und birgt mehr Gefahren des Mißlingens als die beiden anderen (ironischerweise ist die Beschaffenheit der maschinell hergestellten Zigarre am ehesten gleichbleibend, da alles reguliert und kontrolliert wird), und außerdem bietet die handgemachte Zigarre die meiste Ästhetik beim Rauchgenuß.
Die Herstellung einer handgemachten Zigarre beginnt damit, daß der Zigarrenmacher eine bestimmte Menge der Einlage-Mischung in seiner Hand kegelartig formt. Das ist gar nicht so einfach, wie es klingt. Die Füllung wird also nicht gerollt, da es notwendig ist, die verschiedenen Tabaksorten in einer bestimmten Art anzuordnen. Im

Links: Die Blätter für die Langblatt-Einlage einer Spitzenzigarre werden gewickelt. Rechts: Aus Tabaken für Langblatt-Einlagen wird auch die Kurzblatt-Einlage guter Qualität hergestellt. Die Kurzblatt-Einlage auf diesem Foto enthält vier verschiedene Sorten mexikanischen Tabaks, außerdem kubanische Saaten und Olor. Jener Mischung ist ein klein wenig Brazil beigegeben, das der Intensivierung des Aromas dient. Dieser vorgemischte Tabak kommt dann in den Füllkanal einer Zigarrenmaschine.

wesentlichen werden die Tabakblätter wie die Seiten eines Akkordeons übereinandergefaltet. So entstehen zahlreiche horizontale Luftkanäle, wodurch die Zigarre nachher gut ziehen kann. Eine solche Methode garantiert auch eine gleichmäßige Verteilung aller verwendeten Blätter. Auf diese Weise schmeckt man das gesamte Spektrum der in der Einlage verwendeten Tabake, wenn man die Zigarre anzündet.

Eine mangelhafte Zigarre weist die Merkmale des »Booking« (siehe auch Glossar) auf. Das bedeutet, daß die Blätter wie die Seiten in einem Buch übereinandergelegt und dabei an der Seite gefaltet werden. Das wiederum hat den Effekt, daß eine Menge Tabak auf einer Seite konzentriert ist (auf den Buchrücken sozusagen). Und das führt schließlich dazu, daß man nur einen konzentrierten Teil der Mischung schmecken kann. Außerdem bewirken die am »Buchrücken« enger gepreßten Blätter meist ein ungleichmäßiges Abbrennen auf einer Seite, während die loseren Stellen übergroße Luftkanäle bilden, die eine Hyperventilation auslösen und die Zigarre heißbrennen lassen. Keine gute Sache – weder für den Raucher noch für die Zigarre. Fazit: Die Blätter sollten nicht wie in einem Buch, sondern müssen wie bei einem Akkordeon gefaltet sein.

Doch zurück zur »richtigen« Zigarrenherstellung. Die »gefaltete« Einlage wird nun auf das Umblatt gelegt und gerollt, entweder von

Die Komponenten einer Zigarre mit Langblatt-Einlage (von links nach rechts): Neben vier verschiedenen Einlagen (das kann zwischen zwei und vier variieren, je nach Marke) liegen Umblatt und Deckblatt. Im Vordergrund ist eine fertige Zigarre zu sehen. Der Tabak liegt hier auf der Oberfläche eines gefüllten Wickelmodels.

In einer Versuchsabteilung von Consolidated Cigar (Dominikanische Republik) nimmt eine Arbeiterin die verschiedenen Komponenten einer Einlage-Mischung auseinander und sortiert sie nach ihrem prozentualen Anteil in einzelne Fächer, damit so eine kontinuierliche Kontrolle der Mischungen, welche für die Zigarren vorgesehen sind, gewährleistet ist.

82

Die fertigen Einlage-Mischungen werden zu den Zigarrenrollern gebracht (Dominikanische Republik).

Hand, mit einer gummierten »Rollhilfe« (dem nach seinem Erfinder benannten »Leibermann«) oder einem »Timsco« (benannt nach der Herstellerfirma). So entsteht der Wickel (die Puppe), der nichts anderes als eine Zigarre ohne Deckblatt darstellt. Der Wickel wird dann in eine hölzerne Form gelegt, die exakt der Form der Zigarre angepaßt ist, die der Roller danach herstellt. Wenn alle Formen – in jede Holzform passen ungefähr zehn Wickel – gefüllt sind, werden sie in eine Wickelpresse gesteckt, welche Druck auf die Formen ausübt und die Wickel in Form preßt. Die halbfertigen Zigarren bleiben jetzt fünfzehn bis fünfundvierzig Minuten in der Wickelpresse (was von der Größe des Wickels und der jeweiligen Verfahrensweise der Fabrik abhängt). In verschiedenen Abständen werden nun die Wickel um ein Viertel in den Formen gedreht, damit sich keine Falten an den Stellen bilden, an denen die beiden Hälften der Form zusammenstoßen, denn solche Falten wären unter dem Deckblatt leicht zu erkennen – und das ist es nicht, was man sich unter einer wohlgerundeten Zigarre vorstellt.
Nach diesem Vorgang werden die Wickel aus der Form genommen. Das macht der Zigarrenroller, der sie auch auf ein Deckblatt legt, das er zuvor sehr vorsichtig auf die richtige Größe geschnitten hat. Hier-

für verwendet er das flache, gerundete »Kubanische Messer«, die *Chavete.* Nun wird das Deckblatt mit der Oberseite nach unten auf das Schneidebrett, die *Tabla,* gelegt, so daß beim Rollen die Oberseite außen erscheint. Erfahrene Roller verstehen es, die Blattspitze, welche die mildesten Konzentrationen von Ölen und Aromen enthält, in das untere, das Brandende der Zigarre zu rollen, während das untere Ende des Blattes zum Kopf der Zigarre geformt wird. So dringen, während die Zigarre geraucht wird, Rauch und Geschmack des Tabaks bis zum unteren Ende der Zigarre und somit zu dem Teil des Deckblatts, das den reicheren Geschmack aufweist.

Aus einem Deckblattrest wird jetzt ein daumennagelgroßes Stück herausgetrennt (man verwendet ein Stück des Deckblatts, damit die Farben übereinstimmen), zu einer Kappe geformt und über den Kopf der Zigarre gestülpt. Dann wird die Kappe mit dem geschmacksneutralen natürlichen Gummi des Tragacántha-Baumes angeklebt. (Einige Zigarrenhersteller bestehen aus Gründen, die nur sie selbst verstehen können, darauf, dieser Substanz einen Süßstoff beizufügen – in der irrigen Annahme, dadurch werde das Aroma des Tabaks verstärkt.) Schließlich wird die Zigarre in die hölzerne Mulde einer Schneidemaschine gelegt und kunstvoll auf die richtige Länge zugeschnitten.

Der gesamte Herstellungsprozeß einer Zigarre, vom Rollen des Wickels bis zum Beschneiden des Brandendes, läuft so unglaublich schnell ab, daß nur eine Kamera mit einem sehr schnellen Verschluß scharfe Aufnahmen von jedem Arbeitsabschnitt machen kann. So ist es nicht verwunderlich, daß ein geübter Zigarrenmacher nicht weniger als 700 Zigarren pro Tag herzustellen vermag. Dennoch lassen Fabriken wie die Honduras American Tobacco S.A., die so hervorragende Zigarren wie ›Punch‹, ›Hoyo de Monterrey‹ und ›Rey del Mundo‹ auf den Markt bringt, ihre Zigarrenmacher nicht mehr als 500 Zigarren pro Tag herstellen, um so die Qualität zu wahren. In der riesigen Firma Arturo Fuente in Santiago, Dominikanische Republik, sind einige Zigarrenroller ebenfalls in der Lage, bis zu 500 Zigarren pro Tag herzustellen, aber der durchschnittliche Zigarrenmacher »produziert« dort, an einem normalen Arbeitstag von zehn Stunden, höchstens 200. Handelt es sich gar um schwer herzustellende Formate – ich denke da an die ›Hemingway‹-Serie mit ihrem Perfecto-Brandende –, so kann auch der qualifizierteste Arbeiter pro Tag nicht mehr als durchschnittlich 75 Exemplare dieser einzigartigen Zigarre herstellen. (Darum kostet diese Zigarre mehr als zum Beispiel eine ›Fuente 8-5-8 Flor Fina‹, die einfacher zu rollen ist.) In

In der Fuente-Fabrik (Dominikanische Republik) wickelt ein Zigarrenroller die Einlage. Im Hintergrund sind Wickelpressen zu sehen.

Bei Consolidated Cigar (Dominikanische Republik) arbeiten die Handroller mit hydraulischen Wickelpressen, von denen sich eine an jedem
Arbeitsplatz befindet. So werden technische Neuerungen mit den traditionellen Methoden des Zigarrenrollens kombiniert. Nicht zuletzt auf diese
Weise bewahren viele Firmen ihre Handwerkskunst und blicken trotzdem
ins 21. Jahrhundert.

Bei der Leiberman-
Maschine wird eine
Gummimatte von
Hand gerollt, damit
der Wickel überall
gleichmäßig ist.
Beachten Sie den
Wickel neben der
Hand des Zigarrenrol-
lers, der gerade dabei
ist, das Umblatt auf-
zunehmen.

Die fertigen Wickel werden in ein hölzernes Wickelmodel gelegt.

Dominikanische Republik. Einige hölzerne Model sind für bestimmte Figurado-Formate nicht geeignet. Diese ›Avo‹ mit Pyramide-Format $(7 \times {}^{36}/_{54})$ beispielsweise wird in einem Papiermodel gewickelt.

Kuba wiederum werden durchschnittlich 135 Stück der langformatigen Zigarren von einem Arbeiter am Tag hergestellt.

Und die kleineren Zigarren? Sie sind nicht einfacher zu rollen, ja in vielerlei Hinsicht sind sie nicht selten schwieriger herzustellen, da es viel Geschick erfordert, mehr als ein oder zwei Blätter in der Einlage unterzubringen (was bedeutet, daß Umblatt und Deckblatt den etwas verringerten Geschmack der Einlage kompensieren müssen). Ein kleinerer Durchmesser kann außerdem ein »Verstopfen« der Zigarre bewirken (was bedeutet, daß ein querliegendes Tabakstück den gleichmäßigen, ruhigen Zug beim Rauchen verhindert).

Auf der anderen Seite ist eine lange Zigarre doch eine größere Herausforderung, da Verarbeitungsfehler oder Beschädigungen des Tabakblatts leichter zutage treten. Auch die Herstellung eines größeren Wickels ist schwieriger, da ja alle verschiedenen Tabaksorten, die für die Mischung verwendet werden, gleichmäßig verteilt sein müssen, damit nachher nicht die eine oder andere Sorte hervorschmeckt. Deshalb erhält ein Zigarrenroller, der sich allmählich zur Herstellung der langen Zigarren hochgearbeitet hat, eine bessere Bezahlung als ein Roller für kleinere Sorten. Ist der Arbeiter erst einmal befähigt, Churchills herzustellen, so muß er auch dann entsprechend bezahlt werden, wenn er vorübergehend zur Herstellung von kleineren Coronas eingesetzt wird.

In der Tat gibt es eine Art Klassensystem unter den Zigarrenmachern. Das fand ich – ausgerechnet – nirgendwo ausgeprägter als in Kuba, wo ich die qualifiziertesten Arbeiter ganz vorn im Raum und die weniger erfahrenen ganz hinten antraf. Insgesamt kennt Kuba sieben verschiedene »Kategorien« von Zigarrenmachern, und je niedriger die »Rangnummer«, desto geringer ist die Zahl und desto einfacher sind die Formen der Zigarren, die ein einzelner Arbeiter der jeweiligen »Kategorie« herstellen kann. Dabei gilt, obwohl Kuba durch und durch sozialistisch geprägt ist, das Prinzip, das auch in anderen »Zigarrenländern« wie der Dominikanischen Republik und Honduras anzutreffen ist: Der Verdienst richtet sich nach der Leistung. So erhält ein Arbeiter der »Kategorie 7« mehr Lohn als einer der »Kategorie 5«. Nicht zuletzt deshalb schlagen die Personalkosten für eine Zigarre, die eine komplizierte Form aufweist (etwa eine Pyramide, eine Double Churchill), mehr zu Buche als für eine, deren Form auch für weniger qualifizierte Arbeiter kein Problem bei der Herstellung darstellt. Da außerdem viel mehr Tabak benötigt wird, um großformatige Zigarren herzustellen, liegen die Preise für die erstgenannten Formen auch dementsprechend höher.

Da, wie bekannt, die Nachfrage im Segment der Premium-Zigarren ständig größer wird, sind die Zigarrenhersteller natürlich daran interessiert, auf einen qualifizierten Personalstamm zurückgreifen zu können. Und so bieten die meisten Firmen Ausbildungsprogramme an, damit sich jeder Zigarrenmacher, einerlei, auf welcher »Stufe« er sich befindet, neue Kenntnisse aneignen und langsam aufrücken kann. Aber auch Lehrlinge werden ausgebildet. Sie durchlaufen eine Ausbildungszeit von ein bis zwei Jahren, wobei sich in der Regel einer von hundert so weit qualifiziert, daß er in der Lage ist, bis zu 150 Zigarren pro Tag herzustellen. Das heißt aber nicht, daß er sich an alle Größen und Formen wagen kann. Dazu benötigt er mindestens sechs Jahre, nämlich erst dann ist er ein Experte. Und um ein *Torcedor*, ein Meisterroller, zu werden, braucht er zwanzig Jahre und mehr.

Das Zigarrenrollen ist eine ermüdende, monotone Arbeit, und so beschäftigten schon im 19. Jahrhundert viele Fabriken einen *Lector de tabaqueria* – einen Mann, der den Arbeitern während ihrer Tätigkeit laut vorlas, um so zu verhindern, daß sie irgendwann ihre Augen statt der Zigarren rollten und in geistige Apathie verfielen. Dabei standen nicht selten Klassiker wie die *Ilias* und die *Odyssee* von Homer auf dem »Programm«, und auch Passagen aus den Shakespearschen Dramen wurden gelesen. So kam es, daß die Zigarrenmacher in des Wortes ursprünglichster Bedeutung zu den »be-lesensten« Menschen in ihrer Region gehörten.
Inzwischen hat zwar das Radio den Vorleser in den meisten Fabriken ersetzt, aber in Kuba gibt es nach wie vor diesen nostalgischen Ohrenschmaus für die Arbeiter, nur kommen jetzt vornehmlich die südamerikanischen Neoklassiker zu Gehör. In den übrigen Ländern erfreuen sich auch lokale Talk-Shows einer gewissen Beliebtheit. Dennoch ist es nicht selten ausschließlich Musik, die, wie etwa bei Arturo Fuente in der Dominikanischen Republik, durch den Äther kommt. Schließlich zieht es eine erstaunlich respektable Zahl von Firmen vor, überhaupt keine akustische Unterhaltung zu bieten.
Aber egal, ob nun der Vorleser, das Radio oder die »menschlichen Geräusche der Stille« die Arbeit des Zigarrenrollers begleiten – eine Tatsache bleibt unverändert: Alle sind von natürlichem Stolz auf ihre Arbeit erfüllt. In Kuba beispielsweise wurde ich in jeder Fabrik, die ich besichtigte, durch ein enthusiastisches Klappern der *Chavetes* auf die *Tablas* empfangen – seit jeher die Art der Begrüßung, wie sie in Ländern, in denen die Tabakverarbeitung eine herausragende

Wenn die Wickel fertig sind, breitet der Roller bzw. die Rollerin das Deck-blatt auf dem Arbeitsbrett aus und schneidet es mit einer scharfen Chavete zurecht (Kuba).

Rolle spielt, Besuchern zuteil wird. Dabei war ich seit langem der erste *Norte Americano*, der eine kubanische Fabrik besuchte (und die Tatsache, daß ich ein Buch über Zigarren schrieb, rief erneut eine Runde »Klappern« mit den *Chavetes* hervor). Aber auch in den anderen Ländern der Karibik lächelte jeder Arbeiter, wenn man innehielt, um seine Handwerksarbeit näher zu betrachten, und die meisten strahlten – oder erröteten –, sobald ich die Zigarren, die sie gerade machten, mit der Kamera in Augenschein nahm. Sicherlich sind alle auch deshalb so glücklich, weil sie Arbeit haben – keine Selbstverständlichkeit in der Dritten Welt.

Nicht selten wiederum haben Arbeiter, die über genügend Fingerfertigkeit und Talent verfügen, einen »Job fürs Leben«, und es ist nicht ungewöhnlich, wenn ein *Torcedor* noch mit über siebzig Jahren seiner Tätigkeit nachgeht – und dabei seit mehr als einem halben Jahrhundert in ein und derselben Fabrik bzw. in ein und demselben Familienbetrieb arbeitet.

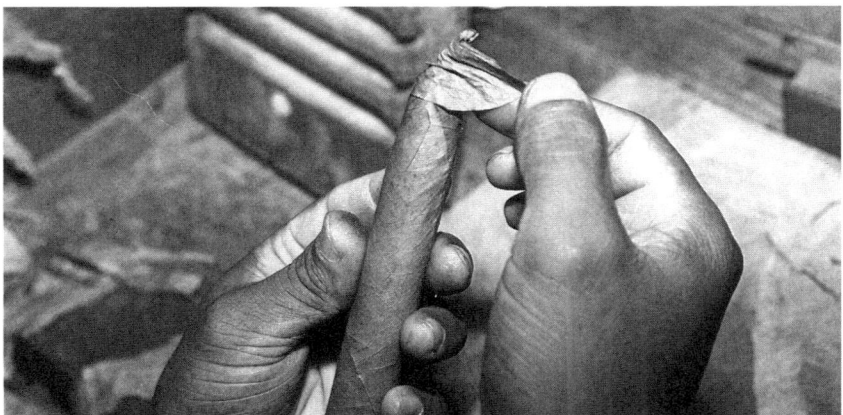

Das Deckblatt wird um den Wickel gerollt (Dominikanische Republik).

Das Brandende einer ›Hemingway‹ wird im Perfecto-Stil geformt (Domini-kanische Republik).

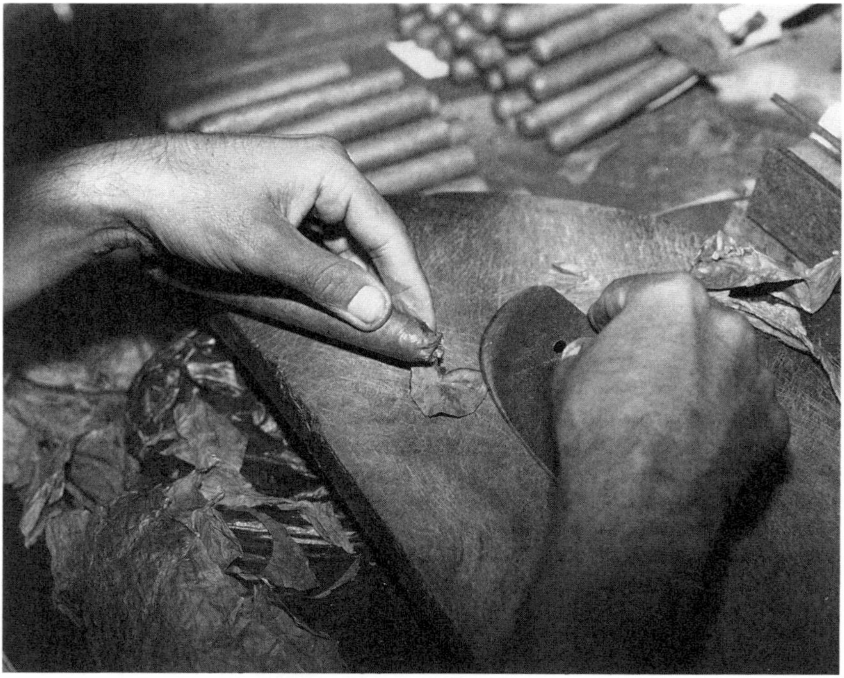

Das Blattende wird zurechtgeschnitten, damit daraus der Kopf geformt werden kann (»Finished head«, siehe auch Glossar). Dieses kunstvolle Verfahren wird ausschließlich bei Premium-Zigarren angewandt, und nur sehr erfahrene Zigarrenmacher beherrschen es (Honduras).

Die fertige Zigarre wird auf die richtige Größe zugeschnitten (Honduras).

Die Zigarren werden während des ganzen Herstellungsprozesses ständig kontrolliert (Honduras).

Wenn die Roller ihre Arbeit vollendet haben, werden je fünfzig Zigarren gebündelt und mit einem Zettel versehen, auf dem der Name des Zigarrenmachers, der des Kontrolleurs (während des gesamten Herstellungsprozesses werden die Zigarren ständig kontrolliert) und andere wichtige Informationen vermerkt sind, welche die Fabrik eventuell benötigt (wie etwa die verwendeten Tabaksorten, die Form der Zigarre und die Marke). Sollte nun irgendeine Zigarre im Bündel nicht den geforderten Standards entsprechen, so kann der Vorarbeiter anhand dieser »Checkliste« genau feststellen, wer für den Mangel verantwortlich ist – und da die Roller nach Stückzahl bezahlt werden, wird jede beanstandete Zigarre von ihrem Lohn abgezogen. Nach dem Bündeln der Zigarren ist die Arbeit jedoch immer noch nicht beendet. Die jeweiligen Bündel werden nun gewogen, um zu sehen, ob die erforderliche Tabakmenge auch tatsächlich verwendet wurde, und dann wird festgestellt, ob das Ringmaß (siehe auch Seite 120, Seite 123 sowie Glossar) stimmt. Schließlich wird – was sonst? – nochmals kontrolliert, wobei dieses Mal auf das Aussehen der Zigarren genau geachtet wird.

Um vom Zigarrenmacher verarbeitet werden zu können, muß, wie schon gesagt, der Tabak einen gewissen Feuchtigkeitsgehalt aufweisen. Der wird nun der fertigen Zigarre wieder entzogen, damit sie auch geraucht werden kann. Außerdem ist es notwendig, daß sich die verschiedenen Tabaksorten miteinander verbinden – ähnlich wie bei einer Sauce, die etliche Zeit köcheln muß, damit sich alle Ingredienzen verbinden und sie sich schließlich durch einen typischen, ihr eigenen Geschmack auszeichnet. So, wie die Sauce auf den Herd kommt, so kommen die Zigarren in einen Lagerraum, und zwar in die traditionelle spanische Zedernholzkammer. Hier können sie reifen, und hier ruhen sie für mindestens drei weitere Wochen. Während dieser Zeit wird die Temperatur in der Zedernholzkammer so kontrolliert, daß sich der Feuchtigkeitsgrad der Zigarren ausgleicht, und während dieser Zeit dürfen Einlage, Umblatt und Deckblatt »Bekanntschaft« miteinander schließen.

Das Ringmaß wird überprüft. Die ausgeschnittene Nut an diesem Ringmesser wird dazu verwendet, die Länge zu messen. Ringmesser können aus Holz, Kunststoff oder Messing sein.

Einige Zigarren, viele davon »Jahrgangszigarren« (siehe auch Seiten 116 ff.), lagern übrigens länger als »normale« – die der Sorte ›Dunhill Aged‹ beispielsweise mindestens drei Monate, während ›Fuente Hemingways‹ und ›Chateau Fuentes‹ wenigstens sechs Monate lang reifen, ebenso ›Ashton Cabinet Selection Vintages‹. Die ›Don Carlos‹ von Fuente, deren Stückzahl limitiert ist, und die ›J. R. Ultimate‹ reifen gar über ein ganzes Jahr. Doch das ist noch lange nicht »Reifungsrekord«, denn die dominikanischen Sorten von Davidoff liegen eineinhalb Jahre lang in den Lagerhäusern von Connecticut sowie Amsterdam und Rotterdam. Und für die ›Pléiades‹ hat man sich mit einem trans-

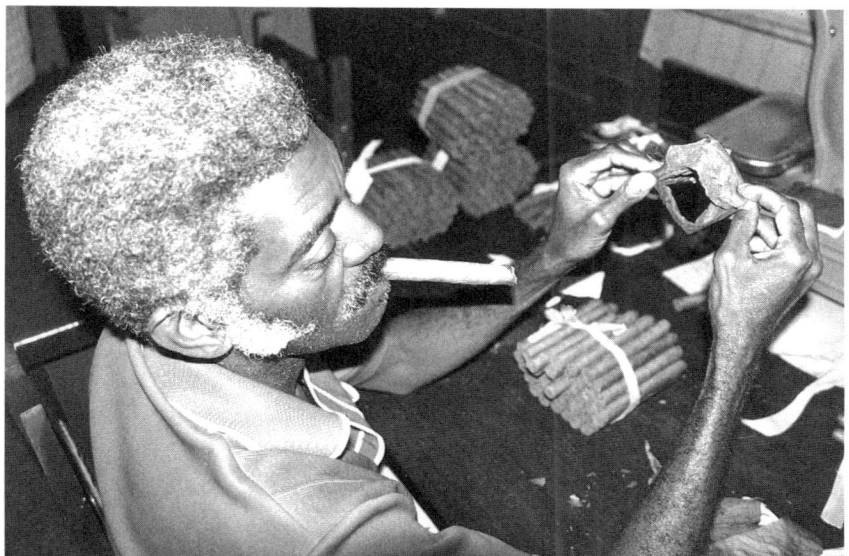

Ein Qualitätsinspektor in der La-Corona-Fabrik (Kuba) bei der Arbeit: Er wählt willkürlich Zigarren aus und bricht sie auf. So kann er sehen, ob alle für die Einlage benötigten Blätter vorhanden sind, ob die Blattanteile dem Mischungsrezept entsprechen und ob die Blätter etwa verdreht sind (da dies den Zug der Zigarre beeinträchtigen würde).

kontinentalen Reifungsprogramm etwas ganz Besonderes ausgedacht: Die Zigarren werden von der Dominikanischen Republik aus nach Frankreich (hier packt man sie in befeuchtete Zedernholzkisten um) und von dort wieder in die Vereinigten Staaten geschickt. So ist für diese Zigarren Reisezeit gleich Reifezeit.

Leider wird mit einigen kubanischen Edelmarken – wie etwa der ›Montecristo‹ – nicht so sorgfältig umgegangen. Bisher wurden solche Zigarren bis zu einem Jahr in Zedernholzschränken gelagert – Schränken, die noch aus dem vorigen Jahrhundert stammen. Heute werden viele Havannas in denselben Schränken nur sechs Tage (!) lang gelagert, da der Hunger nach diesen Zigarren nahezu unstillbar scheint (und Kuba außerdem so schneller Gewinn aus der Ernte machen kann). Doch selbst wenn sich das Handeln des Karibikstaats ausschließlich nach den Deviseneinnahmen richtete: Ob dieser Nachfrage kann es sich Kuba eigentlich gar nicht mehr leisten, seine Zigarren so lange wie notwendig reifen zu lassen – die Ausnahme bilden lediglich einige wenige Marken, darunter Kubas »Flaggschiff«, die ›Cohiba‹. Das hat den fatalen Effekt, daß einige Raucher frische Havannas kaufen und sie »grün« rauchen, also in unreifem Zustand.

Das erinnert mich an ein Erlebnis, das ich so schnell nicht vergessen werde. Ich hatte in Kuba eine Kiste ›Romeo y Julieta No. 4‹ direkt in der Fabrik erworben – wie direkt, das konnte ich bald feststellen. In meiner Freude, endlich eine ganze Kiste Havannas zu besitzen, öffnete ich, während ich am Swimmingpool des ›Habana Riviera‹ saß, die Kiste und wollte mir eine Zigarre anzünden. Ich entfachte ein Streichholz. Unter leichtem Drehen erwärmte ich das Brand-

Wenn die Zigarren inspiziert sind, werden sie in Bündel gepackt und gewogen, um nochmals zu überprüfen, ob die richtige Menge Tabak enthalten ist (Dominikanische Republik).

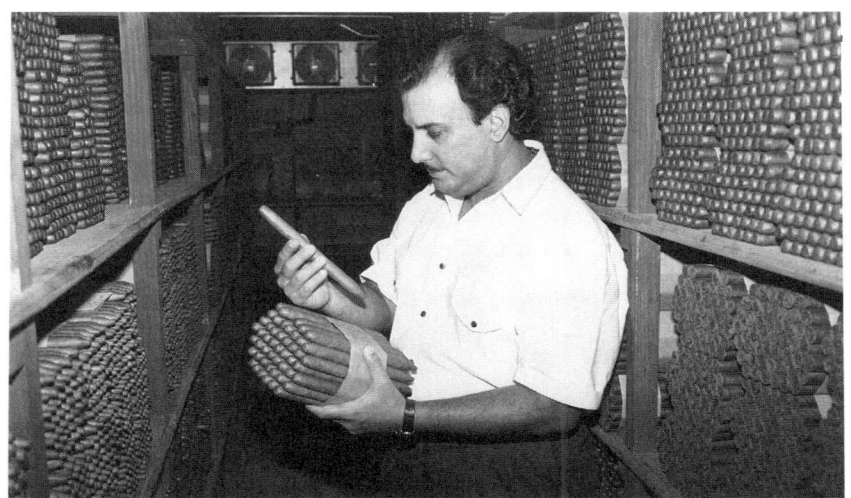

Im zedernholzgetäfelten Reiferaum seiner Fabrik inspiziert Carlos Fuente jr. (Dominikanische Republik) die ›Hemingway Masterpiece‹. Dieser besondere Raum ist mit elektrischen »Käferkillern« ausgestattet. Eine andere Firma, Consolidated Cigar, verwendet ein Gerät, das auf elektronischem Wege sexuelle Signale sendet, um die Käfer in eine amouröse Todesfalle zu locken.

Die Sortierung nach Farben erfordert äußerste Präzision (Dominikanische Republik).

97

ende. Dann nahm ich einen Zug. Meinen Gaumen traf die ganze Rauheit einer frisch gerollten Zigarre (genauer: einer *zu* frisch gerollten Zigarre). Diese Zigarre war überhaupt nicht gereift. In meiner Verzweiflung und wilden Entschlossenheit, in Havanna eine Havanna zu rauchen, rauchte ich dennoch die Zigarre zu Ende (genauer: ich kämpfte mich regelrecht durch sie hindurch). Danach habe ich diese Kiste nicht wieder angerührt, bevor ich in die Staaten zurückgekehrt war und sie drei Monate lang hatte reifen lassen. Erst dann

Alle Zigarren werden von Hand mit der Bauchbinde versehen. An der Seite des Kastens befindet sich eine Markierung, welche exakt die Höhe anzeigt, an welche der Arbeiter die Bauchbinde anbringen muß (Dominikanische Republik).

nahm ich eine ›No. 4‹ aus dem Humidor, in dem ich sie mit den anderen aufbewahrt hatte. Der Anblick der Zigarren brachte auf der Stelle die Erinnerungen an meine Reise zurück. So machte ich mich auf das Schlimmste gefaßt, ging auf die Terrasse, zündete mir eine Zigarre an – und zu meiner freudigen Überraschung schmeckte die ›Romeo y Julieta‹ nun viel sanfter.

In meinem Humidor hatten die Zigarren ausreichend Zeit, um auszureifen, und das machte den ganzen Unterschied aus zwischen einer kaum zu ertragenden Zigarre und einer genußvollen. Die Moral von der Geschichte: Es zahlt sich immer aus, eine Kiste Havannas zu erstehen, die einige Monate lang im Humidor des Händlers reifen konnte. Auf der anderen Seite sind dominikanische und honduranische Zigarren bereits ausgereift, wenn sie beim Händler eintreffen (in Kapitel 4 wird nochmals vom Reifen die Rede sein).

Wenn die Zigarren ausgereift sind, werden sie noch einmal inspiziert und nach Farben sortiert. Schließlich gibt es ungefähr sechzig verschiedene Braunschattierungen, und so muß jede Zigarre der Farbe nach sortiert werden, bevor sie in die Kiste gepackt wird. Es ist ein großer Quell der Freude, und zwar für den Zigarrenhersteller wie für den Raucher, wenn er eine Kiste öffnet und sieht, daß alle Deckblätter exakt dieselbe Schattierung aufweisen. Der Rauchgenuß wird dadurch zwar nicht erhöht, aber dieser Umstand ist ein Anzeichen dafür, mit welcher Sorgfalt der Hersteller sein Produkt behandelt.
Nachdem nun die Zigarren in Farbkategorien eingeteilt worden sind, werden sie mit einer Bauchbinde versehen. Jede Bauchbinde wird – natürlich von Hand – in genau der gleichen Höhe an der Zigarre befestigt, damit die Zigarren in der Kiste in »Reih und Glied« liegen. Einige Zigarren, wie die honduranischen Marken ›Bances‹ und ›Punch Premier Grand Cru‹, tragen zwei Bauchbinden. (Die ›Hoyo de Monterrey‹ sieht aus, als trüge sie ebenfalls zwei Bauchbinden, aber die Bauchbinde ist lediglich so gestaltet). Wie bei der Farbschattierung, so hat auch die (doppelte) Bauchbinde nichts mit dem Geschmack zu tun – sie dient lediglich der besonderen Optik.
Schließlich wird die Zigarre vorsichtig in eine Zellophanhülle gesteckt, um sie vor Beschädigungen während des Transports zu schützen. Einige dominikanische Marken, wie die ›Avo‹, die ›Davidoff‹, die ›Juan Clemente‹, die ›P. G.‹, die ›Santa Damiana‹ und die ›Temple Hall‹, werden, je nach Wunsch, ohne Zellophanhüllen in Zedernholzkisten versandt, da das Zellophan den Reifungsprozeß erheblich verzögert oder gar ganz aufhält. – Ich persönlich bevorzuge

Die meisten Nicht-Havannas werden in eine Zellophanhülle gesteckt.

Zigarren ohne Zellophanhüllen, und ich habe es mir zur Gewohnheit gemacht, jede einzelne Hülle zu entfernen, sobald ich die handgemachte Zedernholzkiste in Händen halte.

Jawohl, sogar die Kisten werden von Hand gemacht, und zwar in der Regel in der Fabrik, aus der auch die Zigarren stammen. Es gibt zwei Arten von Zigarrenkisten: Zum einen sind da die Sperrholzkisten aus Zedernholz, die der Repräsentation dienen (»Dress boxes«); hier ist das Holz kaum zu sehen, da die Kiste völlig mit Aufklebern und Randverzierungen bedeckt ist. Zum anderen sind da die Kisten, die aus massivem Zedernholz gefertigt (»Cabinet boxes«) und mit Scharnieren und Nägeln aus rostfreiem Messing versehen sind – was wichtig ist, da sie beim Händler in der Regel in begehbaren Klimaräumen lagern. Meist wird für diese Art von Kisten das Holz der afrikanischen Zeder, in Honduras gewachsen, verwandt, obwohl auch Zedernholz aus Mexiko, Nicaragua und den Vereinigten Staaten verarbeitet wird. Das Sperrholz für die Repräsentationskisten stammt dagegen überwiegend aus Taiwan, Korea und Brasilien, während Kuba auf heimisches Zedernholz zurückgreifen kann, es jedoch nur für Sperrholzkisten verwendet (das schwerere Zedernholz wird aus Honduras eingeführt).

Einige der schönsten Zigarrenkisten kommen aus der Dominikanischen Republik und aus Honduras, so etwa die für die ›Don Carlos‹

von Fuente, aber auch die phantasievollen Kisten der kubanischen Coronas wirken auf den Betrachter überaus ansprechend – und die lackierten, ins Auge fallenden Zedernholzkisten, welche die ›Punch Premier Grand Cru Seleccione‹ beherbergen, haben klassischen Charakter und könnten durchaus auf einem Silbertablett dargeboten werden. Ähnlich beeindruckend ist die reizvolle Mahagonikiste aus Jamaika, die von General Cigar verwendet wird, um ihren Marken ›Macanudo Vintage‹ und ›Partagas 8-9-8‹ den richtigen Rahmen zu geben.

Es gibt zwar einige (kleinere) Firmen, die fertige Kisten aus den Vereinigten Staaten beziehen, aber die meisten finden es rentabler, eigene Kisten herzustellen oder den gesamten Bedarf in nur einem Betrieb fertigen zu lassen, wie es zum Beispiel Cubatabaco mit einer kleinen Firma in Havanna handhabt. Bei den kubanischen Marken fällt beispielsweise die leicht lackierte Kiste für die ›Cohibas‹ durch ihre schlichte Eleganz auf, während die großen schwarzen Kisten, in denen sich fünfundzwanzig ›Montecristo As‹ befinden, mit ihrer Goldprägung ein würdiges Behältnis für die teuerste Zigarre der Welt abgeben.

Die natürliche Schönheit der Kisten erfährt in den meisten Fällen

Dominikanische Republik: Bevor die Zigarren schließlich in Kisten verpackt werden, werden sie nochmals inspiziert und die Deckblätter auf Farbgleichheit überprüft. (Foto: General Cigar)

eine Aufwertung. Es war – wie kann es auch anders sein – ein Fabrikant in Kuba, Ramon Allones, der als erster ein farbiges Firmenetikett auf einer Zigarrenkiste anbrachte, um so den Blick der Käufer anzuziehen. Das war 1837, und das Etikett ist bis in unsere Tage nahezu unverändert geblieben. Heutzutage produzieren nicht wenige Zigarrenhersteller neben den Zigarrenkisten auch ihre Firmenetiketten selbst. Dabei sind einige jedoch von teuren Vierfarbdrucken abgewichen und beauftragen statt dessen einen Zulieferer, der für sie auf einen mehrfarbigen Aufkleber die entsprechenden (einfarbigen) Zigarrennamen und -formate druckt. Cubatabaco wiederum setzt weiter auf Vierfarbetiketten, läßt sie aber in den Fabriken von La Corona und H. Upmann drucken, doch die meisten anderen großen Firmen, wie etwa Consolidated Cigar Corporation, unterhalten eigene Druckereien für ihre Schilder, während Fuente gar mit einer eigenen Abteilung für Seidenauflagen aufwartet, um bestimmte Kisten attraktiv dekorieren zu können, wie beispielsweise die der ›Hemingway‹-Serie.

Wenn die Kisten zusammengesetzt und etikettiert sind, werden die Zigarren vorsichtig hineingelegt. Obenauf liegt immer ein farbiges Band oder ein hochgeklapptes Stück Zellophan, wodurch die Zellophanhülle leichter zu entfernen ist. Einige Zigarren, wie bestimmte Formate der ›H. Upmann‹ und der ›San Luis Rey‹, werden zusammengepreßt, bevor sie in Zellophan verpackt werden. Sie erhalten so eine viereckige Form – eine Praxis, die ursprünglich ersonnen wurde, damit die Zigarren nicht vom Tisch rollen konnten. Andere, so etwa die ›Ramon Allones Trumps‹, haben ihre runde Form behalten, was ich immer als natürlicher empfunden habe – sollen sie doch rollen! Und bei einigen wenigen, zum Beispiel der dominikanischen ›Henry Clay‹, weist das Deckblatt mit Absicht eine rauhe Oberfläche auf. Das alles sind jedoch Eigenschaften, die keinen Einfluß auf die Rauchqualität einer Zigarre haben.

Im Anschluß daran werden die Zigarren einer nochmaligen Kontrolle unterzogen. Nach dieser nun endgültig letzten Begutachtung versieht der Kontrolleur die Kiste mit seinem Stempel, manchmal auch mit einem Namensschild, bevor die Kiste, natürlich von Hand, zugenagelt wird.

Eine Zigarre, die maschinell gewickelt und von Hand gerollt wurde, ist von einer handgerollten schwer zu unterscheiden – außer im Preis. Die halbmaschinelle Zigarre zieht genausogut, oft sogar besser, da die Gefahr menschlicher Unzulänglichkeit bei der Herstellung des Wickels geringer ist. Da maschinengewickelte Zigarren in der Regel preiswerter sind, ging man in den fünfziger Jahren vermehrt daran, Zigarren maschinell herzustellen. Auch sie werden oft als »handgemacht« bezeichnet, weshalb nie ein großer Unterschied zu den ausschließlich von Hand hergestellten Zigarren gemacht worden ist. Das gilt bis heute – und in gewisser Weise trifft dies auch zu. In diesen maschinell gewickelten Zigarren steckt ja auch ein bestimmtes Maß an Handarbeit, und einige rauchenswerte Exemplare finden sich durchaus in dieser Kategorie.

Ein sehr gutes Beispiel für eine beliebte maschinengewickelte und handgerollte Zigarre ist die honduranische ›Berings‹. Bei dieser Zigarre wird eine vorgemischte Einlage von Hand in die Maschine gefüllt, welche die Einlage dann automatisch wickelt. In der Zwischenzeit legt ein Arbeiter ein grobgeschnittenes Umblatt auf eine Schablone. Sodann fällt eine automatische Klinge herunter und schneidet das Blatt exakt in die Form der Schablone. Die Maschine nimmt nun das Umblatt auf, bestreicht es mit Leim aus klarem Gummi Arabicum, rollt die Einlage in das Umblatt und wirft den fertigen Wickel auf ein Förderband. Anschließend nimmt der Arbeiter den Wickel mit der Hand auf, schneidet ihn zu und legt ihn in die Zigarrenform. Von nun an wird die maschinengewickelte Zigarre genauso behandelt wie eine handgemachte, das heißt, sie geht weiter an den Handroller und durchläuft dieselben Kontrollen sowie das Sortieren nach Farbe und das Reifen. So könnte man diese Zigarren tatsächlich als »halb handgemacht« bezeichnen, obwohl ich der Meinung bin, »maschinengewickelt und handgerollt« wäre die präzisere Bezeichnung.

Die dritte Kategorie, die ausschließlich maschinengefertigte Zigarre, ist in der Regel ein preiswertes Massenprodukt. Darunter sind beispielsweise die Marken ›Antonio & Cleopatra‹, ›Dutch Masters‹, ›El Producto‹, ›King Edward‹ und ›Optimo‹ zu zählen. All diese preisgünstigen Zigarren werden in riesigen automatisierten Fabriken hergestellt, die meist in den Vereinigten Staaten oder in Puerto Rico stehen. Sie verwenden praktisch alle irgendeine Form von homogenisiertem Tabakblatt, dem HTL (»homogenized tobacco leaf«; siehe auch Glossar). Im Prinzip ist homogenisierter Tabak ein Kunstprodukt, zusammengesetzt aus Tabakstielen und Fasern, die mit Wasser und anderen organischen Flüssigkeiten vermischt werden und eine fruchtfleischartige Masse ergeben. Die HTL-Methode erinnert stark an die Herstellung von Papier, nur daß statt Holz eben Tabak verwendet wird. Dabei wird die Zigarre nicht durch die natürliche Form des Tabakblatts geprägt, sondern das HTL kommt vom Trockenband – daher auch die Bezeichnung Bandtabak – und wird zu Rollen geformt, die dann in die Zigarrenherstellungsmaschine befördert werden. Circa 90 Prozent aller Massenprodukte werden mit HTL-Umblatt hergestellt, und bei 60 Prozent davon besteht auch das Deckblatt aus HTL.

Bei der Herstellung eines maschinell gefertigten Massenprodukts wird eine Kurzblatt-Einlage in das Umblatt gewickelt. Der Wickel wird dann maschinell in die gewünschte Form gepreßt und der Kopf gleich mitgeformt. Der geformte Wickel gelangt nun in ein korbähnliches Behältnis, um dann automatisch mit dem Deckblatt umwickelt zu werden. Anschließend wird die fertige Zigarre maschinell in die jeweilige Form gepreßt. Derartige Maschinen können leicht fünf- bis achthundert Zigarren pro Minute herstellen. Da bei dieser Geschwindigkeit Umblatt und Deckblatt einer unglaublichen Spannung ausgesetzt werden, ist hier homogenisierter Tabak unumgänglich.

Im Gegensatz zu einem Deckblatt aus natürlichem Blatt, das eine eindeutige Struktur hat, ist homogenisiertes Deckblatt flach und charakterlos. Es kann zwar in allen Farben hergestellt werden, doch geschieht das nicht – wie bei natürlichen Tabakblättern – durch Fermentation, sondern einfach durch Hinzugabe künstlicher Farbstoffe. So kann, wenn es denn einem Hersteller in den Sinn kommt, HTL-Deckblatt für Maduro, EMS, Claro und sogar Chartreuse (Apfelgrün) am laufenden Meter hergestellt werden. – Vor einigen Jahren hatte ein findiger Hersteller tatsächlich die Idee, Adern auf sein HTL-Deckblatt zu drucken, um ihm ein natürlicheres Aussehen zu verleihen. Viele Raucher von Massenprodukten waren es jedoch nicht gewöhnt, echte Tabakadern auf ihren Deckblättern zu haben, und so war ihnen unwohl beim Anblick dieser eigenartigen Linien auf ihren geliebten ›Panetelas‹. Das Verfahren wurde übrigens aufgegeben.

Statt zu besserem Aussehen kann man dem homogenisierten Tabak auch zu besserem Geschmack verhelfen, und zwar durch Zugabe von Geschmacksstoffen. So gehört Tabak mit deftigem Aprikosen-, Kirsch-, Rum- oder Vanillegeschmack zu den beliebtesten Variationen unter den heutigen Billigzigarren.

Maschinengefertigte Zigarren sind in vielerlei Hinsicht die »uniformsten« Zigarren, die man sich vorstellen kann. Da ihre Herstellung automatisch gesteuert wird, bleibt demnach wenig Raum für menschliche Fehler. Außerdem ist bei homogenisiertem Tabak die

Die Herstellung der Zigarrenkisten

Links: Das Zedernholz wird zurechtgeschnitten, mit Datum versehen und mindestens ein Jahr lang luftgetrocknet. In Honduras sind die Gebiete, in denen die Zedern geschlagen werden, oft so unwirtlich, daß die Baumstämme mit dem Helikopter transportiert werden müssen. Wenn sie zur Weiterverarbeitung fertig sind, werden sie in Bretter zersägt, luftgetrocknet und dann gedarrt.
Rechts: Die einzelnen Teile einer Kiste werden – wie hier auf Kuba – von Hand zusammengefügt und dann, je nach Firma und Zigarrenmarke, mit Nägeln, Leim oder Krampen befestigt.

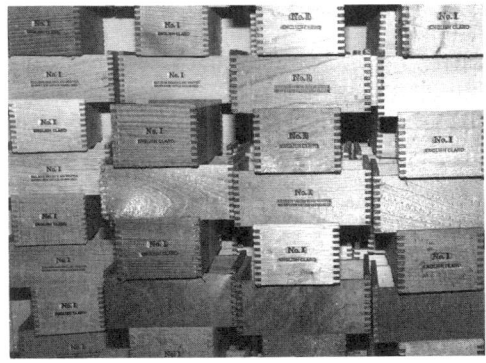

Links: Die farbigen Aufkleber werden einzeln und von Hand auf eine Zedernholzkiste aus Sperrholz geklebt. So wird in diesem Falle aus einer einfachen Kiste eine repräsentative »Dress box«, »Made in Honduras«.
Rechts: Das fertige Produkt: »Cabinet boxes« aus Zedernholz warten darauf, mit Zigarren der honduranischen Marke ›Hoyo de Monterrey Excalibur No. 1‹ gefüllt zu werden.

105

Brennzeit sehr konstant, ebenso die Farbe der Asche. Tatsächlich findet sich die hellste Asche, die es gibt, bei einer Billigzigarre, obwohl eine möglichst weiße Asche keine besondere Bedeutung hat (wie in Kapitel 4 noch zu sehen sein wird). Billigzigarren haben auch den mildesten Rauch von allen. Tatsächlich sind die Inhaltsstoffe in einer solchen Zigarre extra so abgestimmt, damit sie den Geschmack des Tabaks abmildern. Aus diesem Grunde können Raucher, welche diese Zigarren bevorzugen, oft zehn bis zwanzig davon am Tag rauchen, ohne sich schlecht zu fühlen.

Man muß sehr genau unterscheiden zwischen maschinengefertigten Massenprodukten und normal maschinengefertigten Zigarren, die nicht zu den Massenprodukten gehören. Die ausgezeichneten, in den Vereinigten Staaten produzierten Kurzblatt-Zigarren der Firmen F. D. Grave und Finck sind hierfür zwei hervorragende Beispiele. Und für den Zigarrenkenner, der die europäischen Varianten holländischen Typs bevorzugt, gibt es – um nur einige Hersteller zu nennen – die verschiedenen Produkte von Agio, Christian of Denmark, Gallaher, Ritmeester, Schimmelpenninck, Villiger und Willem, die wirklich rauchenswert sind. Viele dieser Zigarren fallen in die Kategorie der kurzen Zigarren und der Zigarillos. Einige Sorten sind ganz aus reinem Tabak, während andere ein homogenisiertes Umblatt in Verbindung mit den gleichen Einlage- und Deckblatt-Tabaken aufweisen, die auch die handgemachte Zigarre auszeichnen.

Die meisten trockenen Zigarren sind maschinengestopft unter Verwendung einer Kurzblatt-Einlage. Manchmal ist dabei der Einlage-Tabak so kleingehackt, daß sich zwanzig verschiedene Tabaksorten in einer einzigen Zigarre wiederfinden! Die Einlage wird maschinell eingewickelt – entweder in homogenisiertes Blatt oder, bei Produkten höherer Preisklassen, in Naturblatt. Je nach Preis und Größe wird das Deckblatt maschinell oder von Hand hinzugefügt, wobei hier ebenfalls ein homogenisiertes Blatt oder ein Naturblatt Verwendung findet. Oft wird das Deckblatt auch mit einer dünnen Schicht von Tabakpulver bestäubt (so etwa beim ›Club-Format Deutsche Jagd‹), um den Zigarren eine gleichmäßigere Farbgebung zu verleihen. – Bemerkung am Rande: Ein normal ausgebildeter Arbeiter in Europa kann rund 2000 Zigarren holländischen Typs pro Tag herstellen – wobei man allerdings nicht vergessen darf, daß diese Zigarren viel kleiner sind als die befeuchteten Zigarren aus dem karibischen Raum und aus Mittelamerika.

Obwohl Cubatabaco lieber seine handgemachten Produkte im Mittelpunkt des Interesses sieht, sind maschinengefertigte Zigarren aus

Auch maschinell gefertigte Zigarren verlangen noch einen erheblichen Anteil an handwerklichem Geschick, wie bei diesen Villiger-›AWEG‹-Zigarren, vor und nach dem »Zwirbeln«, zu sehen ist.

Kuba nach wie vor die besten dieser Art, da sie zu 100 Prozent aus kubanischem Tabak bestehen. Von den dreißig kubanischen Export-marken haben sechsundzwanzig zumindest einige maschinell herge-stellte Sorten in ihrem Angebot, wobei es sich in der Regel allerdings um kleinere Formate handelt. Einige bemerkenswerte Beispiele sind: ›Quintero Chicos‹, ›Petit Bouquet‹ und ›Partagas Culebras‹, außerdem ›H. Upmann Perfectos‹. Alle maschinengefertigten Pro-dukte werden übrigens zur Zeit bei H. Upmann und La Corona her-gestellt.

Spätestens jetzt stellt sich natürlich die Frage, warum überhaupt noch teure handgemachte Zigarren produziert werden, wo doch die maschinell hergestellten, zumindest in den höheren Kategorien, durchaus gut sind. Die Antwort ist nicht mit einem Satz abgetan. Zum einen ist es schwierig, mit der Maschine Langblatt-Einlagen gleichmäßig im Wickel zu verteilen, denn nach wie vor kann nur die menschliche Hand eine gleichmäßige Mischung herstellen, weshalb eine handgemachte Zigarre immer ihren eigenen, unverwechselba-ren Geschmack hat. Zum anderen verfügen die Handroller über ein ausgezeichnetes Augenmaß bei der Herstellung und beim Finden des Ringmaßes. So hat jede Zigarre die richtigen Maße, aber ein indivi-duelles Aussehen – und ihren individuellen Geschmack, da nur

Eine Zigarrenmaschine in der La-Corona-Fabrik in Havanna. Die sich drehende Schablone dient der Weiterverarbeitung des Umblatts: Es wird automatisch geschnitten und an die Wickelmaschine weitergegeben. Im Hintergrund prüft ein Inspekteur das fertige Produkt.

beste Tabake verwendet werden. Und noch etwas kommt hinzu: Da ist diese undefinierbare Aura, die jede Premium-Zigarre umgibt, egal, um welches Herkunftsland, um welches Format, um welches Aroma es sich handelt – Hauptsache, sie ist handgemacht. Man wird gerne etwas mehr bezahlen für diese besonderen Merkmale, und außerdem hatte echte Handwerkskunst schon immer ihren Preis.

Die Hersteller, die sich auf handgemachte Premium-Zigarren spezialisiert haben, pflegen jeweils ihre eigenen Methoden und richten sich nach ihren speziellen Philosophien. In Kuba zum Beispiel fertigt ein einziger qualifizierter Arbeiter die ganze Zigarre, von Anfang bis Ende. Das ist die traditionelle Methode der *Torcedores* – eine Methode, die auch in den meisten Fabriken außerhalb Kubas angewandt wird. Eine Besonderheit ist allerdings nur in Kuba anzutreffen – die der »Anerkennung«: In den Fabriken werden neben der Werkbank der Arbeiter, die ihre Kunst besonders gut beherrschen, Fähnchen aufgestellt. Bei Honduras American Tobacco, wo hervorragende Marken wie ›Hoyo de Monterrey‹, ›Punch‹ und ›Rey del Mundo‹ hergestellt werden, gibt es dagegen Wickelmacher und Roller, wobei auf einen Roller zwei Wickelmacher kommen, da das Rollen in dieser Fabrik doppelt so schnell geht wie das Herstellen des Wickels. Diese Methode beschleunigt die Produktion bei gleichbleibender Qualität, da sich die Wickelmacher ganz ihrer Aufgabe widmen können. Bei Fuente in der Dominikanischen Republik wiederum ist die Zahl der Wickelmacher und Roller gleich, da sich beide Gruppen über Jahre hinweg hervorragend aufeinander eingespielt haben. In diesem Familienbetrieb befindet sich übrigens ein ganz besonderer Raum: die »Hemingway-Ruhmeshalle«. Hier, wo die zwanzig besten ›Hemingway‹-Roller ihre Kunst ausüben, finden sich inspirierende Artikel aus Ernest Hemingways Memorabilien. Die Tatsache, daß eigens ein Raum der Herstellung einer einzigen Zigarrensorte gewidmet ist, ist nicht nur bemerkenswert, sondern auch nur durchführbar in einer Firma von der Größe Fuentes, jenem zweitgrößten Hersteller dominikanischer Zigarren. Allein im Werk in Santiago arbeiten unter der Aufsicht von einem Oberaufseher und fünfzehn Aufsehern nicht weniger als 300 *Torcedores* in der *Galera,* der Haupthalle. Dazu gesellt sich ein eigener, sehr effizienter Sicherheitsdienst, verkörpert durch einen stämmigen Wächter, der ständig eine halbautomatische Pistole im Anschlag hat.

Bei Honduras American Tobacco – und nur dort – habe ich es erlebt, daß einige der qualifiziertesten Roller zwei verschiedene Sorten gleichzeitig herstellten, indem sie mit der Verarbeitung einer zwei-

109

ten Sorte begannen, wenn bei der ersten die Wickelproduktion ins Stocken kam. Dieses sehr produktive Unternehmen bietet übrigens ein Ausbildungsprogramm für die Kinder ihrer Mitarbeiter an – ein Umstand, der ob der Arbeitssituation in der Dritten Welt nicht hoch genug zu würdigen ist. Und noch eine Besonderheit: Bei Tabacos Dominicanos, wo ›Avos‹, ›Davidoffs‹ und ›Griffins‹ hergestellt werden, wird eine genaue Bestandsliste geführt, auf der jeder Mitarbeiter seinen Verbrauch an Einlage-, Umblatt- und Deckblatt-Blättern abzeichnen muß – womit er persönlich die Verantwortung dafür trägt, daß die verbrauchten Blätter im richtigen Verhältnis zur Anzahl der gefertigten Zigarren stehen.

Die fortschrittlichsten Ideen auf dem Gebiet der Zigarrenherstellung werden wohl in der Dominikanischen Republik geboren. Das ist die Heimat der Consolidated Cigar Corporation, dem weltweit größten Hersteller von Premium-Zigarren (›Don Diego‹, ›H. Upmann‹, ›Montecristo‹, ›Montecruz‹, ›Primo del Rey‹, um nur einige der großen Marken zu nennen). Consolidated Cigar Corporation ist die einzige Zigarrenfabrik, die sich im südwestlichen Teil der Insel befindet, und hier ist eine ganze Reihe von Neuerungen versucht worden, welche die jahrhundertealte Kunst der Zigarrenherstellung in ein anderes Zeitalter führen soll. Zunächst einmal: Die traditionellen Techniken des Rollens bleiben erhalten. Neu ist dagegen: Es gibt jetzt einen automatischen Zugtest für die Wickel der Marken ›Don Diego‹ und ›H. Upmann‹, um sicherzustellen, daß die fertigen Zigarren richtig ziehen werden, wobei der Test auf jede Form abgestimmt ist (eine Lonsdale etwa braucht mehr Zug als beispielsweise eine Rothschild). Erst wenn ein Wickel den Zugtest bestanden hat, wird er in das Deckblatt gerollt. Die Wickel werden auch nicht mehr von Hand zusammengepreßt; diese Aufgabe übernehmen jetzt hydraulische Pressen, die in präzisen Intervallen arbeiten. (Es ist schon etwas befremdend, durch diese riesige Fabrik zu gehen und dabei das rhythmische Zischen der hydraulisch gesteuerten Wickelpressen zu hören.) Darüber hinaus laufen ständig Tests, in denen versucht wird, die hölzernen Zigarrenformen durch solche aus Plastik zu ersetzen, und weitere, um für die traditionelle *Chavete* ein anderes Werkzeug zu finden.

Einerlei, ob die Zigarre nun mit alten oder neuen Methoden gefertigt wurde, ob von Hand oder maschinell oder einer Kombination aus beidem – Zigarren stellen heute eines der einzigartigsten Produkte dar, die sich aus der Vergangenheit in die Neuzeit herübergerettet haben. Im Fall der handgemachten Premium-Zigarre handelt es sich jedenfalls um eines der letzten Produkte in einer kostenbewußten Welt, das sein Geld wirklich wert ist – schließlich sind mehr als fünfzig Augen- und Händepaare notwendig, um es zur Vollendung zu führen. Wie aber bekommen wir den Wert unseres Geldes zurück von etwas, das sich in Rauch auflöst? Dieser Frage werden wir im nächsten Kapitel nachgehen.

Kapitel 3
Wer suchet, der findet
Wie jeder »seine« perfekten
Zigarren entdeckt

So wie man das erste Rendezvous, das erste Auto nicht vergißt, so werde ich niemals meine erste Zigarre vergessen. Sie stammte aus einer Fünferpackung ›Antonio & Cleopatra Grenadier‹. Man schrieb das Jahr 1963, und es war mein erster Sommer an der Arizona State University. Ich kaufte ›Grenadier‹, weil mein Budget seinerzeit recht mager war, und Zigarren kaufte ich, weil ich meinte, sie würden mich, zusammen mit meiner Pfeife, einigermaßen »cool« aussehen lassen.

Zu jener Zeit war es mit den Zigarren in mancherlei Hinsicht einfacher. Ich weiß nicht mehr genau, wie viele Sorten von Zigarren es damals gab, aber es waren sicher nicht so viele wie heute. Dieser Umstand war auch eher sekundär, denn mein Hauptkriterium war seinerzeit der Preis. Ungefähr ein Jahr lang rauchte ich abwechselnd die Marke ›A & C‹ und Zigarillos von Robert Burns, denn diese beiden Sorten waren die einzigen, die ich mir leisten konnte. Dann entdeckte ich die ›Cuesta Rey #95‹. Es war die erste Kiste Zigarren, die ich kaufte – und ich war verrückt vor Freude. Erstens hatte ich nun einen Zigarrenvorrat für einen ganzen Monat und obendrein eine nützliche Kiste, in der ich etwas unterbringen konnte. Dann kam die ›Honduran Hoyo de Monterrey‹ neu auf den Markt, eine Zigarre, die aus Havanna-Blatt gemacht war, das aus der Zeit vor dem Embargo stammte – und schon favorisierte ich diese Marke. (Da ich in den Vereinigten Staaten lebe, war dort nach dem Inkrafttreten des Embargos gegen den Castro-Staat alles, was den »verbannten« kubanischen Tabak enthielt, heiß begehrt, handelte es sich doch hier sozusagen um »verbotene Früchte«). Zu dieser Zeit arbeitete ich als Texter bei einer lokalen Werbefirma, und ich schwamm nicht gerade im Geld. Ich war aber die Woche über sparsam, um mir für das Wochenende eine ›Hoyo‹ leisten zu können. Meine Philosophie war damals, stets die beste Zigarre zu rauchen, die ich mir leisten konnte.

Zigarrenformate sind nicht selten verwirrend, da der Begriff nur Sinn macht, wenn Länge und Ringmaß angegeben sind, wobei die Namen der einzelnen Formate durchaus von Marke zu Marke schon einmal variieren. Hier einige bekannte Beispiele (von links nach rechts): ›Flor del Caribe Sovereign‹ (7 1/4 x 50), eigentlich eine Churchill; ›Troya Lonsdale‹ (6 3/4 x 44); ›Te Amo Double Corona‹ (6 3/4 x 44); ›Don Lino Large Corona‹ (6 1/2 x 42); ›El Glorioso Dominicano #400‹ (6 1/2 x 42), eigentlich eine Corona Grande, welche dieselben Maße hat wie eine ›Don Lino Large Corona‹; ›A. Fuente Cuban Corona‹ (5 1/4 x 44); ›Davidoff No. 2‹ (6 x 38), eigentlich eine Panetela; ›New York La Guardia‹ (5 x 48), eigentlich eine Rothschild; ›Romeo y Julieta Rothschild‹ (4 1/2 x 54). Manchmal ist es einfacher, beim Zigarrenkauf das Format anzugeben, indem man etwa sagt: »Was können Sie mir in einem Siebeneinhalb-mal-zweiundfünfzig-Churchill-Format mit mittlerem Aroma anbieten?«

Diese Philosophie habe ich inzwischen revidiert: Ich rauche nur noch die »beste Zigarre überhaupt«. Der Preis interessiert mich nur noch in zweiter Linie, denn die besten Zigarren sind nicht immer die teuersten. Im vorigen Kapitel haben wir gesehen, daß die Herstellung einer hochwertigen Zigarre wirklich nicht teurer sein muß als die einer mittelmäßigen. Der Unterschied liegt darin, wie der Tabak verarbeitet und wie die Zigarre hergestellt wurde – und ob sie richtig reifen konnte. Letztlich kommt es, wie bei so vielem anderen, auch beim Zigarrenrauchen auf den persönlichen Geschmack an.

Schon zu Anfang des Buches habe ich darauf hingewiesen, daß es niemals eine so große Auswahl an Marken aus so vielen Ländern und so viele verschiedene Tabaksorten gab wie in der heutigen Zeit. Neben Standardformaten wie Churchill, Corona und Panetela feiern auch wieder große Formate aus alten Zeiten in Kombination mit neuen Ideen Erfolge bei den Rauchern. Double Corona, Petite Belicoso und die gerade wiederentdeckten Figurado-Formate wären da zu nennen, ebenso die Pyramide und die »Super-Perfecto« (niemand nennt letztere so; der Name wäre aber gar nicht schlecht). Es gibt auch gegensätzliche Trends, so zum Beispiel kurze Zigarren für den schnellen Rauchgenuß und längere, die mindestens eine Stunde Entspannung garantieren. In der Tat, die Variationsbreite ist überwältigend, vor allem, seit die meisten Zigarrenhersteller dazu übergegangen sind, jedem neuen Format einen eigenen Namen zu geben.
Es gibt jedoch nicht nur ständig neue Namen in der Welt der Zigarren – auch die altbewährten Maße haben sich verändert. Früher betrug die Länge einer Churchill 7 $\frac{1}{2}$ Inches (ca. 190 mm). Heute kann die Länge zwischen 6 $\frac{3}{4}$ und 8 Inches (ca. 170 bis ca. 203 mm) variieren. Mittlerweile arbeite ich gar nicht mehr mit Maßtabellen. Ich gehe einfach in den Laden und wähle die Zigarre, die mich anspricht. Wenn mir ihr Geschmack beim Rauchen zusagt, merke ich mir das Format dieser einen Marke, und zwar deshalb, damit ich sie bei gegebener Zeit telefonisch oder schriftlich nachbestellen kann.
Wie also wählt man die richtige Zigarre aus? Eine Empfehlung vorab: Einsteiger sollten niemals den Rat anderer befolgen. Ich habe in meinem Leben mehr Geld für »empfohlene« Zigarren ausgegeben, für »Exemplare«, von denen ich mir wünschte, sie niemals geraucht zu haben, als für irgend etwas anderes. (Sie lassen in einem Restaurant ja auch nicht Ihr Essen von Ihrem Tischnachbarn auswählen, oder?) Es geht einfach nicht. Allenfalls kann man den nächsten Tabak-

händler um Rat fragen, aber nur, wenn er genug Fachkenntnis besitzt und die empfohlenen Produkte auch entsprechend gelagert sind (Stichwort Humidor). Mit anderen Worten: Er sollte nicht nur die Zigarren, die seinem persönlichen Geschmack zusagen, entsprechend gelagert haben, sondern alle, von denen er weiß, daß sie gut sind. Und selbst dann muß man ziemlich genau wissen, was man sucht. Man sollte den Tabakhändler nicht einfach fragen, welche Sorte er für die beste hält bzw. er am liebsten raucht – vielleicht hat er einen ganz anderen Geschmack als Sie. Sie müssen ihm also sagen, was Sie möchten. Was also möchten Sie?

Lassen Sie uns zunächst allgemein über die Zigarrensorten sprechen, die heutzutage erhältlich sind. Wir haben schon einiges über Massenprodukte erfahren – bleiben die Premium- und die Super-Premium-Zigarren. Premium-Zigarren bilden die beliebteste Kategorie bei den Kennern unter den Zigarrenrauchern (wobei diese Zigarren auch maschinengewickelt sein können). Die überwiegende Zahl von Premium-Zigarren ist jedoch mit Sicherheit handgemacht und stammt in der Regel aus Kuba, der Dominikanischen Republik oder Honduras. Auf der ganzen Welt sind es diese Sorten, die am ehesten ihr Geld wert sind. Sogar in Europa, wo die Havanna lange Zeit am stärksten vertreten war, sind dominikanische und honduranische Produkte mehr und mehr gefragt – einfach deshalb, weil Preis und Qualität in einem gesunden Verhältnis zueinander stehen. Viele der beliebtesten Zigarren der heutigen Zeit sind in diesem Buch abgebildet (und vor allem in Kapitel 8 werden sie eingehend besprochen).

Noch eine Stufe höher als die Premium- ist die Super-Premium-Zigarre angesiedelt – auf dem Zigarrensektor das, was auf dem des Automobils der Rolls-Royce ist. Man braucht solch eine Zigarre nicht wirklich – jedoch: Sie wird jede andere in den Schatten stellen – nicht immer, aber sehr oft. In diese exklusive Kategorie gehören die kubanische ›Cohiba‹ sowie die ›Avo‹, die ›Davidoff‹, die ›Punch Grand Cru‹, die ›Santa Damiana‹ und die ›Zino‹, letztere alle aus der Dominikanischen Republik. Eine Super-Premium-Zigarre wird in der Regel aus besonders ausgewählten Tabaksorten hergestellt, was vor allem auf die Mischung der Einlage und vornehmlich auf das Deckblatt zutrifft, da hier das Besondere am sichtbarsten ist. Super-Premium-Zigarren haben oft Sondergrößen, die im regulären Angebot nicht vorkommen, und meist werden diese Zigarren extra lange gelagert, damit sich ihr schon einmalig vorhandenes Aroma noch besser herausbildet.

Eine spezielle Art einer Super-Premium-Zigarre ist die »Jahrgangszigarre«, eine relativ neue Kategorie. Sie wird unter Verwendung besonders selektierter Tabake hergestellt, behandelt und länger als vergleichbare Zigarren gelagert. Es verhält sich ähnlich wie beim Wein: Ihren Anspruch auf besondere Anerkennung erhält die Jahrgangszigarre durch den Umstand, daß sie aus Tabak hergestellt ist,

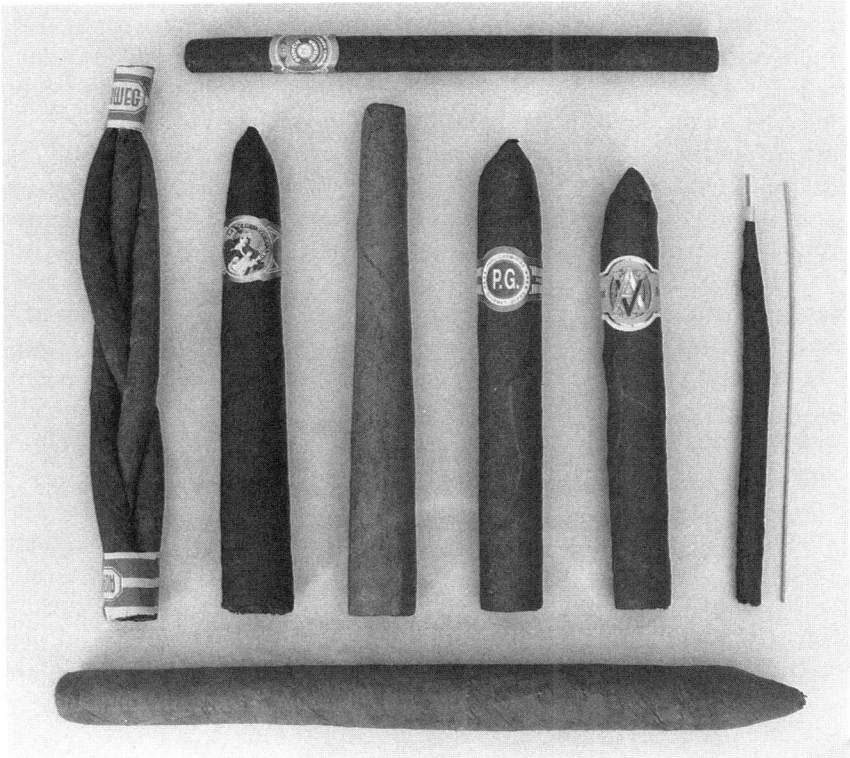

Zigarren gibt es in allen möglichen Formen und Formaten, wie an dieser Sammlung von klassischen und Figurado-Stilen zu sehen (von links nach rechts): Villigers original ›AWEG‹ (die Ihren Rauchgewohnheiten mit Sicherheit eine neue »Drehung« gibt); die in den USA hergestellte ›La Gloria Cubana Piramides‹ mit Maduro-Deckblatt; eine exklusiv handgerollte Pyramide mit flachem Kopf; eine ›PG Belicoso‹; eine ›Avo Belicoso‹; eine ›Anatol‹ von Austria Tabak mit Sumatra-Deckblatt (wobei das Naturrohr aus der Mitte der Zigarre herausgezogen und als Docht zum Anzünden der Zigarre benutzt wird). Eine ›Havanna Punch Slim Panetela‹ (oben) sowie eine Spezialanfertigung, eine 9³/₄-Inch-(ca. 248-mm-)Torpedo, die sich nach unten gegen das Brandende auf Ringmaß 50 verjüngt (und die eine der am schwierigsten zu machenden Zigarren ist).

der aus der Ernte eines ungewöhnlich guten Jahres stammt. Der einzige Unterschied zwischen Wein und Zigarre besteht darin, daß sich die Jahrgangsqualität eines Weines in vielen Fällen erst im nachhinein zeigt, nämlich beim Entkorken der Flasche, da niemand exakt sagen kann, wie sich der Reifungsprozeß bzw. die Lagerung auf die Qualität des Weines ausgewirkt hat. Im Gegensatz dazu weiß der Zigarrenmacher genau, wann er eine Jahrgangszigarre erhält, da ihm nicht nur bekannt ist, wie die Ernte ausgefallen ist, sondern auch, wie der Tabak nach dem Reifungsprozeß beschaffen ist, noch bevor die Zigarre produziert wird. Das Jahr 1986 war beispielsweise ein so gutes Jahr, und drei Jahre später gab dieser Umstand den Anstoß für die neue ›Dunhill-Aged‹-Serie, eine der wenigen Jahrgangszigarren (zusammen mit der dominikanischen ›Macanudo‹ und einigen anderen), bei denen auf der Zigarrenkiste das Erntejahr besonders hervorgehoben ist. Ebenso waren die Jahre 1990 und 1991 unglaublich gute Jahrgänge für die dominikanischen Tabake, was sich in zusätzlichen Super-Premium-Sorten der Jahrgangskategorie ausdrückt. Jahrgangszigarren sind in der Regel mit äußerst auffallenden Bauchbinden versehen und werden in äußerst auffallenden Kisten angeboten, die sie aus dem normalen Angebot hervorheben. Sie gehören zu den teuersten Zigarren, die es zu kaufen gibt.

Sind nun Jahrgangszigarren wirklich ihr Geld wert? Bei einigen lautet die Antwort eindeutig »ja«, wie zum Beispiel bei den Marken ›Ashton Cabinet‹, ›Dunhill Aged‹, ›Juan Clemente Club Selection‹, ›Macanudo Vintage‹ und ›Romeo y Julieta Vintage‹. Andere rechtfertigen ihren Preis jedoch nicht. Wieder andere, wie die Sorten der ›Hemingway‹-Serie von Fuente (sechs Monate gereift) und die ›Don Carlos Reserva Superior Limitada‹ (ein ganzes Jahr gereift) von derselben Firma, außerdem die ›Hoyo de Monterrey Excalibur‹ und die ›Punch Grand Cru‹ (beide in Sonderformen und handselektierten Tabaksorten erhältlich) tragen nicht das Zeichen »Jahrgangszigarre«, wären dieses Titels aber durchaus würdig. Auch unter den Havannas gibt es viele Sorten (wie die ›Cohiba‹ und die ›Montecristo‹), die von hoher Qualität sowie richtig gelagert und gereift sind und die deshalb als Jahrgangszigarren bezeichnet werden könnten, jedoch ist diese Bezeichnung bei Cubatabaco nicht gebräuchlich.

Nun, da wir die verschiedenen Kategorien von Zigarren kennen, sollten wir uns den Formaten zuwenden. Vielleicht kennen Sie das Sprichwort, wonach man die Zigarre passend zum Gesicht kaufen sollte (ein schlanker Mann sollte also eine lange, dünne Zigarre kaufen, ein kleiner gedrungener lieber keine Rothschild anrühren). Das ist natürlich Unsinn. Zu schnell vergeht das Leben, und zu flüchtig ist das Vergnügen, um sich mit solchen Dingen aufzuhalten. Rauchen Sie das Format, das Ihnen gefällt! Und halten Sie sich nicht damit auf, die Zigarre Ihrem äußeren Aussehen angleichen zu wollen! Was würde beispielsweise einem Raucher mit breitem Körper und schmalem Kopf entgehen, der eine pyramidenförmige ›Davidoff Special T‹ über alles liebt?!

Wenn Sie schließlich eine Zigarre gefunden haben, die Ihnen zusagt, so heißt das nicht, nun für alle Zeit dieser Form oder dieser Marke treu sein zu müssen. Wegen dieser Einstellung werde ich nicht selten »angefeindet«. Denn sehr zum Verdruß vieler Zigarrenfirmen bin ich absolut keiner Marke treu (obwohl ich einige Vorlieben habe). Vor einigen Jahren beispielsweise gönnte ich mir im Dezember eine Kiste in Honduras hergestellter ›Punch Premier Grand Cru Diademas‹, die ich auf der Stelle zur offiziellen Hackerschen Weihnachtszigarre erklärte. Diese Zedernholzkiste voller Zigarren und ich wurden feste Freunde über die Feiertage, aber mit Beginn des neuen Jahres hatte ich Lust, etwas Neues zu probieren. Sofort wechselte ich, und zwar zu einer Kiste ›Joya de Nicaragua‹, Churchills mit Natural-Deckblatt – welche ein ähnliches Format besaßen wie die ›Punchs‹, aber durch einen völlig anderen Geschmack bestachen. Und im März wechselte ich wiederum die Marke. An keiner der Zigarren gab es etwas auszusetzen. Sogar das Gegenteil war der Fall: Alle waren es wert, eine Kiste davon zu kaufen.

Mit dem Wetter, den Monaten und den Jahreszeiten wechselt mein Geschmack – und folglich wechsle ich auch die Zigarren. Aus irgendeinem Grunde rauche ich mehr ›Ashtons‹ und ›Macanudos‹ während der Sommermonate, während eine Kiste ›Fuente Hemingways‹ regelmäßig den Herbst einläutet – die ›Classic‹ mit ihren 7 Inches (ca. 178 mm) waren immer ein krönender Abschluß nach einem herzhaften Mahl an klaren Winterabenden. Im Moment bin ich der Meinung, daß die ›Avo‹, die ›Dunhill Aged‹, die ›Juan Clemente‹, die ›Montecristo #2‹ und die ›Partagas Série D‹ zu jeder Zeit des Jahres ausgezeichnet schmecken. Ich genieße auch die ›Bolivar Gigante‹, die ›Cohiba Esplendido‹ und die ›Davidoff Double R‹, ziehe es aber vor, sie für besondere Anlässe aufzubewahren.

Die gängigsten Zigarrenformate

Belicoso	Culebra
Churchill	Lonsdale
– Double Churchill	Panetela
Corona	Pyramid(e)
– Petite Corona	Robusto
– Double Corona	Rothschild
– Gran Corona	

Als Folge meines ständigen Wechselns zwischen den Marken quellen meine Humidore zwar über, aber es erfüllt mich mit großer Befriedigung, darin zu wühlen, immer dann, wenn ich – je nach Wochentag oder Mondphase – Lust auf eine neue Zigarre bekomme. Vor Jahren übrigens bevorzugte ich Lonsdales und Petite Coronas. Heute bin ich ein überzeugter Anhänger von Churchills, Double Churchills, Rothschilds und allen anderen mit großem Ringmaß. Und das ist ein weiteres wichtiges Thema ...

In den Vereinigten Staaten wird die Länge aller Zigarren in »Inch« (in) gemessen, während der Durchmesser in einer Maßeinheit mit der Bezeichnung »Ring« angegeben wird. Ein Ring beträgt $\frac{1}{64}$ Inch. Das bedeutet: Eine Zigarre mit den angenommenen Maßen 5 x 34 hätte eine Länge von 5 Inches (ca. 127 mm) und eine Ringweite von $\frac{34}{64}$ Inch (ca. 13,5 mm), also etwas mehr als $\frac{1}{2}$ Inch. Diese Maßeinheiten finden auch in Europa Anwendung. Bisweilen werden hier jedoch die Zigarrenlänge sowie der Durchmesser in Millimetern angezeigt (was in der Regel auch bei den Zigarren geschieht, die in Europa hergestellt werden). So entspricht beispielsweise das amerikanische Ringmaß 50 der europäischen Angabe 19,9 Millimeter (siehe auch Seite 123 sowie Glossar).

Ringmaß und Länge haben eindeutig einen Einfluß auf den Geschmack einer Zigarre. Auch wenn für mehrere Zigarren exakt die gleichen Tabake für Einlage, Umblatt und Deckblatt verwendet werden, so gilt doch: Je größer das Ringmaß ist, desto voller wird das Aroma. Und: Je länger die Zigarre ist, desto kühler wird der Rauch. Nehmen wir zum Beispiel zwei in der Dominikanischen Republik hergestellte ›Macanudos‹ – eine Petite Corona (5 in [ca. 127 mm], Ringmaß 38) und Prince Phillip (7 $\frac{1}{2}$ in [ca. 191 mm], Ringmaß 49).

Obwohl beide Zigarren die gleiche Machart aufweisen, das heißt dominikanische, jamaikanische und mexikanische Einlage, mexikanisches Umblatt und Connecticut-Schatten-Deckblatt, ist die Petite Corona milder im Rauch, während die Prince Phillip ein volleres Aroma hat. Und ungeachtet dessen, was ich über die Loyalität zu bestimmten Marken gesagt habe: Wenn Sie eine Zigarre finden, die Ihnen eigentlich zusagt, Sie sie jedoch ein wenig zu stark finden, so probieren Sie ein kleineres Ringmaß. Oder anders herum: Wenn Sie ein Aroma etwas intensiver kosten wollen, so probieren Sie ein größeres Ringmaß.

In der Tat ist für den wahren Kenner die Dicke wichtiger als die Länge (welche gewöhnlich nur die Dauer des Rauchgenusses beeinflußt). Eine kurze Zigarre ist deshalb nicht immer mit kurzem Rauchgenuß gleichzusetzen. Als ich die Dominikanische Republik besuchte, fuhr ich auch von Puerto Plata nach Santiago. Diese Fahrt dauerte eineinhalb Stunden, und Carlos Fuente jr. gab mir eine seiner ›Hemingway-Short-Story‹-Zigarren zu rauchen. Es handelte sich um eine seltsam aussehende, spitz zulaufende kleine Zigarre mit einem Ringmaß, das am Kopf 43 betrug, sich dann allmählich auf 46 erweiterte, um sich dann dramatisch auf 16 am Brandende zu verjüngen – und all das »spielte sich ab« auf einer Länge von 4 $\frac{1}{2}$ Inches (ca. 115 mm). Mein erster Gedanke war, daß diese Zigarre noch nicht einmal bis zur nächsten Palme reichen würde, und während ich sie anzündete, blickte ich mich im Wagen verstohlen nach einem anderem Rauchutensil um. Eine halbe Stunde später rauchte ich noch immer dieselbe Zigarre. Tatsächlich wurde diese Zigarre so etwas wie eine »Kurzgeschichte ohne Ende«, denn sie brannte eine volle Dreiviertelstunde. Das lag natürlich an dem vielen Tabak, der sich unter dem Deckblatt dieser kleinen Zigarre verbarg.

Wenn Sie einmal ausprobieren wollen, in welch hohem Maße die Form den Geschmack beeinflussen kann, dann sollten Sie sich eine ›Davidoff Special R‹ anzünden, welche die Maße 5 x 50 hat, und während des Rauchens Notizen zum Aroma machen. Gönnen Sie nun Ihrem Gaumen eine Pause, und wiederholen Sie dann den Vorgang mit einer ›Davidoff Special T‹, welche eine 6-in-(152-mm-)Pyramidenform hat, das heißt, sie beginnt bei Ringmaß 32 und endet bei Ringmaß 50. Beide Zigarren enthalten dieselbe Tabakmischung. Sie werden feststellen, daß die ›Special R‹ (Ihre »Kontrollzigarre«) von Anfang bis Ende ein volles Aroma hat. Im Gegensatz dazu ist die ›Special T‹, die mit demselben Ringmaß beginnt, viel milder am Anfang (weil sie länger ist), während sie meist stärker schmeckt, wenn der Rauch durch die sich verjüngende Form gezogen und die Zigarre kürzer wird. Die wichtigste Voraussetzung für den Vergleich von Zigarren ist deshalb die folgende: Alle Zigarren müssen dieselbe Länge und dasselbe Ringmaß aufweisen, da sonst keine wirklichen Vergleichswerte zu erhalten sind.

Als jemand, der schwere Rotweine, würzige Speisen und Zigarren mit vollem Körper schätzt, bin ich der erste, der zugibt, daß Geschmack subjektiv ist. Aus diesem Grunde halte ich nichts von Bewertungssystemen für Zigarren. Eine Zigarre, die von mir die Note 1 bekäme, erhielte vielleicht nur die Note 4 von jemandem, der ein Liebhaber leichter Weißweine, milder Speisen und Zigarren mit weniger vollem Körper ist. Übrigens hängt die Art, wie man ein Aroma aufnimmt, nicht nur von den Tabaken ab, aus denen die Zigarre hergestellt wurde. Es kommt auch sehr auf unsere Stimmung während des Rauchens an und darauf, was wir vor dem Anzünden der Zigarre gegessen und getrunken haben. Wenn Sie normalerweise ein Pasta-Essen mit einer Zigarre abrunden, so wird dieselbe Zigarre ganz anders schmecken, wenn sie nach einem deftigen Schmaus in bayerischen Landen geraucht wird. Daher ist es empfehlenswert, verschiedene Zigarren für verschiedene Gelegenheiten parat zu haben. Neben den körperlichen Befindlichkeiten und den gastronomischen Einflüssen auf das Zigarrenrauchen spielt auch die geistige Haltung eine große Rolle bei der subjektiven Einschätzung einer Zigarre. Vielen Leuten bleibt eine Zigarre, wenn sie am Abend in entspannter Atmosphäre geraucht wird, in viel besserer Erinnerung als dieselbe Zigarre, wenn sie in der Arbeitshektik am Tage konsumiert wird.

Dennoch werde ich, seit ich Zigarren rauche, immer wieder gefragt, wie ich diese oder jene Marke beurteile. Nun, da ich meine eigene Philosophie entwickelt habe – und das auch in Raucherkreisen allgemein bekannt ist –, erwarte ich, daß ich nach meiner Meinung gefragt werde. Ich habe also mein eigenes System entwickelt, und ich werde mich von nun an auf dieses System mit der Bezeichnung »HPH« (Highly Prejudiced HackerScale) beziehen. Es handelt sich also um eine ganz persönliche Beurteilungsskala, die nicht aussagen will, welche Zigarre besser und welche schlechter ist, sondern die auf dem Grad der Geschmacksintensität beruht, also auf ihrer Stärke. Die Skala geht dabei von 1 bis 3, wobei 1 mild genug ist, um darüber einzunicken, und 3 gewaltig genug ist, daß sich beim Rauchen die Haarfarbe verändern kann. Nochmals: Es handelt sich um

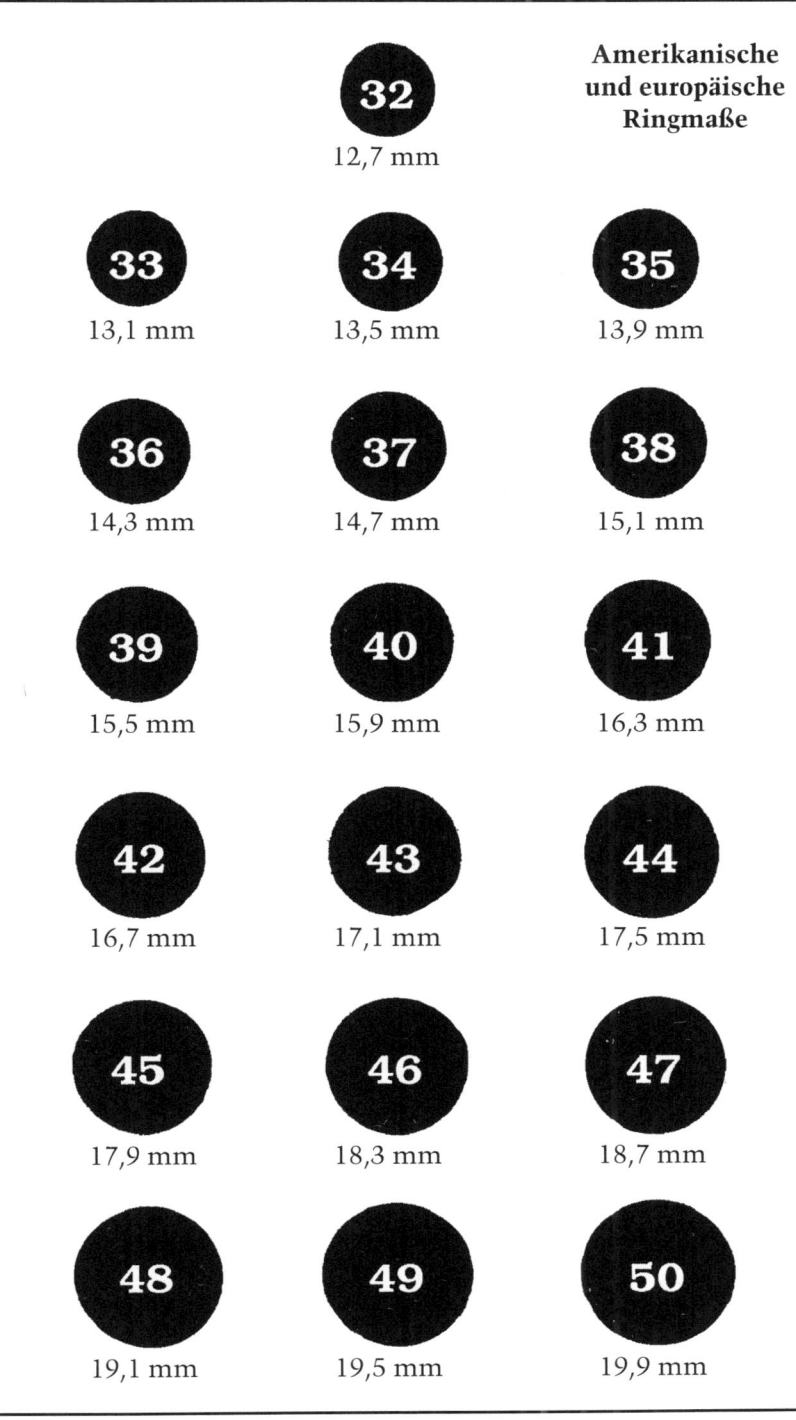

32
12,7 mm

Amerikanische
und europäische
Ringmaße

33
13,1 mm

34
13,5 mm

35
13,9 mm

36
14,3 mm

37
14,7 mm

38
15,1 mm

39
15,5 mm

40
15,9 mm

41
16,3 mm

42
16,7 mm

43
17,1 mm

44
17,5 mm

45
17,9 mm

46
18,3 mm

47
18,7 mm

48
19,1 mm

49
19,5 mm

50
19,9 mm

ein *subjektives* Bewertungssystem, das nach meinen ganz persönlichen Kriterien ausgerichtet ist. Da Sie nun das Prinzip meiner Bewertungsskala kennen, ist es für Sie einfacher, Ihre eigenen Eindrücke einzuschätzen und an die Werte dieser Skala anzugleichen. Wenn Sie beispielsweise eine ›Pléiades‹ einer ›El Sublimado‹ vorziehen und ich schätze erstere in meiner Skala mit 2 ein, so nehmen Sie vielleicht in Ihrer Skala eine Bewertung vor, die einer HPH 2,5 entspricht.

Nun ist es an der Zeit, einen wirklich ernsten Blick auf einige Zigarren zu werfen. Als erstes fällt ja bekanntlich das Deckblatt ins Auge. Die Farbe des Deckblatts ist nach wie vor ein integraler Bestandteil des Charakters einer Zigarre, und deshalb ist es wichtig, einiges über sie zu wissen. Da mittlerweile die einzelnen Zigarrenhersteller den Farben so viele verschiedene Namen gegeben haben und sie vor lauter Tupfern bald nicht mehr voneinander zu unterscheiden sind, habe ich in dem verzweifelten Versuch, eine gewisse Ordnung in dieses Chaos zu bringen, schließlich alle Farben in sieben Kategorien eingeteilt und diese von hell nach dunkel geordnet. Ganz allgemein läßt sich sagen: Je heller die Farbe, desto milder das Aroma.

Claro Claro. Ein helles Grün. Dieses Grün ist hier und da auch unter den Bezeichnungen »Jade« bzw. »Candela« bekannt, häufiger jedoch unter AMS (American Market Selection; siehe auch Glossar), denn dies war immer die bevorzugte Farbe der Zigarrenraucher in den Vereinigten Staaten.

Claro. Ein helles Gelbbraun. Nicht selten findet für dieses Braun auch die Bezeichnung »Natural« Verwendung.

Colorado Claro. Hellbraun.

Colorado. Mittelbraun. Für jene Schattierung wird oft auch das Kürzel EMS (English Market Selection; siehe auch Glossar) verwendet, da diese Farbe – wie auch die damit zusammenhängende Geschmacksstärke – einst in England populärer war als in den Vereinigten Staaten. Die Zeiten haben sich jedoch geändert, und heute ist diese Farbe im nördlichen Teil des amerikanischen Kontinents ebenso populär (so daß die Bezeichnung AMS für »Claro Claro« vielleicht nicht mehr ganz zutreffend ist).

Colorado Maduro. Milchschokoladenbraun.

Maduro. Ein dunkles Kaffeebraun, manchmal mit einem Stich ins Rötliche. Für dieses Braun steht gelegentlich auch das Kürzel SMS (Spanish Market Selection).

Oscuro. Schwarzbraun oder Braunschwarz, je nachdem, wie das Auge die Farbe aufnimmt – auf jeden Fall die dunkelste der dunklen Farben.

Diese Liste könnte viel länger (und sehr verwirrend) sein – mit Definitionen wie »Colorado Colorado« und »Double Oscuro«, allesamt nutzlose Versuche, die sechzig und mehr verschiedenen Schattierungen einzuordnen, die den Sortierern bisher aufgefallen sind. Die obige Liste sollte deshalb in jedem Fall ausreichen, um sich in allen Humidoren der Welt zurechtzufinden.

Einige der bekannteren Deckblatt-Schattierungen mit Herkunftsland (von links nach rechts): Maduro (mexikanische Saat), Colorado Maduro (in Ecuador gezogene Connecticut-Saat), Colorado (Kamerun), Colorado Claro (Schatten-Connecticut), Colorado Claro (Schatten-Connecticut). Obwohl die beiden letzten Zigarren beide ein Schatten-Connecticut-Deckblatt haben, differieren sie um etwa 10 Prozent in der Farbe, was auf leichte Abweichungen in der Blattstruktur und bei der Fermentation zurückzuführen ist. Deshalb erfordert das Sortieren der Blätter auch soviel Präzision.

Nun zu den Charakteristiken der gebräuchlichen Tabaksorten. Das ist ein etwas verzwicktes Unterfangen, denn die Sorten lassen sich nur allgemein besprechen, ohne in Betracht zu ziehen, auf welche Weise der Tabak jeder einzelnen Marke behandelt wurde und wie er reifen konnte. Deshalb: Es kann überall Ausnahmen geben, besonders dann, wenn, wie im folgenden, die einzelnen Tabaksorten allgemein betrachtet werden.

Dominikanisch. Im allgemeinen als mild bezeichnet. HPH: ca. 2.

Honduranisch. Etwas vollerer Körper bzw. würziger als der dominikanische. HPH: 2 bis 2,5.

Brazil. Vollerer Geschmack, schwer, aber nicht unangenehm. HPH: 2,5.

Ecuador. Mild, eher schwach aromatisch. HPH: 1,5 bis 2.

Havanna. Mittelvoller bis voller Körper. HPH: 2 bis 3. Außer Havannas, die zu 100 Prozent aus kubanischem Tabak bestehen, gibt es viele europäische Zigarren trockenen Typs, deren Einlage-Mischung zum Teil aus Havanna-Tabak besteht.

Jamaika. Etwas leichter im Aroma als der dominikanische, aber immer noch HPH 2.

Kamerun. Schwerer als dominikanischer. Würziger Geschmack, mit schärferem Aroma. HPH: 2 bis 2,5.

Maduro. Kann entweder süß und mild sein oder erschlagend reich und schwer. Allgemein gesagt: Wer Espresso mag, mag auch Maduro. Die meisten Maduros haben ein schweres, schokoladenartiges Aroma, während einige leicht sind wie der Staub auf einer Landstraße. Es gibt drei verschiedene Arten des Maduro: feuergetrocknete (»fire-cured«, wobei die Farbgebung durch Hitze kontrolliert wird, etwa genauso wie beim »Candela«-Verfahren), Havanna-Pressung (hier wird beim Fermentationsprozeß starker Druck ausgeübt) sowie fermentierte. Maduros rangieren zwischen HPH 2 und 3.

Mexiko. Nicht so fein wie dominikanischer oder honduranischer. Eine Bandbreite von extrem mild bis rauh und unangenehm schwer. HPH: 1,5 bis 2,5.

Nicaragua. Mittelsüß, vor allem im Deckblatt. HPH: 2 bis 2,5.

Sumatra. Würzig und mild. HPH: 1,5 bis 2.

War dies nur ein kurzer Überblick, der vornehmlich als erste Orientierung dienen sollte, so werden in Kapitel 8 die einzelnen Zigarrenmarken hinsichtlich ihrer jeweiligen Zusammensetzung von Einlage, Umblatt und Deckblatt ausführlich beschrieben. Die dort genannten Marken lassen sich mit Hilfe der oben vorgenommenen Beschreibungen der einzelnen Tabake sowie ihren HPH-Wertungen relativ einfach einordnen, und so kann sich jeder ein gutes Bild davon machen, welchen Rauchgenuß diese oder jene Zigarre hinsichtlich ihres Geschmacks und der Stärke verspricht.

Es gibt aber noch ein anderes wichtiges Auswahlkriterium für eine gute Zigarre. Es genügt nicht, einfach den Humidor im Tabakladen zu öffnen, eine Auswahl hinsichtlich Format, Marke und Stärke zu treffen und dann einfach eine Zigarre aus der entsprechenden Kiste zu nehmen. Auch das Äußere der Zigarre muß begutachtet werden. Zunächst einmal sollten Sie nicht einen alten »Geheimtip« befolgen, indem Sie das Ende der Zigarre an Ihr Ohr halten, um es dann hin und her zu rollen, bis Sie es knistern hören. Damit riskieren Sie allenfalls die Beschädigung des empfindlichen Deckblatts am Brandende. Sollte der eine oder andere trotzdem meinen, auf dieses sinnlose Ritual nicht verzichten zu können, so sollte er wenigstens die

Links: Sonnenflecken (wie sie hier zu sehen sind) befinden sich normalerweise nicht auf Zigarren absoluter Spitzenqualität, sind aber ohne Belang, was den Geschmack betrifft, da sie ihn nicht beeinträchtigen. Bei vielen Bündelzigarren sind Fehler auf dem Deckblatt und Fehlfarben dagegen nicht ungewöhnlich.
Rechts: Ein Fleck im Deckblatt wird nicht so gerne gesehen, aber auch er beeinträchtigt nicht den Geschmack. Der Zigarrenmacher wollte einfach das Blatt erhalten, da es ja durchaus rauchbar ist.

Freundlichkeit besitzen, die Zigarre zuvor zu kaufen, damit später nicht andere Liebhaber solch ein ruinöses Exemplar in die Hände bekommen.

Man kann seinen Sachverstand viel besser zeigen, indem man zunächst das Deckblatt eingehend betrachtet. Entdeckt man ein Wurmloch, so ist die Zigarre auf der Stelle disqualifiziert. Auf diese Entdeckung sollte man den Tabakhändler sofort hinweisen, damit er die ensprechende Zigarrenkiste aus dem Humidor entfernen und Maßnahmen ergreifen kann, bevor andere Sorten befallen werden. Bei einer guten Markenzigarre sollten das Deckblatt glatt gerollt und die Farbe gleichmäßig sein, ohne Flecken (Sonnenflecken sind akzeptabel, da sie das Aroma nicht beeinflussen). Das Deckblatt

Der Trend geht dahin, weniger Zigarren auf einmal zu kaufen. Das hat die Hersteller dazu veranlaßt, ihre Zigarren in kleineren, leicht zu transportierenden Packungen anzubieten. Diese Ausgabe in Satteltaschenform ist aus Leder und Segeltuch und wird von der Firma Pusser's, Ltd., angeboten.

*Diese Setzlinge wurden im Schatten gezogen. Bald gelangen sie auf die Fel-
der, um dort gepflanzt zu werden (Honduras).*

*Ein Feld, das einmal erstklassige Zigarren verspricht, im berühmten Cibao
Valley (Dominikanische Republik). Im Hintergrund sind jene Schuppen zu
sehen, in denen die Blätter an der Luft trocknen werden.* (Foto: Domingo
Batista)

Ein typischer »Open-air«-Trockenschuppen (Dominikanische Republik). (Foto: Domingo Batista)

Nachdem die Blätter von der Pflanze gepflückt wurden, werden sie an Stangen, den Cujes, befestigt, damit sie auf natürliche Weise im warmen karibischen Klima der Dominikanischen Republik trocknen können. (Foto: Domingo Batista)

Ein Arbeiter auf Honduras steht auf Stelzen, den Zancos, und spannt Musselin über Tabaksetzlinge, die eines Tages zu Zigarren werden. Abends wird die Überspannung entfernt, damit die Hitze entweichen kann und die Pflanzen abkühlen.

Einer von den älteren Trockenschuppen, wie sie auf der größten Karibik-insel gang und gäbe waren. Vor der Revolution mit Palmblättern gedeckt (wodurch sie leicht den Elementen zum Opfer fielen), wurden diese Trockenschuppen nach und nach durch solche mit Blechkonstruktionen ersetzt. Bei dem hier abgebildeten Schuppen sind die Seiten aus Naturmaterial und das Dach aus Blech, während heute die Schuppen auf Kuba ganz aus Holz hergestellt werden und geschlossen sind. Viele Trockenschuppen auf Kuba wurden übrigens 1992 durch einen Hurrikan zerstört.

Dominikanische Republik: Das Sortieren der auf den Feldern getrockneten Blätter beginnt. (Foto: Domingo Batista)

muß auch eine gewisse Maserung aufweisen, und die Blattadern sollten erkennbar sein. Diese Eigenschaften geben dem Deckblatt nicht
nur Charakter, sondern beeinflussen auch das Aroma. Auf einem
Deckblatt aus Schatten-Connecticut treten die Adern nicht so stark
hervor wie etwa auf dem eines Kamerun-Blatts, auf dem sie viel
deutlicher ausgeprägt sind. Die Adern eines Sumatra-Deckblatts
wiederum sehen aus wie ein »t« oder ein »y«. Darüber hinaus sollten
die Hauptadern eines jeden Deckblatts so parallel wie möglich in
Längsrichtung der Zigarre verlaufen (in gewissem Rahmen natürlich, denn schließlich sind die Adern nicht mit dem Lineal gezogen,
zumindest sollte es nicht so sein). Ist diese Eigenschaft nämlich
gegeben, brennt die Zigarre gleichmäßig – und außerdem ist das ein
Zeichen dafür, daß sie ordentlich gerollt wurde. Ein öliger Schimmer
auf dem Deckblatt ist dagegen ein Zeichen dafür, daß sie ordnungsgemäß getrocknet wurde. Beginnt die Zigarre jedoch zu zerfasern,
sollten Sie das umgehend den Tabakhändler wissen lassen, denn
dann ist mit großer Wahrscheinlichkeit der Feuchtigkeitsgehalt seines Humidors zu niedrig. – Dieses Problem tritt häufiger in Europa
als in Amerika auf, da einige Tabakhändler in der Alten Welt, vor
allem in kleineren Städten, erst in letzter Zeit damit begonnen
haben, ihre Geschäfte mit Klimaschränken auszurüsten.
Doch damit nicht genug der Untersuchungen, obwohl die beiden folgenden mit einer kleinen Einschränkung einhergehen: Sie können
nur bei Zigarren durchgeführt werden, die nicht in Zellophan eingewickelt sind.
Zunächst einmal sollten Sie die Zigarre nach harten und weichen
Stellen behutsam abtasten. Solche Stellen sind meist ein Hinweis
auf mangelhaftes Wickeln der Einlage, und das könnte den Zug nega-
tiv beeinflussen. Wiegen Sie nun die Zigarre in der Hand. Eine locker
gerollte Zigarre fühlt sich leichter an als eine eng gerollte und wird
deshalb auch einen leichteren Zug haben, obwohl einige Raucher
eine eng gerollte Zigarre bevorzugen. Diese Entscheidung muß
jedoch jeder selbst treffen.
Um sicher zu sein, daß die Blätter nicht wie Buchseiten aufeinandergelegt wurden (»Booking«, siehe Glossar), ist es unbedingt notwendig, das Brandende zu überprüfen. Die Einlage sollte dabei wie in
Kurven fließend wirken und nicht so, als würden die einzelnen Blätter in Wellenlinien übereinanderliegen. Und noch ein Hinweis:
Wenn Sie während des Rauchens bemerken, daß die Einlage dunkle
Punkte enthält, so handelt es sich wahrscheinlich um Ligero-Blatt,
das dicker als die anderen Blätter ist – und das die Asche besser

zusammenhält. Beim Rauchen einer Zigarre mit Ligero-Blatt ist diese Blattart tatsächlich an der Asche zu erkennen, da sie einen regelrechten kleinen Haufen bildet.

Wegen ihres hohen Preises werden Spitzenzigarren nicht selten einzeln gekauft, häufiger jedoch drei oder vier zugleich erworben. So ist es möglich, die gleiche Zigarre von verschiedenen Herstellern und in verschiedenen Größen auszuprobieren. Einige Hersteller tragen diesem Trend Rechnung und bieten Fünferpackungen an, während Bering, Oscar und Joya de Nicaragua mit einer Zehnerpackung auf dem Markt sind. Der Connaisseur kann jedoch meist nur dann Geld sparen, wenn er eine ganze Kiste erwirbt, da viele Tabakhändler beim Kauf einer Kiste einen Preisnachlaß gewähren – und mit dem Erwerb mehrerer Kisten kann der Rabatt sogar noch höher ausfallen. Die meisten Zigarrenkisten enthalten übrigens zwanzig bis fünfundzwanzig Stück, und es ist ein sicheres Gefühl in einer unsicheren Welt, wenn der Kenner wenigstens um einen ausreichenden Vorrat von erstklassigen Zigarren weiß.

Bisher war nur die Rede von Zigarren der Premium- und Super-Premium-Qualität. Es gibt aber noch eine andere Kategorie, die Aufmerksamkeit verdient und über die, zu Unrecht, oft die Nase gerümpft wird. Gemeint sind die »Bündelzigarren«. Die Idee, Zigarren in Bündeln zu verkaufen, entstammte dem Wunsch, dem Verbraucher preisgünstigere Ware anzubieten, und das wurde erreicht, indem der Hersteller durch den Verzicht auf Farbsortierung und Zigarrenkisten Kosten einsparte. Dieses Konzept aus den sechziger Jahren erwies sich als lebensfähig, und so gibt es Bündelzigarren auch heute noch zu kaufen. Eine – angenehme – Änderung gilt es jedoch zu registrieren: Die Hersteller haben es schnell aufgegeben, nur ihre zweite Wahl in Bündeln zu verkaufen, also Zigarren, die kleine Fehler aufweisen, wie etwa Flecken auf einem ansonsten gut rauchbaren Deckblatt. Da seinerzeit Bündelzigarren wider Erwarten an Beliebtheit gewannen, gingen die Fabriken mehr und mehr dazu über, Zigarren herzustellen, die ausschließlich in Bündeln angeboten werden.

Heutzutage wird sowohl erste als auch zweite Wahl in Bündeln verkauft, und die Bündelzigarre ist somit durchaus ein Objekt von Wert für jeden ernsthaften Zigarrenraucher. Sogar die illustre Firma Davidoff verkauft Bündelzigarren; selbstverständlich sind sie handgemacht und enthalten eine Langblatt-Einlage. Selbst Kuba hat jahrelang Bündelzigarren hergestellt, nicht nur für den heimischen Ver-

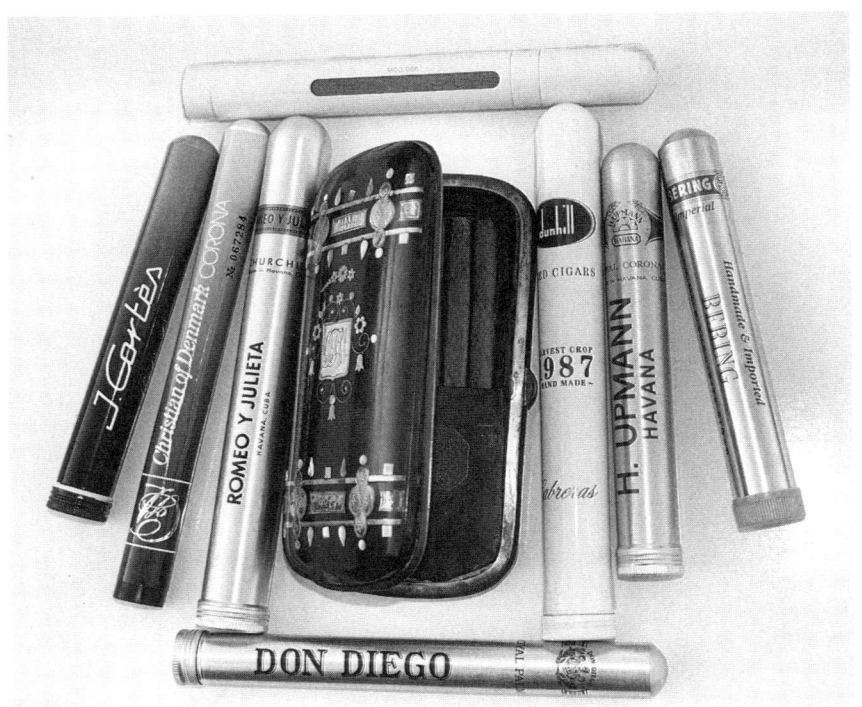

Zigarrenhülsen sind mehr oder weniger kleine Humidore, die für das Handschuhfach im Auto oder für die Aktentasche geeignet sind. Die meisten sind
mit Zedernholz ausgekleidet und halten die Zigarren für mindestens drei,
manchmal auch für mindestens fünf Tage frisch. Einige Raucher haben es
lieber, wenn der Tabakhändler die Hülse beim Kauf anschneidet, so daß die
Zigarre bei Bedarf sofort geraucht werden kann (was auch eine gute Methode
ist, die Beschaffenheit der Zigarre zu kontrollieren, bevor man den Laden
verläßt). Die ›Davidoff Tubos‹ (oben Mitte) haben eine einzigartige Kon-
struktion: Sie bestehen aus zwei Teilen, so daß durch eine simple Drehung
der Hülse ein Schlitz in der Seite geöffnet oder geschlossen werden kann, um
Feuchtigkeit einzulassen oder zu bewahren. Die meisten Hülsen werden
übrigens in Italien hergestellt und sind aus Aluminium gefertigt. Es gibt aber
auch Zigarren, die in Glashülsen stecken, welche wiederum den Blick auf
die Zigarre freigeben. Da sie aber sehr leicht zerbrechen, sind die Aluminiumhülsen um einiges empfehlenswerter, wenn es darum geht, die Zigarren in der Jacken- oder in der Aktentasche aufzubewahren. Die Hülsenzigarren auf diesem Foto stammen aus Belgien und Dänemark sowie aus
der Dominikanischen Republik, Honduras und Kuba. Sie sind zusammen
mit einem Zigarrenetui aus der viktorianischen Zeit abgebildet, das aus
Schildpatt besteht und eingelassene Silbergravuren aufweist.

Interessante Verpackungen waren von jeher Teil des Rauchgenusses. In der oberen Reihe sind (von links nach rechts) abgebildet: eine Zigarrenbüchse aus den zwanziger Jahren für ›J & A‹-Zigarren; etwas für Patrioten (und Genießer) ist die Zigarrenkiste in Buchform von 1898, die an den Spanisch-Amerikanischen Krieg erinnert (und mit einer so edlen Marke wie der ›Davidoff Grand Cru No. 5‹ lockt); ein singender »Führer« (»Brownie«) aus den dreißiger Jahren dient dem Zigarrenraucher als Tabakdose. – Die Neigung zu außergewöhnlichen Verpackungen besteht noch heute, wie (im Uhrzeigersinn) der untere Abschnitt zeigt: eine Geschenkkiste von Villiger aus Rosenholz mit Silberintarsien, in der sich achtundzwanzig ihrer ›Premium No. 7‹ befinden, Sumatra-Zigarren mit einer Hülle, welche die Feuchtigkeit konserviert; eine Kiste ohne Deckel mit ›Julia Marlowe Sovereigns‹; die Zigarre von Juan Clemente, die nicht eine Bauchbinde im eigentlichen Sinne trägt, sondern eine »Bauch«binde am Brandende, entwickelt von dem Pariser Designer Gerard Guerre; José Benitos Minikiste für Minizigarren; schließlich die in einer bernsteinfarbenen Hülse feucht gehaltene ›Veracruz‹.

brauch, sondern auch für den Raucher der gehobenen Klasse im Ausland. Die ›Partagas Derby‹ und die ›H. Upmann Majestic‹ sind zwei solcher Bündelzigarren aus Havanna, die mir in den Sinn kommen. Es gab auch einmal eine maschinengefertigte kubanische Bündelzigarre von Ramon Allones, die den Namen ›Rondo‹ trug (5 $\frac{1}{2}$ in [ca. 140 mm], Ringmaß 43). Sie enthielt zwar keinen besonders guten Tabak, verkaufte sich aber wegen des niedrigen Preises, durch den sich Bündelzigarren zunächst einmal auszeichnen, recht zufriedenstellend.

Natürlich gibt es auch einige Vorbehalte gegen Bündelzigarren. Sehr oft passen die Zigarren nicht zusammen, weder farblich noch im Aroma. Einige sind maschinengemacht, andere enthalten eine »Sandwich-Einlage« (siehe auch Glossar), das heißt, der Mittelteil der Einlage ist aus Tabakbruch, der durch lange Blätter zusammengehalten wird. Viele Bündelmarken haben auch nicht immer gleichbleibende Qualität – eine Partie ist vielleicht ausgezeichnet, die nächste lohnt das Anzünden nicht. Einiges ändert sich jedoch in letzter Zeit, und zwar zum Besseren, denn immer mehr Raucher, die sowohl qualitäts- als auch kostenbewußt sind, richten ihre Aufmerksamkeit auf die Bündelzigarren. Heute achten die großen Herstellerfirmen wie Consolidated Cigar Corporation, General Cigar und Villazon jedenfalls auf gleichbleibende Qualität bei ihren Bündelzigarren – und stellen sogar Zigarren ausschließlich für Bündel her, also keineswegs Produkte zweiter Wahl.

Wenn man Bündelzigarren kaufen will, muß man wissen, was man sucht. Leider kann man wegen der Art der Verpackung solch eine Zigarre nicht so eingehend untersuchen wie eine einzelne Premium-Zigarre. Am besten untersucht man das Bündel, indem man sicherstellt, daß die Zigarren, die den äußeren Kreis bilden, nicht beschädigt sind.

Wie schon gesagt, sind einige Marken, die als Bündelzigarren angeboten werden, überdurchschnittlich gut. In den Vereinigten Staaten beispielsweise ist die ›Jamaica Gem‹ eine der beliebtesten ihrer Art. Sie enthält eine Langblatt-Einlage und wird in elf verschiedenen Formaten hergestellt. Eine davon, die ›Grandioso‹, ist wahrhaft riesig: 8 $\frac{1}{2}$ Inches (ca. 216 mm), Ringmaß 60! Da sie zu groß ist, um in ein Bündel gepackt zu werden, wird sie in einer Kiste geliefert, in der fünf Fünferpackungen Platz haben. Von der südlichsten der drei großen Karibikinseln stammt eine andere gute Bündelzigarre, die ›Jamaica Bay‹ – übrigens die gleiche Zigarre wie die ›Santa Cruz‹, aber nicht farbsortiert. Die ›La Unica‹ wiederum, die von Fuente hergestellt wird, ist wahrscheinlich eine der teuersten Zigarren in der Bündelkategorie; ihre Einlage besteht aus einer ausgezeichneten Langblatt-Mischung. Es handelt sich hierbei um eine Zigarre hoher Qualität. Sie ist mit Natural- oder mit Maduro-Deckblatt erhältlich und durchaus einen Versuch wert.

Mittlerweile sieht man auch sehr oft Bündel mit honduranischen Zigarren, und ihre Popularität nimmt ständig zu. Als Beispiel mag die ›La Primadora‹ dienen, eine Zigarre, deren Einlage ganz aus Langblatt besteht, ein Claro- oder Maduro-Deckblatt aufweist und die in sechs Größen erhältlich ist; die kleinste ist die ›Petite Cetros‹ (5 $\frac{1}{2}$ in [ca. 140 mm], Ringmaß 43), die größte die ›Emperor‹ (8 $\frac{1}{2}$ in [ca. 216 mm], Ringmaß 50). Eine weitere Bündelzigarre, die in Honduras hergestellt wird, ist die ›Juan Lopez‹, eine alte kubanische Marke. Und die ›Bermejo‹, zunächst als nicaraguanische Bündelzigarre auf den Markt gebracht, wird gegenwärtig ebenfalls in Honduras hergestellt; sie wartet mit einer maschinell gefertigten Langblatt-Einlage auf (wer gerne ›Bances‹ raucht, der wird auch diese Sorte mögen). Übrigens wurden in Nicaragua die ersten Bündelmarken erst 1992 herausgebracht, und nicht zuletzt deshalb scheue ich mich, irgendeine bestimmte Marke zu nennen, da der Nachschub nicht immer gewährleistet ist. Kuba stellt – natürlich – keine Bündelzigarren her, obwohl dort schon einige Zigarren mit den besten Markennamen zu Bündeln geschnürt werden mußten, da Cubatabaco bisweilen nicht ausreichend Zedernholz zur Verfügung stand und somit auf die Herstellung der erforderlichen Kisten verzichten mußte.

Da ich hier nur einige der besseren Marken erwähnt habe, sollten Sie

Bündelzigarren sind ein lohnender Kauf für eingeweihte Raucher.

134

sich, falls Sie an Bündelzigarren interessiert sind, bei Ihrem Tabakhändler über die wirklich guten Bündelzigarren informieren, die er im Angebot hat – Sie werden es meist nicht bereuen. Sie sollten ihn übrigens auch nach seiner Hausmarke befragen. Dabei handelt es sich oft um ausgezeichnete Zigarren, die von einer der größten Firmen hergestellt werden, wobei sie einen besonderen Markennamen nebst Bauchbinde für ein bestimmtes Geschäft, eine Tabakkette oder einen Tabakversand erhalten. Sie sind in der Regel sehr viel preiswerter als die jeweiligen Markenzigarren des Landes – und einige halten jedem Vergleich mit Premium-Zigarren stand.

Was ist nun mit den Havannas? Ihr Ruf ist nach wie vor sprichwörtlich, auch wenn beispielsweise die Zigarrenraucher in den Vereinigten Staaten nicht in der glücklichen Lage sind, das Aroma dieser »geächteten« Zigarren zu testen und zu vergleichen, so wie es dem Zigarrenraucher in anderen Ländern der Erde, vor allem in Kanada und in Europa, vorbehalten ist. Aber noch nicht einmal in diesen Ländern ist es möglich, jene dreißig Sorten, die aus Kuba exportiert werden, zu vergleichen, da nicht ein einziges Land alle Sorten zugleich importiert. (In Deutschland zum Beispiel werden nur sieben große Havanna-Marken angeboten: ›Hoyo de Monterrey‹, ›Montecristo‹, ›Partagas‹, ›Quintero‹, ›Romeo y Julieta‹ und ›San Luis Rey‹.) Aus diesem Grund habe ich übrigens von den besten Havannas so viele wie möglich in Kapitel 8 aufgeführt, damit die US-Raucher zumindest theoretisch wissen, was ihnen alles vorenthalten wird. Es sollte an dieser Stelle erwähnt werden, daß Europäer, welche die Vereinigten Staaten besuchen, fünfzig Havannas für den eigenen Gebrauch einführen dürfen. Dennoch: In jenem »Land der unbegrenzten Möglichkeiten«, in dem die Havannas ja verboten sind, stößt der Interessierte auf so manche Kiste, die mit kubanischen Zigarren gefüllt ist. Auch Reisen ins Ausland, die bekanntlich den Horizont erweitern, ermöglichen es US-Bürgern, das verbotene Blatt zu kosten. Wenn sich ihnen dann die Gelegenheit bietet, eine Havanna zu bekommen, ist es jedoch mit dem Horizont meist vorbei, da sie die verständliche Neigung haben, wahllos jede kubanische Zigarre zu nehmen, die ihnen angeboten wird – in dem blinden Glauben, daß alles, was den Namen Havanna trägt, auch gut ist. Leider trifft das nicht immer zu. Deshalb ist es für den *Aficionado* eminent wichtig, sich schon frühzeitig mit dem Produkt »Havanna« vertraut zu machen, damit er über eine gute Basis verfügt, wenn er seine Wahl zu treffen hat. So wird ein Zigarrenraucher mit einem empfindlichen Gaumen klug genug sein, keine ›Bolivar Corona Gigante‹ zu wählen, wohlwissend, daß ihre Stärke nur etwas für Liebhaber eines schweren Körpers ist. Statt dessen wird er sich vielleicht für die weniger starke, aber ebenso genußreiche ›Rafael Gonzales‹ entscheiden.

Jetzt ist es langsam an der Zeit, mit zwei Mythen aufzuräumen. Der erste Irrglaube besagt, daß alle kubanischen Zigarren stark sind; jeder, der schon einmal eine ›Juan Lopez‹ oder eine ›La Flor de Cano‹ geraucht hat, weiß um diese falsche Behauptung. Der zweite Irrglaube besagt, daß kubanische Zigarren besser sind als die, die in anderen Ländern hergestellt werden; auch hier handelt es sich um eine nicht ganz zutreffende Behauptung. Denn: »besser« ist ein subjektives Wort; »anders« wäre in diesem Zusammenhang eher angebracht. Ein vergleichendes Beispiel: Ein ›Steak Wellington‹ schmeckt anders als ein ›Chàteaubriand‹, obwohl wir es bei beiden mit Feinschmeckerspezialitäten (aus dem Bestem vom Rind) zu tun haben, wobei jede, bedingt durch ihre spezielle Zubereitungsart, einen ihr eigenen Geschmack aufweist. Das gleiche trifft zu, wenn man versucht, Havannas mit dominikanischen oder honduranischen Zigarren zu vergleichen. Das ist schlicht und einfach unmöglich, da jede Zigarrensorte ihre eigene, unverwechselbare Identität hat.

In Kuba gibt es heute fünf große Zigarrenhersteller: Romeo y Julieta, Partagas, La Corona, H. Upmann und El Laguito (die neben der ›Cohiba‹ einmal die Marken von Davidoff hergestellt haben, heute aber nur noch ›Cohibas‹ produzieren). Die meisten kubanischen Zigarren werden heute mit im Schatten gewachsenem Deckblatt hergestellt – eine bemerkenswerte Veränderung, da in den Zeiten vor dem Embargo alle Deckblätter in der Sonne gezogen wurden. Da ein Schatten-Tabak langsamer brennt als ein in der Sonne gewachsener, brennt eine Havanna relativ langsam, und auf der HPH-Skala liegt sie zwischen 2 und 3. Leider gibt es unter den heutigen Havannas große Qualitätsunterschiede. Immerhin, als ich einmal eine ›Punch Monarcas‹ rauchte, war ich überrascht von der samtigen Glätte ihres Aromas – und die ›Monarcas‹ ist eine Zigarre mit einem wahrhaft großen Format. Bei anderer Gelegenheit, während eines Besuches bei einem Freund in Europa, bekam ich eine neu geöffnete Kiste Havannas gezeigt, die mein Gastgeber kurz zuvor erstanden hatte – und in der einige Deckblattfarben nicht zueinander paßten! Dabei bin ich in den Zigarrenfabriken auf Kuba auf gut ausgebildete Arbeiter getroffen, welche die Zigarren penibel nach Farben sortieren, genauso wie in der Dominikanischen Republik und in Honduras. Ich hatte es mir seinerzeit auch nicht nehmen lassen, willkürlich ausgewählte Kisten in zwei Zigarrenläden persönlich zu begutachten (der eine war die »Casa de Partagas«, die sich auf dem Gelände der Partagas-Fabrik befindet, der andere die »Casa del Habano« in Miramar, einem Vorort von Havanna). In beiden Fällen stimmten die Zigarren farblich wunderbar überein. Hieraus muß man den Schluß ziehen: Die Zigarrenkontrolle in Kuba verläuft offenbar zu sporadisch. Wenn

Eine Havanna-Kollektion aus der »Casa de Partagas« ...

... und eine ebenso große Auswahl aus der »Casa del Habano«.

137

der Inselstaat seinen (immer noch) guten Ruf hinsichtlich der Beständigkeit bei der Qualität seiner Produkte erhalten will, so muß er diesem Problem mehr Aufmerksamkeit widmen. Immer gleiche Qualität ist schließlich das Kennzeichen einer jeden guten Zigarre.

Im Gegensatz zu den Exportmarken sind die Zigarren, welche die Kubaner selbst rauchen, von viel schlechterer Qualität. Sie werden auch in anderen Fabriken als denjenigen hergestellt, die ausschließlich für den Export arbeiten. Jene inländischen Marken wie ›Casadores‹ und ›Cinco Vegas‹ sind von relativ kleinem Format – und so sieht man in Kuba nahezu niemanden, der eine Lonsdale oder eine Churchill raucht, es sei denn, es handelt sich um ein Mitglied der Nomenklatura, um *Turistas* oder um einen Autor, der zwecks Recherche für sein Zigarrenbuch auf Besuch ist. So war ich denn auch für einige Einheimische, mit denen ich Freundschaft geschlossen hatte, »el hombre con el puro grande«, »der Mann mit der großen Zigarre«.

Bevor man sich eine Havanna angezündet hat, wird man nicht beurteilen können, ob ihr Tabak gut verarbeitet worden ist, jedoch kann man sie derselben äußerlichen Begutachtung unterziehen, die ich schon auf den Seiten 127 ff. geschildert habe. Außerdem bin ich nach wie vor der Meinung, daß sich eine Havanna in nichts von irgendeiner anderen Zigarre unterscheidet. Es gibt aber ein ernstes Problem mit den Havannas, das mit ihren dominikanischen bzw. honduranischen Gegenstücken nicht auftritt: Man muß ständig auf der Hut vor Fälschungen sein. Häufig in Brasilien hergestellt, trifft man diese »Schein-Havannas« vor allem in Europa an, insbesondere in Deutschland und in der Schweiz. Die meistkopierten Marken waren immer ›Davidoff‹ und ›Cohiba‹, doch da Davidoff inzwischen keine Havannas mehr importiert, scheint sich das Interesse der Fälscher nach den ›Cohibas‹ nun auch auf ›Montecristos‹ zu konzentrieren. Um diesem mißlichen Umstand entgegenzuwirken, bringt Cubatabaco neuerdings einen Stempel auf seinen Kisten an, ein Logo mit einem stilisierten Blatt. Aber bekanntlich lassen sich auch Stempel fälschen – und da sich das Signet der kubanischen Garantiekennzeichnung seit 1912 nicht verändert hat, gab es jede Menge Zeit, in der die entsprechenden Druckplatten in den entsprechenden Fälscherwerkstätten hergestellt werden konnten.

Wie unterscheidet man nun eine echte Havanna von einer unechten? Eine Möglichkeit besteht darin, den Boden der Zigarrenkiste zu untersuchen. Eine Zeitlang kursierten Kisten mit dem gefälschten

Links: Manchmal kann eine einfache Bauchbinde viel über die Zigarre erzählen, zu der sie gehört (von links nach rechts): eine kubanische ›Punch‹, eine honduranische ›Punch‹ und eine honduranische ›Punch Grand Cru‹ mit doppelter Bauchbinde.
Rechts: Manchmal ist es dagegen angeraten, die verschiedenen Bauchbinden sehr sorgfältig zu studieren, um so Unterschiede zu erkennen (von links nach rechts): eine dominikanische ›Romeo y Julieta‹, eine mit Gold abgehobene dominikanische ›Romeo y Julieta Vintage‹ und eine kubanische ›Romeo y Julieta‹.

Aufdruck »La Habana Club«, obwohl die Kisten, in denen sich das echte Produkt befindet, mit dem Aufdruck »La Habana, Cuba« versehen sind. Doch da, wie gesagt, der Fälschungsaktivitäten keine Grenzen gesetzt sind, gibt es noch eine andere Möglichkeit, der Wahrheit auf den Grund zu kommen. Eine idiotensichere Methode, eine falsche Havanna zu erkennen, ist nämlich die, sie zu rauchen – wobei man natürlich wissen muß, wie eine echte Havanna schmeckt.
Einmal hatte ich selbst das zweifelhafte Vergnügen, jene Methode anwenden zu dürfen. Auf einer Reise durch Mexiko entdeckte ich eine Kiste ›Monte Cristo [sic!] Canalejas‹. Ich dachte, es handle sich um ein neues Format, das mir bisher irgendwie entgangen wäre. Außerdem schenkte ich der Schreibweise nicht genügend Beachtung, denn der Name ›Montecristo‹ war fälschlicherweise in zwei Wörtern gedruckt statt in einem – und so fiel ich herein. Schon beim ersten Zug merkte ich: Das ist keine Havanna, aber da war es zu spät. Übrigens kommen nichtkubanische Havannas auch auf normalem Wege in die Tabakläden, indem sie etwa in Nicaragua hergestellt und die Kisten dann in Mexiko gestempelt werden. – Der beste Schutz vor gefälschten kubanischen Zigarren ist der, die Zigarren nur bei angesehenen Tabakhändlern zu kaufen, aber auch in »Duty-free-Shops« wird der Connaisseur wohl kaum auf unechte Havannas stoßen.

Kubanisch? Dominikanisch? Wer könnte das sagen, ohne diese Abbildung gesehen und die Erläuterungen gelesen zu haben? Die Hülsenzigarren: eine ›Montecristo‹ aus Kuba und eine ›Montecruz‹ aus der Dominikanischen Republik (die Farben sind identisch). Die Kisten: die obere ist aus Kuba, die untere weist dieselbe Illustration auf, ist aber aus der Dominikanischen Republik.

Der derzeitige Stempel und das Siegel der Zigarren von Cubatabaco. Vor dem Embargo wurden die Original-Kisten aus Havanna gestempelt, wobei der Stempel eine Nummer und einen Buchstaben für die Klassifizierung der Zigarre aufwies (zum Beispiel »10G«), ferner die Herkunft (»Made in Havana, Cuba«), alles umgeben von einem ovalen Ring.

Europäische Zigarrenraucher sollten auch stets die Tatsache beachten, daß dominikanische und honduranische Zigarren oft dieselben Markenbezeichnungen tragen wie ihre kubanischen Gegenstücke. So werden beispielsweise ›Punchs‹ und ›Hoyo de Monterreys‹ sowohl in Honduras als auch in Kuba hergestellt, während ›Cohibas‹, ›Montecristos‹ und ›Romeo y Julietas‹ aus der Dominikanischen Republik wie aus Kuba importiert werden. Es gibt sogar eine ›La Gloria Cubana‹, die in den Vereinigten Staaten gemacht wird! So hat es denn auch schon mehr als einen Touristen aus Europa gegeben, der freudig überrascht war, seine Lieblings-Havanna zum Verkauf in amerikanischen Tabakläden angeboten zu sehen, nur um nachher festzustellen: Diese Zigarre ist alles andere, nur keine Havanna. Jene »Doppelidentität« ist jedenfalls ärgerlich, da oft verwirrend – doch um dieses Problem wissen Sie ja, da Sie es schon in Kapitel 1 kennengelernt haben.

Eine Kategorie von Zigarren, die in den Vereinigten Staaten nicht besonders verbreitet ist, dafür um so mehr in Europa, ist die Kategorie der trockenen Zigarre. Sie wird in der Regel als der »holländische Typ« bezeichnet und offeriert eine ganze Reihe von Vorteilen: Erstens brauchen diese Zigarren nicht feucht gehalten werden, da sie am besten bei einer Feuchtigkeit von nur 10 bis 12 Prozent schmecken; zweitens werden die meisten rauchfertig geliefert, das heißt, sie müssen nicht mehr angeschnitten oder gelocht und können somit leicht entzündet werden; drittens sind sie sehr leicht zu transportieren, da sie normalerweise in kleinen Packungen zu fünf, zehn oder zwanzig Stück geliefert werden; und viertens sind sie leicht aufzubewahren, ob nun in der Schreibtischschublade, im Diplomatenkoffer oder in der Manteltasche – und das für Wochen. – Ich habe einmal eine Packung ›Dunhill Señoritas‹ im Handschuhfach meines Autos gelegt – und sie schlicht und einfach vergessen. Erst nach über einem Jahr fielen sie mir zufällig wieder in die Hände, als ich nach meinen Fahrzeugpapieren suchte. Die Zigarren waren zwar etwas trocken, ließen sich aber ohne Probleme rauchen. Auch dem Highway Officer schmeckten sie. Hätte ich seinerzeit eine befeuchtungsbedürftige Havanna in das Handschuhfach gelegt, so wäre sie in der Zwischenzeit zu Staub zerfallen.

Trockene Zigarren gibt es in einer ganzen Reihe von Mischungen, wobei die gesamte Bandbreite von mild bis stark vertreten ist. Im Prinzip gibt es zwei Sorten von Deckblättern: Sumatra, das hell ist und mild im Geschmack, und Brazil, das dunkel und würzig ist. Die Einlage-Tabake kommen aus Connecticut, Florida, Italien, Java, Kamerun, Kolumbien, Kuba und Mexiko. Die meisten Raucher ziehen Sumatra dem Brazil vor, einfach deshalb, weil letzteres nicht so beherrschend ist. In Deutschland und in der Schweiz beispielsweise sind beide Deckblätter, helle wie dunkle, gleich beliebt, wobei der Sumatra-Typ meist dem Alltagsgenuß dient, während die dunklere Brazil oft beim Dinner oder bei besonderen Anlässen geraucht wird. In Frankreich wiederum werden diese Zigarren nahezu bei allen Gelegenheiten und Ungelegenheiten geraucht; das ist auch kein Wunder, denn das Land zwischen Atlantik und Mittelmeer ist der weltweit größte Markt für trockene Zigarren.

Wie schon in Kapitel 2 erwähnt, werden einige Zigarren holländischen Typs aus homogenisierten Blättern hergestellt. In Großbritannien wird dieses Verfahren hauptsächlich für das Umblatt akzeptiert, während das Deckblatt allerdings aus Vollblatt sein sollte. Eine trockene Volltabak-Zigarre erfreut sich jedenfalls in Belgien, Deutschland, Frankreich und den Niederlanden immer noch der größten Beliebtheit.

Warum diese europäischen Zigarren in den Vereinigten Staaten nicht mehr den Erfolg haben, den sie einmal hatten, liegt wohl daran, daß sie im Preis oft einer dominikanischen oder honduranischen Zigarre voller Größe vergleichbar sind – Produkte, die größer sind und mehr Tabak haben. Dennoch gibt es Situationen, die wie geschaffen sind für eine Zigarre, die mit nicht soviel Tabak aufwar-

Ein Sortiment der bekanntesten und beliebtesten nichtbefeuchteten Zigarren der Welt.

tet. Ich denke da etwa an die Theaterpause oder an das Warten auf die Bestellung im Restaurant. Einige trockene Zigarren wie die ›Agio Meharis Nobel Panetela‹, die ›Villiger Braniff‹, die ›Bering #8‹ oder die ›Willem II‹ sind für solche Augenblicke ideal. Rauchzeit und Rauchvergnügen können aber auch verlängert werden, und zwar mit größeren Formaten von Corps Diplomatique, Dannemann oder Panter. Eine ›Christian of Denmark Corona‹ beispielsweise hält ganze fünfzig Minuten, und ich bin neuerdings dazu übergegangen, eine ›Duet‹ von Schimmelpenninck beim Grillen zu genießen und eine ›VSOP Corona de Luxe‹ von derselben Firma zum Aperitif oder zum Digestif zu rauchen. An diese Zigarren kann sich der Raucher leicht gewöhnen, sind sie doch zum einen ideal für die Reise, zum anderen eine nette Abwechslung im Rauchgenuß – und nicht von einem Humidor abhängig.

Eine Zigarre für sich selbst zu erstehen kann sehr erbauend sein, aber es bereitet, so glaube ich, ebensoviel Freude, eine Zigarre als Geschenk zu kaufen. Schließlich besagt ein altes Sprichwort: Die beste Zigarre ist die, die man geschenkt bekommt. Jede Spitzenzigarre ist für den Connaisseur jedenfalls ein willkommenes Geschenk, obwohl einige Marken im Bereich der Premium-Zigarren – entweder wegen ihrer Verpackung oder wegen ihres Formats – hierbei besondere Aufmerksamkeit verdienen. Eine der kostspieligsten Exemplare ist die eindrucksvolle, $9\frac{1}{4}$ Inches (ca. 235 mm) lange ›Montecristo A‹, die in einer eigenen schwarzen Holzkiste mit Goldprägung angeboten wird. Eine andere ist die ›Davidoff Aniversario No. 1‹, eine Giant Double Corona mit einer Länge von $8\frac{2}{3}$ Inches (ca. 220 mm) und einem Ringmaß von 48, die einzeln in Zedernholzhülsen verpackt ist. (Wo wir gerade von Hülsenzigarren sprechen: Ich fand immer, daß die in Kuba gemachte und in einer Hülse verpackte ›Romeo y Julieta Churchill‹ eine elegante Zigarre ist, die man gut verschenken kann und gerne geschenkt bekommt.) Bei den Nicht-Havannas ist die ›Royal Jamaica No. 10 Downing St.‹ ($10\frac{1}{2}$ in [ca. 267 mm], Ringmaß 51) eine Zigarre, die man nicht so schnell vergißt, ebenso wie die ›Don Bernardo‹ von Griffin (9 in [ca. 229 mm], Ringmaß 46) und die ›Cabinet #1‹ von Ashton (9 in [ca. 229 mm], Ringmaß 52).
Damit ist die Auswahl jedoch noch nicht beendet, denn die Reihe der Superlative setzt sich fort. Die ›Montecruz Individuales‹ beispielsweise beginnt bei den Maßen 8 x 46 und wird in einer eigenen, unverwechselbaren Zedernholzkiste mit Messingbeschlägen ange-

Links: Zigarren in Blechschachteln sind ein guter Ersatz, falls nicht genügend Zeit für eine großformatige Zigarre vorhanden ist. Darüber hinaus sind sie hervorragend für diejenigen Restaurants geeignet, in denen man eigentlich keine Zigarren rauchen darf.

Rechts: Einige der vielen, in Österreich von Austria Tabak hergestellten Zigarren, auf der HPH zwischen 1,5 (›Capriole Light‹) und 2,5 (›Falstaff‹) angesiedelt. Diejenigen mit Sumatra-Deckblatt liegen bei 2 auf der HPH. Die Marken ›Falstaff‹, ›Imperiales‹ und ›Mozart‹ warten in Hülsen aus Zedernholz darauf, gekauft zu werden. Viele dieser ausgezeichneten Zigarren sind aus Havanna-Blatt gemacht (weshalb sie in den Vereinigten Staaten wegen des unsäglichen Handelsembargos gegen Kuba nicht erhältlich sind).

boten. Noch imposanter ist die 18 Inches (ca. 457 mm) lange ›Aliados General‹ aus Kuba. Und da ist die ›Dunhill Centenas‹, die zu Dunhills ›Aged-Cigar‹-Serie gehört (und in der Dominikanischen Republik hergestellt wird), eine Belicoso mit gezwirbeltem Kopf, die 1993 zur Feier des hundertjährigen Bestehens dieser angesehenen Firma eingeführt wurde. Die Bauchbinde ist mit der Angabe »1893-1993« versehen, und die Zigarre ist, nachdem sie zunächst in einer Fünferpackung angeboten wurde, seit 1994 auch in einer Kiste zu fünfundzwanzig Stück erhältlich (die ist dann für die wirklichen Freunde gedacht). Kommen wir zur Krönung: 1992 brachte Cubatabaco eine limitierte Ausgabe von fünfhundert handgearbeiteten Humidoren aus Kirschbaumholz heraus, gefüllt mit ›Cohibas‹. Nicht nur die Kiste war numeriert, sondern auch jede einzelne Zigarre trug eine Nummer auf der Bauchbinde. Dieses spektakuläre Angebot, das offensichtlich an den fünfhundertsten Jahrestag der Entdeckung Kubas durch Kolumbus (und somit an die Entdeckung der Zigarre für die Alte Welt) erinnern sollte, hatte natürlich seinen Preis. Bei Erscheinen war er vierstellig.

145

Mit dem Preis habe ich ein weiteres wichtiges Thema angeschnitten. Wieviel Geld sollte man für eine wirklich gute Zigarre hinlegen? In diesem Buch werden Sie vergeblich nach Preisen suchen – und das aus guten Gründen: Zum einen ist seit den siebziger Jahren ein stetiger Preisanstieg bei Zigarren zu verzeichnen. (Wenn ich also den Preis für eine bestimmte Marke nennen würde – was ja nur auf dem Kenntnisstand bei Redaktionsschluß möglich wäre –, so könnte diese Angabe bei Erscheinen des Buches schon Makulatur sein.) Zum anderen variieren die Preise von Land zu Land, da viele Staaten ihre eigene »Vergnügungssteuer« haben, mit der sie die Zigarrenraucher traktieren.

Natürlich bestraft sich der Fiskus damit letztlich selbst, da aufgrund der Steuern viele Raucher ihre Einkäufe im Ausland tätigen, entweder dann, wenn sie auf Reisen sind, oder einfach durch Versandkauf. So kommt es, daß das Finanzamt, das möglichst viele Menschen schröpfen will, weniger Menschen zum Schröpfen vorfindet. Eine weitaus angemessenere (und effizientere) Methode wäre es, die Steuern für Zigarren zu senken, wodurch das Verkaufsvolumen erhöht und somit die Erträge vergrößert würden. Aber wahr-

Ob Sie ein Par, einen Birdie, einen Eagle, gar ein As (»hole-in one«) schlagen – mit diesen Zigarren fühlen Sie sich wie ein Champion (von links nach rechts): ›Ashton‹; ›H. Upman‹; ›Macanudo‹; ›Punch Grand Cru‹; ›Joya de Nicaragua‹.

146

scheinlich entspringt diese Idee zu sehr dem gesunden Menschen-
verstand ...

Mit dem Preis gibt es jedoch noch eine weitere Schwierigkeit. Eine
Zigarre nach ihrem Preis zu beurteilen, gar in Relation zu setzen zu
anderen Dingen, die das Leben so lebenswert machen, ist so gut wie
unmöglich. In England beispielsweise ist eine kubanische ›Montecristo‹ so teuer wie ein Wochenende zu zweit in Leeds. Da der Preis
eine so große Rolle spielt, könnte man leicht annehmen, daß ein
höherer Preis für bessere Tabakqualität und für größere Sorgfalt in
der Herstellung steht. Das trifft oft zu, aber nicht immer, und der
Anblick des Preisschildes bei Super-Premium- und Jahrgangszigarren raubt manch einem den Atem, wenn er sieht, daß einige Zigarren
bedeutend mehr kosten als ein Mittagsmenü.

Oft entsteht der höhere Preis einfach dadurch, daß für die Herstellung einer besonderen Form ein Tabak verwendet wurde, der eine

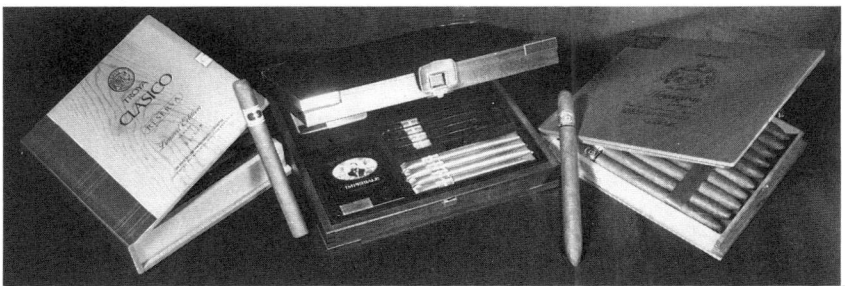

*Das absolute Geschenk: Eine Kiste Premium-Zigarren wird den Empfänger
immer erfreuen, doch ganz besondere Begeisterungsstürme werden diese
besonderen Formate in ihren exklusiven Verpackungen hervorrufen. Links:
Eine Zedernholzkiste in Buchform, gefüllt mit zwanzig ›Limited Edition
Troya Classics‹; jede Kiste dieser Serie, deren Inhalt mit besonderer Sorgfalt
gereift und ausgewählt ist, ist mit der individuellen Seriennummer versehen. Mitte: Diese hübsche Werbekiste aus Holz mit polierten Messingver-
zierungen enthält eine Kennerauslese der beliebtesten Zigarren holländischen Typs aus dem Hause Dannemann, außerdem einige Schachteln mit
Streichhölzern. Daneben ist der ideale Reisebegleiter für jeden Mitter-
nachtszug zu sehen, denn eine ›Hemingway Masterpiece‹ von A. Fuente ist
eine Rarität, da weniger als eins von einhundert Deckblättern groß genug
ist, um Einlage und Umblatt dieser 9 Inch (ca. 229 mm) langen Zigarre zu
umschließen. Rechts: Noch seltener ist die handgemachte Zedernholzkiste
in Buchform, deren Inhalt mit zehn »Meisterwerken« aufwartet, wodurch
diese Spezialanfertigung zu den begehrtesten »Ausgaben« gehört, die ein
»Hemingway«-Sammler besitzen kann.*

längere Reifezeit benötigt, daß für die Verarbeitung eines anderen Formats größere Blätter notwendig waren oder daß für eine wieder andere Form auf äußerst qualifizierte Arbeiter zurückgegriffen werden mußte. Manchmal ist auch die Verpackung, die der Wahrung des Images dienen soll, ziemlich aufwendig. Setzt man jedoch den Kaufpreis in Relation zum Genuß, so muß man nicht selten feststellen: Der Preis der meisten Spitzenzigarren ist zu niedrig für den Genuß, den sie bieten. Man sollte deshalb versuchen, zunächst einmal ein paar Zigarren herauszufinden, bei denen der persönliche Geschmack das wichtigste Auswahlkriterium ist. Schon das allein kann zu einer nie enden wollenden Suche werden und ist Teil des Rauchvergnügens. Gehen Sie also in verschiedene Geschäfte, um die beste Auswahl zu finden – und den besten Preis. Manchmal zahlt man ganz gerne ein paar Pfennige mehr, wenn man dafür in einem bestimmten

Aus den Safes der Partagas-Fabrik in Havanna stammen diese Raritäten aus der Vor-Castro-Zeit. Links eine Kiste ›Don-Joaquin‹ aus dem Jahre 1947; von dieser Zigarrenmarke gab es dreizehn verschiedene Formate. Rechts eine ›Triple-plus Churchill‹, die ausschließlich für König Faruk von Ägypten gerollt wurde, der die Angewohnheit hatte, die 61 Zentimeter lange Zigarre kerzengerade in eine Wasserpfeife zu stecken, um sie dann mit ausgewählten Gästen zu rauchen.

Laden ein besonderes Gefühl der Vertrautheit spürt. Zu anderen Zeiten will man dann einfach die beste Qualität zum niedrigsten Preis erhalten.

Wenn Sie schließlich eine kleine, aber feine Sammlung von Zigarren besitzen, deren Format und Aroma Ihnen zusagen, können Sie entscheiden, ob sie Ihnen das Geld wert sind. Wenn ja, so haben Sie die für Sie perfekte Zigarre gefunden.

Kapitel 4
Duft und Dunst
Das Anzünden, ein Ritual –
das Rauchen, eine Zeromonie

Vorfreude ist bekanntlich die schönste Freude. So ist es auch beim Zigarrenrauchen. Noch bevor ich ein Mahl beendet habe, denke ich schon an die Zigarre nach dem Essen, obwohl ich zu dem Zeitpunkt meist gar nicht genau weiß, welche Zigarre das sein wird. Das macht nicht nur das Essen verlockender, sondern auch den Augenblick, der danach kommt.

Wenn ich mit Freunden ausgehe, dann nehme ich eine Auswahl von Zigarren mit, von denen ich denke, sie sind für den Anlaß die richtigen. In mein Zigarrenetui passen drei Exemplare, und es ist immer mit drei verschiedenen bestückt. Schließlich weiß man ja nie genau, wie man sich fühlen, was der Abend bringen wird. Vielleicht machen wir nach dem Essen einen Spaziergang, und ich verspüre dann Lust auf eine ›Punch Double Corona‹. Vielleicht gibt es Kaffee, und ich entscheide mich für eine ›Quintero y Hermano Brevas‹. Was aber, wenn auch Cognac serviert wird? In diesem Fall wäre eine ›Montecristo No. 2‹ angebracht.

Obwohl, wie gesagt, mein Etui bei solchen Anlässen stets mit drei verschiedenen Zigarren gefüllt ist, bin ich damit natürlich nicht auf

151

alle Eventualitäten vorbereitet. Auf der anderen Seite gestaltet sich die Wahl zu Hause oft sehr viel schwieriger, da ich mit einer viel größeren Auswahl konfrontiert bin, die mir mehrere Humidore bieten (ich habe schon vor langem erkannt, daß einer nicht ausreicht). Oft schicke ich mich schon an, eine Zigarre, die ich für mein Etui ausgewählt habe, anzuschneiden, da sagt mir irgend etwas: Warte, das ist nicht die richtige Wahl für heute abend. Und so wandert sie zurück, um von Zigarre Nummer zwei ersetzt zu werden. Aber welche Wahl ich auch immer getroffen habe: Sobald ich die Zigarre angezündet habe, bin ich zufrieden – und so habe ich meine Wahl noch nie bereut. Egal, welche Zigarre, welche Größe, welches Herkunftsland – wenn ich sie meinem eigenen Bestand entnehme, hat sie eines mit allen anderen Zigarren dort gemein: Irgendwann habe ich sie für würdig befunden, in meine heiligen vier Wände gebracht zu werden. Wenn man eine Zigarre auswählt, muß man in gewisser Weise innerlich auf sie vorbereitet sein, denn der kommende Genuß hängt weitgehend davon ab, wie man die Zigarre aufnimmt. Schon die ungeöffnete Kiste mit den sich dahinter befindlichen Kostbarkeiten hat etwas an sich: die solide Viereckigkeit, das Aufreißen des knisternden Zellophans, das Zerschneiden des Siegels und schließlich das Anheben des Messingbeschlags mit dem Daumennagel. Und dann das Öffnen des Deckels, und zum erstenmal schlägt einem der frische, würzige Duft von Zedernholz und Tabak entgegen. Schließlich entnimmt man die erste Zigarre, wohl wissend, daß da noch mehr Freuden auf einen warten.

Eine Hauptregel beim Zigarrenrauchen besagt, daß man sich immer genug Zeit nehmen muß, um die Zigarre der Wahl voll zu genießen. Hat man beispielsweise eine Corona gewählt, braucht man mindestens dreißig Minuten. Für eine Rothschild braucht ein bedächtiger Raucher noch länger. Und alle Churchill-Formate benötigen eine dreiviertel bis eine Stunde. Nicht zuletzt deshalb sind kleine Zigarren heute so beliebt, da man nicht immer genügend Zeit hat, die Sorten mit den größeren Ringmaßen und Längen zu genießen. So ist denn auch das Zigarrenrauchen am Tag ein ganz anderes Erlebnis als in den Mußestunden während der Abendzeit.
Wann Sie Ihre Zigarre(n) rauchen, liegt natürlich ganz bei Ihnen. Ihre innere Stimme wird Ihnen sagen, wann es Zeit ist, anzufangen, und wann, aufzuhören, oder wieviel Sie sich pro Tag genehmigen sollten, damit auch das Rauchen der letzten noch mit Genuß verbunden ist. Es gibt einen berühmten französischen Schauspieler, der sich seine

neue ›Punch Double Corona‹ mit der alten anzündet, und einige Enthusiasten schwärmen von der »Morgen-Zigarre«, der »Vor-dem-Mittagessen-« bzw. »Nach-dem-Mittagessen-Zigarre«, der »Spätnach-mittags-Zigarre«, der »Vor-dem-Abendessen-« bzw. »Nach-dem-Abendessen-Zigarre«, zweifellos auch von der »Zigarre nach der Zigarre«. Offen gesagt, für mich sind das zu viele Zigarren. Wie bei allen guten Dingen gilt auch hier die Philosophie, daß in der Beschränkung das Geheimnis optimalen Genusses liegt. Das Rau-chen einer Megadosis Zigarren überfordert jedenfalls den Gaumen und dämpft den Geschmackssinn. Der Cognac-Connaisseur kippt sich ja auch nicht eine Karaffe fünfzigjährigen Cognacs in den Hals, sondern setzt ein Glas mehrere Male an seine Lippen, um jeden ein-zelnen Schluck auf der Zunge zergehen zu lassen. Und so ist es auch bedeutend angenehmer, pro Tag einige wenige Zigarren zu rauchen, aber dafür jede einzelne in vollen Zügen zu genießen.

Ich rauche selten mehr als zwei Zigarren pro Tag, es sei denn, ich bin in Urlaub oder bei einem besonderen Anlaß zugegen. Normaler-weise mache ich am frühen Nachmittag eine »Zigarrenpause«, um den Kopf klar zu bekommen und um dann eine erste Bilanz des bis-herigen Tages zu ziehen – von dem, was schon geschafft ist, und von dem, was noch getan werden muß. Dann öffne ich meinen Humidor erst wieder, um den Luxus einer wohlverdienten »Abendzigarre« zu genießen. Das geschieht meist nach dem Abendessen, aber auch tief in der Nacht, wenn alles still ist und ich meine Gedanken schweifen lassen kann. Mit der Hilfe meiner Zigarre überwinde ich scheinbar mühelos alle Schwierigkeiten, die mir das Leben in den Weg stellt. Diese Mußestunden eignen sich hervorragend für den Zigarrenge-nuß, denn dann sind alle Sinne befreit – und der Tabakliebhaber kann sich voll auf den sinnlichen Genuß einer handgerollten Zigarre aus einem fernen Land konzentrieren.

Gehe ich aber zu einem »Gentleman's Smoker«, bei dem sich viele Freunde versammeln zu einem Abend, der dem Essen, Rauchen und Trinken gewidmet ist, so unterliege ich enthusiastisch und ohne Reue den vielfältigen Verführungen einer Petite Corona beim Cham-pagner, einer Panetela zum Hors d'œuvre, einer Rothschild nach dem Dessert. Während der Konversation rauche ich eine Double Churchill, begleitet von einem Glas Malt Whisky oder einem Schluck Cognac – immerhin ist ein »Smoker« ein Zigarrenabend! Danach werde ich jedoch für ein oder zwei Tage keine Zigarre anrühren, damit meine Geschmacksknospen genug Zeit haben, sich zu regenerieren. Im Urlaub oder am Wochenende wiederum zünde ich mir ab und zu eine milde Zigarre holländischen Typs um die Mittagszeit an, und wenn ich mir eine Karaffe trockenen Weins erlaube und dabei gemütlich den Sonnenuntergang betrachte, wähle ich eine etwas robustere Sorte.

Es ist nicht wichtig, wann man raucht, auch nicht, wie oft man raucht. Wichtig ist eine bestimmte Zeremonie, die schon vor dem eigentlichen Rauchen beginnt, sich beim Anzünden fortsetzt, ehe dann der erste Zug getan wird – nur so wird die Zigarre ihren vollen Rauchgenuß entfalten. Ich habe ein festes Ritual, das ich befolge, bevor ich die Zigarre schließlich anzünde. Zuerst nehme ich mir alle Zeit der Welt, um das süße Bouquet, das vom Deckblatt ausgeht, aufzusaugen. Sodann rolle ich die Zigarre in meiner Hand hin und her, nehme dabei ihre Form intensiv mit den Augen auf, prüfe das Deckblatt und komme zu dem Schluß: Das ist wirklich genau die Zigarre, die ich in diesem bestimmten Augenblick meines Lebens rauchen möchte. Dann – und nur dann – kann die Zeremonie des Anzündens beginnen.

Als erstes muß man abwägen, ob man die Bauchbinde entfernt. In vielen Teilen Europas ist es Usus, die Bauchbinde grundsätzlich vor dem Rauchen der Zigarre zu entfernen. Diese Vorgehensweise ist jedoch überholt und außerdem gefährlich. Niemals werde ich den Schock vergessen, der mich ereilte, als ich einen sehr berühmten Zeitgenossen dabei beobachtete, wie er die Bauchbinde von seiner Zigarre zog, bevor er sie anzündete. Ich habe ihm das niemals verziehen. Es ist mir unbegreiflich, warum jemand den Wunsch haben sollte, die Bauchbinde zu entfernen – schämt er sich vielleicht der Zigarre, die er raucht? Hat jemand hierzu Grund, sollte er womöglich die Sorte wechseln – schließlich ist die Bauchbinde Ausdruck des guten Geschmacks. Andere erkennen daran Ihre Marke, und Sie sind stolz – sowohl auf das Erkennen wie auch auf Ihre Marke. Im Gegensatz zur Kaiserin von Rußland und den zigarrenrauchenden Herrschaften zur Zeit Queen Victorias, haben wir zwar nicht mehr zu befürchten, unsere behandschuhten Hände mit Tabakflecken zu beschmutzen, aber dennoch behält die Bauchbinde ihre Wichtigkeit, denn sie beweist stolz die Identität der Zigarre.

Aber Stolz und Romantik beiseite. Es gibt auch einen praktischen Grund dafür, warum die Bauchbinde nicht entfernt werden sollte. Da ein Teil der Bauchbinde oft unbeabsichtigt am Deckblatt festklebt, ist die Gefahr groß, die Zigarre bei dem Versuch, die Bauchbinde abzustreifen, ernsthaft zu beschädigen. Und außerdem: Warum sollte man Lust verspüren, das Ergebnis der Handwerkskunst eines qualifizierten Arbeiters zu vernichten? Sollte man aber dennoch den unwiderstehlichen Drang verspüren, die Bauchbinde zu entfernen (und damit die Zigarre zu entweihen), ist es ratsam, wenigstens so lange damit zu warten, bis sich der Körper der Zigarre beim Rauchen erwärmt hat. Die Hitze wird den Leim aufweichen, und die Bauchbinde wird sich leichter abstreifen lassen – womit der »Fluch des angerissenen Deckblatts« den Raucher nicht ereilen wird.

Wenn man das Dilemma mit der Bauchbinde ganz und gar umgehen will, raucht man am besten eine ›Punch Super Selection No. 2‹ oder eine aus Honduras stammende ›Hoyo de Monterrey Rothschild‹. Diese Zigarren werden in der Regel ohne Bauchbinde in die Kisten gepackt. Der perfekte Kompromiß findet sich natürlich bei der ›Juan Clemente‹, deren »Bauch«binde das Brandende der Zigarre bedeckt. Hier wird Ihnen die Entscheidung abgenommen, denn die »Bauch«-binde muß entfernt werden, damit die Zigarre geraucht werden kann. In allen anderen Fällen empfehle ich, diesen traditionellen Schmuck nicht anzurühren.

Nachdem das Thema Bauchbinde abgehakt ist, gilt es, einer anderen Unsitte den Kampf anzusagen. Dieser Frevel geschieht vor dem Anzünden – gemeint ist das Befeuchten der Zigarre mit der Zunge. Jene wenig erbauliche Handlung geht auf die Zeit zurück, als es noch keine Humidore gab, welche die Zigarren feucht halten. Aber auch schon zu der Zeit war das Befeuchten mit der Zunge ein sinnloses Unterfangen. Um der Zigarre wirklich wieder Feuchtigkeit zuzuführen, müßte sie aufgerollt und Umblatt und Einlage ebenfalls mit der Zunge befeuchtet werden – was ein »Befeuchter« in der Konsequenz wohl noch nicht praktiziert hat. – Niemals werde ich vergessen, wie ich einem Bekannten nach dem Dinner eine Zigarre anbot, und zwar in einem der wenigen Restaurants in Beverly Hills, in denen das Zigarrenrauchen noch erlaubt ist. Zu meinem größten Entsetzen begann er sofort damit, die noch nicht angezündete Zigarre in seinem Mund herumzurollen. Bevor ich ihm an die Gurgel springen konnte, eilte der *Maître d'hôtel* herbei und sagte: »Was ist los, mein Herr, hat Ihnen das Dessert nicht geschmeckt?« – Eine ordentlich klimatisierte Zigarre braucht nicht mit der Zunge befeuchtet zu werden.

Doch genug dieses unerfreulichen Themas. Wir sollten jetzt unsere Aufmerksamkeit lieber auf das Anschneiden der Zigarre richten. Es gibt drei Methoden des Anschneidens, die sich deutlich voneinander unterscheiden: den »Guillotine-Schnitt«, bei dem ein Stück des Kopfes gekappt wird; die Einkerbung, bei der die Zigarre V-förmig eingekerbt wird; und die Lochung, bei der in die Mitte des Kopfes ein Loch gestoßen wird.

Lange Zeit galt die Kerbung als die beste Methode, weil sie eine weite Oberfläche mit zwei Seiten schafft, die für guten Zug sorgt, und weil der an der Oberfläche liegende Tabak – ein potentieller Sammelpunkt für bittere Teerstoffe – in einer Ecke bleibt, welche die Zunge nicht berührt. Allerdings hat die Kerbung auch Nachteile. Erstens gibt es nur sehr wenige Anschneider, die eine saubere Kerbe garantieren, ohne die Ränder zu beschädigen; zum anderen sind normale Kerbgeräte schlicht und einfach nicht groß genug für die heute so beliebten größeren Ringmaße – alle Produkte, deren Ringmaß die 48 übersteigt, erhalten nur eine flache Mulde statt eines tiefen Einschnitts.

Für heutige Zigarren ist der »Guillotine-Schnitt« weitaus praktischer. Ebenso wie die Kerbung legt dieser Schnitt eine weite Oberfläche frei – die Voraussetzung für leichten Zug und volles Aroma. Außerdem läßt sich der Schnitt leichter durchführen, vorausgesetzt, die Klinge ist scharf. Einzige Einschränkung: Die Öffnung einiger

Es gibt drei verschiedene Möglichkeiten, eine Zigarre anzuschneiden (von links nach rechts): der Guillotine-Schnitt, der V-Schnitt und die Bohrung. – Hier handelt es sich um Zigarren holländischen Typs, die alle maschinell angeschnitten wurden.

Taschenanschneider reicht nicht für Zigarren mit großem Umfang aus. – Auf dieses Thema wird übrigens in Kapitel 6 noch näher eingegangen.

Die Lochung ist eine der älteren »Schnitt«-Methoden, obwohl es sich gar nicht um einen Schnitt handelt. Zwar kann die Lochung bei jedem Umfang vorgenommen werden, jedoch hat auch diese Methode einige Nachteile. Der schwerwiegendste ist der, daß sich in diesem einen Loch sehr oft ranzige Fettsäuren und Tabaksäfte ansammeln. Da der Rauch (und die Zunge) über dieses Loch streichen, wird der Geschmack der Zigarre oft unangenehm beeinträchtigt. Ein anderes Problem mit der Lochung liegt darin, daß beim Einbohren des Loches in den Kopf der Zigarre riskiert wird, den Tabak an den Seiten und auf dem Boden des Loches zu zerstoßen, wodurch dann diese Krümel den Zug nicht selten behindern. Bei der maschinellen Lochung, die oft bei Zigarren holländischen Typs vorgenommen wird, ist dieses Problem allerdings vollständig eliminiert. – In meiner Sammlung von Kuriositäten rund um den Tabak habe ich einen eleganten einziehbaren Zigarrenlocher, verziert mit Gold und Alligatorhaut, der aus den neunziger Jahren des 19. Jahrhunderts stammt. Daran ist zu sehen, in welch hohem Ansehen diese Schnittmethode einmal stand. – Heutigen Zigarrenrauchern empfehle ich, die Guillotine zu verwenden. Die Französische Revolution war eben nicht nur Vorkämpferin für die Freiheit des einzelnen, sondern hat durchaus auch Anstöße für die praktischen Dinge des Lebens gegeben.

Beim glatten Schnitt mit der Guillotine muß man darauf achten, daß man nicht zuviel von der Spitze des Kopfes abschneidet, sonst riskiert man, daß man eine Churchill in eine Rothschild verwandelt. Als Richtlinie gilt, den Schnitt etwas über der horizontalen Linie anzusetzen, also da, wo die Kappe beginnt. So bleibt von der Kappe genügend Rest auf der Zigarre, die somit nicht ausfasern kann. Führen Sie den Schnitt aber schnell und entschlossen durch – es sei denn, Sie verwenden einen jener Scherenschneider, bei dem es vielleicht von Vorteil ist, die Klingen um das Deckblatt herum zu drehen, wodurch ein Einschnitt entsteht, der die Schnittlinie markiert. Das funktioniert natürlich nur, wenn der Anschneider scharf ist. Eine stumpfe Klinge zerreißt das Deckblatt – und Sie haben womöglich eine Zigarre in der Hand, die aussieht wie ein ausgefranstes Seil. Ist die Zigarre ordnungsgemäß angeschnitten, folgt die Feuertaufe – und das im wahrsten Sinne des Wortes. Für diese anspruchsvolle Aufgabe kommt nur ein Streichholz (die Betonung liegt auf »Holz«)

Das Ritual des Anzündens

Zunächst wird die Zigarre kurz über der Linie, an der die Kappe mit dem Deckblatt zusammentrifft, beschnitten. Welche ›Werkzeuge‹ man dazu benutzen kann, erfahren Sie ausführlich in Kapitel 6.

Über einem Streichholz (ein Gasfeuerzeug tut es auch) wird das Brandende der Zigarre langsam gedreht, damit es sich erwärmen kann. Die Flamme darf dabei niemals die Zigarre berühren, denn dann wird das kostbare Stück angesengt und bekommt einen scharfen Geschmack.

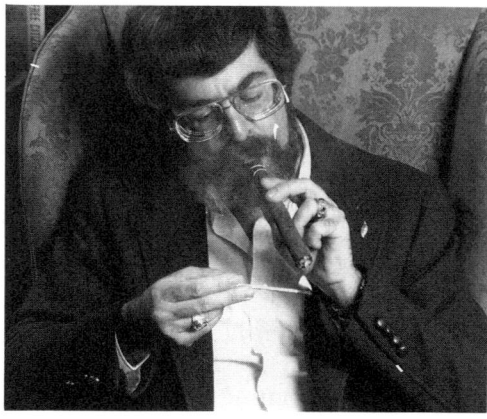

Nun pafft man leicht, während man die Zigarre immer noch dreht. Dabei wird die Spitze der Flamme dicht unter das Brandende gehalten. Das Feuer wird zur Zigarre hingezogen und entfacht das Brandende rundherum, wodurch ein aromatischer erster Zug garantiert ist. Nun entspannen Sie sich, und nippen Sie den Rauch – so wie einen guten Cognac. Bon appétit! (Fotos: Ron Mesaros)

in Frage, obwohl es ein Gasfeuerzeug auch tut. Ein Zündholz aus Pappe, die mit Chemikalien behandelt, und ein Feuerzeug mit einem Docht, der mit Flüssigkeit getränkt ist, hinterlassen Rückstände – beide Werkzeuge beeinträchtigen den Geschmack der Zigarre. Butangas dagegen brennt sauber und geruchlos, aber die extralangen Streichhölzer (Späne) aus Zedernholz eignen sich zweifellos am besten. Nach dem Entzünden des Streichholzes muß man unbedingt warten, bis es aufhört zu flackern – oder der erste Zug wird nach Schwefel schmecken. Auf keinen Fall darf die Zigarre direkt in die Flamme gehalten werden, als handle es sich hier um ein Brandeisen. Diese tölpelhafte Vorgehensweise verrußt nicht nur das Deckblatt, sondern auch die Profis unter den Zigarrenrauchern werden Ihnen ob solchen Tuns den Rücken kehren und Sie von der Konversation ausschließen, und einer nach dem anderen wird den Raum verlassen, und schon bald sind Sie ein Ausgestoßener, ohne Freunde, ohne alle Hoffnung auf die Zukunft – und das alles nur wegen dieser einen törichten Handlung.

Beim richtigen Anzünden darf das Brandende niemals die Flamme berühren. Es sollte in einem Winkel von 45 Grad direkt über der Spitze der Flamme gehalten werden, dort, wo sie am heißesten ist. Drehen Sie nun die Zigarre langsam, damit sich das Brandende erhitzt und die Einlage trocken wird, um so besser brennen zu können. Einige Raucher genießen es, diese Prozedur so lange fortzusetzen, bis das Ende der Zigarre vollständig angesengt ist und sich von selbst entflammt, ohne daß man ziehen muß. So spektakulär diese Technik auch sein mag – sie macht die ersten Züge viel stärker. Drehen und Anwärmen des Brandendes sind besonders nutzbringend bei großen Ringmaßen, denn so kann man sehen, ob die Zigarre rundum erwärmt ist. Nicht wenige Raucher erwärmen ihre Zigarre so lange, bis ein dünner Feuerring um das Brandende herum erscheint. Dann nehmen sie die glühende Zigarre von der Flamme weg und schwenken sie sanft in der Luft umher, damit sich die Glut gut ausbreiten kann. Das macht Nichtraucher wahnsinnig. Hier handelt es sich zwar um einen durchaus ernst zu nehmenden Akt, aber ich ziehe es vor, die Zigarre einfach zu erwärmen und dann das feine Bouquet aufzusaugen, das dem Tabak entströmt – ein Aroma, welches man nicht mehr zu kosten bekommt, wenn man angefangen hat zu rauchen.

Sobald das Brandende warm ist, gar schon etwas dünnen Rauch freigibt, halten Sie die Zigarre an die Lippen und direkt über die Spitze der Flamme. Während Sie sanft ziehen, drehen Sie die Zigarre und

159

entzünden so nach und nach rundherum das Brandende. Dieses Drehen während des Anziehens ist enorm wichtig, denn wenn die Zigarre nur halb angezündet wird, bereitet sie folglich nur das halbe Vergnügen – ein Genuß, den wohl niemand anstrebt.

Nun lehnen Sie sich zurück, und kosten Sie das volle, reiche Aroma des würzigen Rauchs. Zigarrenraucher inhalieren niemals, da, wie beim Essen, die Würze des reinen Tabaks nur durch die Geschmacksknospen im Mund aufgenommen wird. Atmen Sie den Rauch aus, so daß die Rauchwolken aufsteigen, denn Rauch ist ein fester Bestandteil des Zigarrenrauchens. – In den neunziger Jahren des vorigen Jahrhunderts wurde einmal ein Experiment durchgeführt, bei dem die Zigarren in einem dunklen Raum geraucht wurden, so daß kein Rauch zu sehen war. Fazit: Die Raucher in dem dunklen Raum hatten weniger Rauchgenuß als die, welche sich in einem hellen Raum befanden.

Geschmack und Aroma einer Zigarre werden durch den Rauch vermittelt, den sie produziert. Das bedeutet: Je mehr Rauch, desto voller sind Geschmack und Aroma. Deshalb entsteht durch größeren Umfang mehr Rauch und somit auch mehr Würze.

Da einen Zigarren-Enthusiasten auch die verschiedenen Formen einer Zigarre ansprechen, greift er mitunter auf Produkte zurück, die nicht durch ihre Größe beeindrucken. Mir gefällt es deshalb manchmal, zwei kleinere Zigarren zu rauchen als eine große. Natürlich verdoppelt sich dadurch das Vergnügen beim Ritual des Anzündens. Auch wenn ich Zigarren teste, rauche ich zwei Sorten zugleich, so etwa eine ›Dunhill Aged Samanas‹ und eine ›Don Diego Grecos‹ oder eine ›Henry Clay Breva‹ und eine ›Hoyo de Monterrey Super Hoyo‹. Ich ziehe dann immer abwechselnd und reinige zwischendurch meinen Gaumen in regelmäßigen Abständen mit Mineralwasser (ob mit oder ohne Kohlensäure, spielt keine Rolle) und trockenem Brot, so wie bei einer Weinprobe. Ich gestehe: So etwas muß befremdend auf Uneingeweihte wirken, aber dies ist ein hervorragender Weg, um herauszufinden, welche bestimmten Mischungen einem zusagen, und um den Geschmack von manchmal sehr gegensätzlichen Tabaken zu vergleichen. Raucht man dagegen die Zigarren hintereinander, so ist der Geschmackssinn nicht mehr so aufnahmefähig, wenn Sie mit dem Rauchen der zweiten Zigarre beginnen. Es ist also viel besser, für beide Zigarren gleich aufnahmefähig zu sein. Also sind sie auch gleichzeitig zu rauchen.

Während man eine Zigarre langsam aufraucht, wird man eines immer wieder feststellen: Der Geschmack verändert sich mit der Länge. Das trifft vor allem bei einer Pyramide zu, ist aber auch bei anderen Formaten zu beobachten, da der Rauch immer weiter durch den Tabak dringt und intensiver wird, je mehr sich die Zigarre verkürzt – und was mit HPH 2 begann, könnte leicht als HPH 2,5 enden, wenn die Zigarre zum letztenmal in den Aschenbecher gelegt wird. Dennoch: Die meisten Zigarren schmecken, unabhängig von Marke und Größe, am besten auf den unteren zwei Dritteln ihrer Länge, und so ziehen viele Kenner es vor, sie ausgehen zu lassen, wenn das letzte Drittel erreicht ist. Andere rauchen ihre Zigarre bis hinunter zu den Lippen und genießen den immer heißeren, stärkeren Geschmack.

Je kürzer die Zigarre, desto länger die Asche. Die lange Asche bei einer Spitzenzigarre ist ein Merkmal dafür, daß das äußere Deckblatt in Ordnung und daß der Wickel wohlgeformt und aus einer Langblatt-Einlage ist. Diese Asche wirkt wie eine Isolierung und kühlt das Brandende, während die Zigarre geraucht wird. Eine weiche Stelle im Wickel bewirkt jedoch, daß auch bei der besten Premium-Qualität die Asche weich wird, wenn sie an diesen Punkt kommt – und plötzlich abfallen wird. Um diesem Problem vorzubeugen, lasse ich die Asche meiner Zigarre selten länger als drei Zentimeter werden. Wenn die Zeit gekommen ist, sie von der übrigen Zigarre zu lösen, tippe ich die Spitze der Asche sanft auf den Boden des Aschenbechers und drehe sie leicht ab. Versuchen Sie aber nicht, bei einer Zigarre mit Kurzblatt-Einlage – und sei sie von noch so guter Qualität – eine lange Asche zu produzieren. Das ist bei diesen Zigarren unmöglich, da die kurzen Blätter einfach keine lange Asche hervorbringen.

Vielleicht ist nun die Zeit gekommen, über den »Trugschluß der weißen Asche« zu sprechen. Jahrelang existierte die falsche Auffassung, die Farbe der Asche habe etwas mit der Qualität der Zigarre zu tun. So ziemlich das einzige, was man an der weißen Asche ablesen kann, ist, eine Zigarre mit weißer Asche zu rauchen. Die Farbe der Asche hat nämlich absolut nichts mit der Qualität der Zigarre zu tun. Weiß ist nun einmal der Inbegriff der Reinheit, und diese Tatsache hat gewiß viele Zigarrenraucher dazu verleitet, nach dieser Farbe zu streben, und so haben sie für das Weiterleben jenes Mythos gesorgt.

Die Farbe der Asche ist lediglich ein Hinweis auf den ungefähren

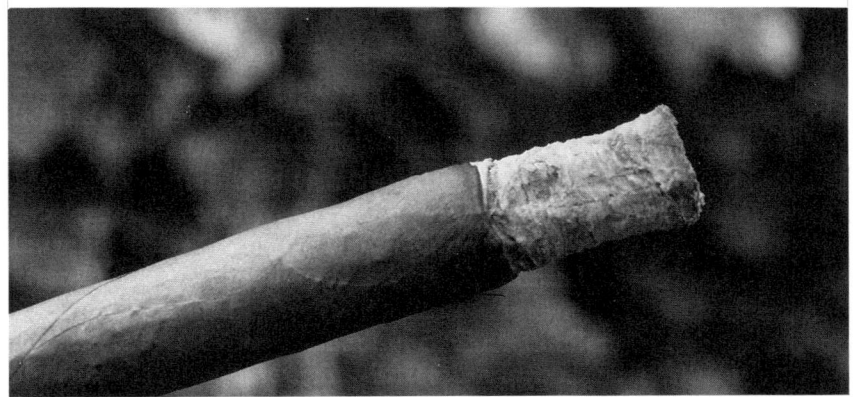

Eine gut gerollte Zigarre mit Langblatt-Einlage sollte eine lange, feste Asche produzieren. Beachten Sie auch den dünnen, schwarzen Ring, an dem das Deckblatt in Asche übergeht – ein Anzeichen für richtige Trocknung und Reifung des Deckblatts.

Mineralgehalt des Bodens, in dem der Tabak angebaut wurde. Es ist klar, daß unterschiedliche Böden in unterschiedlichen Gegenden unterschiedliche Mineralstoffanteile haben, und so kommen denn auch die unterschiedlichen Farbgebungen in der Asche zustande. Wenn der Boden zum Beispiel zuwenig Magnesium enthält, wird die Asche dunkel – was bedeutet: Je mehr Magnesium der Boden enthält, desto heller wird die Asche. Wie gesagt: Helle Asche ist kein Synonym für hervorragende Qualität, kann aber ein Synonym sein für einen ärgerlichen Umstand. Denn: Zuviel Magnesium bewirkt ein vorzeitiges Abfallen der Asche, selbst bei einer Zigarre mit Langblatt-Einlage.

Je heller die Farbe der Asche ist, desto milder wird normalerweise der Tabak schmecken. Folglich hat eine Zigarre, die eine dunkelgraue Asche hervorbringt, einen ausgeprägteren Geschmack als eine hellgraue. Die Farbe der Asche hat auch nichts mit der Brennrate des Tabaks zu tun. Diese wird bestimmt durch den PH-Wert des Bodens – und deshalb testen Blatteinkäufer häufig die Brennrate eines Blattes in den Lagerhäusern auf den Feldern, bevor sie das Blatt für die Zigarrenherstellung in den Fabriken erwerben. – Jetzt wissen Sie wahrscheinlich mehr als jeder andere in Ihrer Umgebung über Zigarrenasche.

Vielleicht ist es die Farbe der Asche, vielleicht die Maserung, vielleicht die natürliche Struktur des Deckblatts, denn oft entdecke ich mich dabei, wie ich die Zigarre studiere, während ich sie rauche.

Obwohl sie schweigt, kann eine brennende Zigarre eine ganze Menge erzählen. Da ist zum Beispiel dieser dünne, schimmernde schwarze Ring, der wie ein Zaun die Asche umschließt; er zeigt, daß die Zigarre gut gemacht ist und der Tabak sachgemäß getrocknet wurde. Wirkt dieser Ring jedoch mehr wie ein weites, schwärzliches Band mit Blasen, dann ist das ein Zeichen dafür, daß das Blatt ein mangelhaftes Brandverhalten hat und der Tabak nicht ordentlich fermentiert worden ist. Aber zu diesem Zeitpunkt haben Ihnen Ihre Geschmacksknospen wahrscheinlich auch schon einen bestimmten Mangel signalisiert. Was uns zum nächsten Punkt führt ...

Bisweilen bemerkt man beim Rauchen ein sehr unangenehmes hohles Gefühl im Brustraum. Daran merkt man, daß der Tabak nicht richtig fermentiert und gereift ist. Die Folge: Es gelangen zuviel Stickstoff und Nikotin in den Körper. Das beste Gegenmittel bei diesem Übel ist, die Zigarre wegzulegen und eine andere Marke zu versuchen.

Eine weitere Befremdlichkeit ist gegeben, wenn eine Zigarre ungleichmäßig, das heißt nur an einer Seite des Deckblatts, herunterbrennt. Gegen dieses unkontrollierte Abbrennen ist man eigentlich machtlos. Ich habe schon versucht, die Zigarre neu anzuschneiden, habe sogar mitunter ein »Gegenfeuer« gelegt – es hilft alles nichts. Meist steht man da mit einer glühenden Fackel in der Hand, die zu rauchen eher gefährlich denn genußvoll ist. Vorausgesetzt, man hat die Zigarre ordnungsgemäß angezündet, kann dieses störende Phänomen von verschiedenen Dingen ausgelöst worden sein: Erstens hat der Zigarrenmacher die Tabakblätter beim Herstellen der Einlage wie Buchseiten aufeinandergelegt (»Booking«, siehe auch Glossar); zweitens ist die Zigarre unsachgemäß befeuchtet worden; drittens hat die Struktur des Blattes Mängel, die den wachsamen Augen des Kontrolleurs in der Fabrik entgangen sind. Die beiden häufigsten Ursachen, die für diesen Mißstand verantwortlich sind, sind unzureichende Befeuchtung und mangelhafte Blattstruktur. Letzteres kann man nicht ändern. Es bleibt einem nur, die Zigarre wegzuwerfen und sich die Marke zu merken. An der mangelhaften Befeuchtung kann man dagegen sehr wohl etwas ändern (aber das werden wir im nächsten Kapitel besprechen).

Manchmal will eine Zigarre auch partout nicht ziehen, obwohl man sie so sachgemäß wie möglich behandelt hat. Dieses frustrierende Erlebnis kommt des öfteren bei kleineren Ringmaßen vor, da diese enger gewickelt sind. Leider ist keine Zigarre gegen solch ein Negativum gefeit, und ich habe schon Spitzenprodukte mit Ringmaßen von 44 und 48 gehabt, die schlecht zogen. Man kann noch so angestrengt paffen, man kann ziehen, bis die Farbe des Gesichts von einem hellen Rot zu einem dunklen Violett gewechselt ist, man kann die Zigarre neu anschneiden – nichts hilft. Aber warum soll man sich den Abend verderben bei dem Versuch, einen Fehler zu beheben, obwohl der in der Beschaffenheit der Zigarre selbst liegt? Das beste ist dann, das unglückselige Exemplar zurück ins Geschäft zu bringen (vorausgesetzt, sie ist noch nicht zu weit heruntergeraucht). Sie dürfen Ersatz bzw. eine Gutschrift erwarten. Tabakwarenhändler sind nämlich ehrenwerte Leute und haben irgendwann schon einmal dieselbe Erfahrung gemacht. Sie werden Sie verstehen – oder sollten es wenigstens.

Wenn keine Probleme beim Rauchen auftauchen – was ja zumeist der Fall ist –, verbreitet nichts anderes einen solch himmlischen Frieden wie der reine Rauch einer guten Zigarre. Hin und wieder allerdings erlischt die Zigarre frühzeitig, denn sie enthält ja keine künstlichen Bestandteile, geschweige denn Chemikalien, durch die sie besser brennen würde. Das geschieht besonders dann, wenn man über einer anregenden Konversation vergißt, den obligatorischen Zug zu tun, der die Glut unter der Asche am Leben erhält. Sollte Ihnen das passieren, so wärmen Sie das Brandende einfach über einer Flamme, bevor Sie es wieder anzünden. Auf diese Weise können Kohlenmonoxid und Ammoniak entweichen – Stoffe, die sich in der Asche festgesetzt haben. So ist der Schock für Ihren Gaumen recht gering, wenn Sie auf diese Weise die Zigarre zu neuem Leben erwecken, da eine neu entfachte Zigarre in der Regel stärker im Rauch ist. Es kann auch vorkommen, daß eine Zigarre nur scheinbar vorzeitig erloschen ist. Das kann man feststellen, indem man ganz leicht hineinpustet. Ein Rauchwölkchen verrät Ihnen, daß Leben in der Zigarre steckt.

Alles Gute geht einmal zu Ende, und so ist auch unsere Zigarre irgendwann aufgeraucht. Versucht man, sie zu weit herunterzurauchen, verdirbt man höchstens die gute Erinnerung an einen lebhaften Rauchgenuß, denn dann gibt es einen unangenehmen und bitteren Nachgeschmack (ähnlich wie bei einer Liebesaffäre, die schlecht ausgeht). Wenn dieser Moment gekommen ist, legen Sie die Zigarre behutsam in den Aschenbecher, in dem sie auf natürliche Weise erlischt. So entstehen die wenigsten unangenehmen Gerüche. Drücken Sie die Zigarre auf keinen Fall wie eine Zigarette aus, denn dadurch verbreitet sich nur die brennende Asche – und die ganze

Umgebung wird erfüllt von schädlichen Dämpfen. Wenn ich meine Zigarren zu Hause rauche, entledige ich mich ihrer, indem ich sie in den Kamin werfe, oder ich lasse sie in Ruhe in einem Aschenbecher draußen verglimmen, damit sich nur keiner beschweren kann. Wenn andere nichts riechen können, ist auch nichts da, was mir schaden könnte. So bleibt die Heiligkeit meiner Rauchenklave gewahrt.

Dieses kostbare Traumland – einige der wenigen Inseln des Trostes, die dem Zigarrenraucher unserer Tage geblieben ist – verblaßt schnell außerhalb der Schutzzonen, die da eigene vier Wände, Tabakladen oder »Gentleman's Smoker« heißen. Verständnis – von Zuneigung schon gar nicht zu reden – für den Zigarrenraucher verschwindet immer mehr in den Niederungen des rasenden Fanatismus, der ein Großteil der Welt ausmacht, die sich die Rauchgegner zurechtgezimmert haben. Wie in der viktorianischen Zeit wird wieder die Stirn über das Zigarrenrauchen gerunzelt. Geschichte wiederholt sich eben zuweilen, und heute kann die Welt, in der wir leben, für unsereinen nicht mehr als sicher gelten, da herumstreifende Banden von Rauchgegnern an jeder Straßenecke auf der Lauer liegen und jedes öffentliche Gebäude mit dem Raucherbann überziehen. Erstaunlicherweise ist diese Raucherparanoia auffälliger in den Vereinigten Staaten – dem Land der freien Bürger schlechthin – als in Europa.

Im Land der unbegrenzten Möglichkeiten sind mittlerweile die Grenzen für den Raucher sehr eng gesteckt. So ist es dort beispielsweise nicht erlaubt, in der Eisenbahn seiner unschuldigen Leidenschaft zu frönen. Folglich ist es eines meiner größten Vergnügen, mit der Bahn von München nach Frankfurt zu fahren und dabei im Raucherabteil fröhlich meine Zigarre zu schmoken, während am Fenster eine herrliche Landschaft vorüberzieht. In den Vereinigten Staaten ist das Rauchen auch in den meisten öffentlichen Gebäuden sowie in vielen Restaurants verboten. So kann man sich meine Begeisterung vorstellen, als ich nach einem besonders köstlichen Mahl in einem Wiener Restaurant eine Churchill voller Größe herausziehen durfte, ohne zu befürchten, die Kellnerin falle augenblicklich in Ohnmacht. Aber immer ist da die allgegenwärtige Gefahr, daß sich das Vorurteil gegen das Rauchen auch in Europa ausbreitet – wie schon geschehen in Frankreich. Diesem widersinnigen Feldzug gegen einen harmlosen Genuß gilt es deshalb mit allen Mitteln entgegenzuwirken, sind doch die Vergnügungen in unserer zivilisierten Welt einfach zu rar geworden.

Selbst in einer Welt von fanatischen Rauchgegnern gibt es noch ein paar geschützte Häfen, die der Zigarrenraucher anlaufen kann, um sich darin geborgen zu fühlen. Der Laden von Alfred Dunhill, Ltd., in der Londoner Duke Street ist ein solcher Ort, der Erinnerungen an freundlichere Zeiten hervorruft. Weiche Ledersessel laden ein, bei einem ›Dunhill Whisky‹ zu entspannen, und die Zedernholzschränke sind mit Havannas und ›Dunhill Aged Cigars‹ aus der Dominikanischen Republik gefüllt. Diese Schätze warten darauf, gehoben zu werden, soll heißen, die Wünsche von Kunden aus aller Welt zu befriedigen.

Aggression ist nicht der einzige Weg, um eine Auseinandersetzung am Ende erfolgreich für sich zu entscheiden, eine Auseinandersetzung, die durch Unwissenheit und Vorurteile geschürt wird – zwei Dinge, die schwerlich aus der Welt zu schaffen sind. Statt dessen sollten wir lernen, die Nichtraucher auf unsere Seite zu ziehen. Jene Zeitgenossen sind weder gegen noch für Zigarren eingenommen. Diese Menschen stehen mehr oder weniger auf neutralem Boden, und wenn wir sie davon überzeugen, daß wir wesentlich zivilisierter sind als jene radikalen Anti-Raucher-Banditen, dann haben wir gewonnenes Spiel. Wir sollten sie mit Offenheit auf unsere Seite ziehen – und mit Höflichkeit. Es hat jedenfalls keinen Zweck, Nichtgleichgesinnten zu nahe zu treten, denn damit machen wir alles nur noch schlimmer.

Wenn ich mich zum Beispiel in einer Bar aufhalte, in der das Zigarrenrauchen erlaubt ist, so frage ich die Anwesenden am Nachbartisch trotzdem, ob Sie etwas dagegen hätten, wenn ich rauchen würde. Dabei achte ich darauf, daß Sie meine Zigarrenkiste sehen und genau wissen, wovon ich rede. Wenn sie nichts dagegen haben, ist die Sache in Ordnung, nehmen sie aber Anstoß, danke ich ihnen höflich dafür, daß sie es mir nicht erlaubt haben, ihnen den Abend zu verderben, und packe unter großem Aufwand meine Rauchutensilien wieder zusammen. Manchmal bekommen sie dann ein schlechtes Gewissen und machen einen Rückzieher, oder sie entschuldigen sich zumindest. Falls nicht, habe ich ihnen aber wenigstens gezeigt, daß ich ein rücksichtsvoller Mensch bin – und wenn sie das nächste Mal etwas über »rücksichtslose Raucher« lesen, erinnern sie sich vielleicht an den Vorfall und fangen an, über die ganzen Übertreibungen in der Öffentlichkeit nachzudenken.

Treffe ich dagegen auf einen Wirt, welcher der peinlichen Lage des Zigarrenrauchers mit Freundlichkeit, wenigstens jedoch mit Verständnis begegnet, ist es mir immer ein Anliegen, ihm zu sagen, wie sehr ich seine Haltung schätze. Man kann sicher sein, daß er von den Anti-Raucher-Parteien das Gegenteil zu hören bekommt, jenen Vereinigungen, die davon überzeugt sind, politisch korrekt zu handeln, wenn sie anderen Menschen ihren Lebensstil vorschreiben wollen.

Mein »Training zum Verständnis gegenüber Zigarren« habe ich auch auf mein Reisebüro ausgedehnt. Jedesmal, wenn ich eine Reise buche, frage ich, ob Zigarrenrauchen erlaubt ist, und zwar sowohl während der Reise als auch am Zielort. Kurz vor Vollendung dieses Buches wollte ich eine Kreuzfahrt mit meiner Frau machen, um einen Hochzeitstag zu feiern, der nicht stattgefunden hatte (weil ich dabei war, dieses Buch zu schreiben). Ich stornierte die Reise sofort, als ich herausfand, daß die bekannte Kreuzfahrtlinie dazu übergegangen war, das Rauchen von Pfeifen und Zigarren an Bord zu verbieten. Wirklich! Ignoranz ist noch ein viel zu mildes Wort für diese Art von Arroganz. Gottlob gibt es auch noch andere Kreuzfahrtlinien, die sich der Tatsache bewußt sind, daß Zigarrenraucher auch Verbraucher sind. Jedenfalls tragen diese Verbraucher mehr als notwendig dazu bei, daß sich die Räder der Wirtschaft weiterdrehen. Vielleicht liegt es daran, daß die ›Queen Elizabeth II‹ den Cunard Lines gehört, also in Großbritannien registriert ist, jenem Land, welches an Bord das Rauchen von Zigarren stets gestattet hat. Übrigens: Die ›Queen Elizabeth II‹ bietet sogar immer eine Auswahl an erschwinglichen Havannas an.

Ein »Smoker« im Ritz-Carlton-Hotel in Laguna Niguel, Südkalifornien. Dieser »Smoker« findet einmal im Jahr statt und gehört zu den elegantesten Veranstaltungen seiner Art in Amerika. Obwohl der Eintrittspreis dreistellig ist, ist die Veranstaltung stets ausverkauft. Unter den Teilnehmern befinden sich die angesehensten Geschäftsleute der Gegend sowie Größen aus der Unterhaltungsbranche. Ein Galaanzug mit schwarzer Fliege ist Pflicht, und das Dinner mit Champagnerempfang und Sieben-Gänge-Gourmet-Menü wird zu den Geigenklängen eines Unterhaltungsorchesters serviert. Anschließend steht eine Auswahl der feinsten Cognacs, Armagnacs und Malt Whisk(e)ys, welche die Welt zu bieten hat, zur Verfügung, und zwar in der holzgetäfelten Bibliothek, in der mehr als dreitausend Zigarren auf die Connaisseurs warten. (Foto: Eric Simonson)

Eine weitere Kreuzfahrtlinie, die dem Raucher zugetan ist, sind die Holland America Lines. Nicht nur, daß an Bord ihrer Kreuzfahrtschiffe das Rauchen von Zigarren erlaubt ist, nein, einige Schiffe verfügen sogar über eine »Entdecker-Lounge«, in der jeden Abend eine hübsche philippinische Hostess eine Zeremonie des Anzündens vorführt, die ihresgleichen sucht. Zunächst wählt der Kunde eine Tabacalera-Zigarre aus einem Zedernholz-Humidor. Dann schneidet die Hostess die Zigarre an und wärmt sie sanft über einer Kerze. Dabei überzieht sie das Deckblatt der Länge nach mit einem leichten Brandy-Mantel. Genau im richtigen Moment bringt sie das Brandende über die Kerze – wobei die Flamme mit dem Brandende nicht in Kontakt kommt! –, wartet eine kurze Weile, bis die Zigarre aufflackert, um sie danach mit der Grazie einer Tänzerin dem Empfänger zu überreichen. So kann das Rauchen auf hoher See sein!

Leider variiert auf den meisten Kreuzfahrtschiffen die Einstellung zum Zigarrenrauchen zwischen: »Es wird toleriert« bis: »Es darf nur auf dem Oberdeck während eines Hurrikans geraucht werden.« Sollten Sie also planen, eine Lonsdale entspannt vor der Küste Kleinasiens zu genießen, so bitten Sie vorher das Reisebüro zu überprüfen, ob die Kreuzfahrtlinie auch raucherfreundlich ist.

Die Fluglinien haben natürlich längst ihre Anti-Raucher-Haltung kundgetan, wobei sie sogar den winzigsten Zigarillo nicht dulden. Es gibt aber Ausnahmen, wenn auch nur in sehr feinen Kreisen. Vor einigen Jahren flog König Karl XVI. Gustav von Schweden erster Klasse mit Pan American Airlines und bat um eine Zigarre. Eine clevere Stewardess eilte in die Economy-Abteilung und fand einen Passagier, der einige Zigarren bei sich hatte, obwohl an Bord nicht geraucht werden durfte (die Frage sei erlaubt, wie er durch die Sicherheitskontrolle kommen konnte). Jedenfalls war er gefällig – bei einem Zigarrenraucher nichts Ungewöhnliches – und übergab seine Kostbarkeiten, die anschließend dem König auf einem silbernen Tablett offeriert wurden. »Man kann dem König von Schweden nicht verbieten, eine Zigarre zu rauchen«, sagte später ein Sprecher von Pan Am.

Die folgende Geschichte spielt ebenfalls über den Wolken, welche die Freiheit bedeuten. Ein sehr bekannter Schauspieler – der mich nach wie vor bittet, seinen Namen nicht in Zusammenhang mit seinem geliebten Zeitvertreib, dem Zigarrenrauchen, zu erwähnen – zündete sich auf einem Flug erster Klasse eine seiner Lieblings-Havannas an. Im Nu las ihm die Stewardess seine »Rechte« vor, was darauf hinauslief, daß sie ihm das Rauchen untersagte. Der muskulöse Schauspieler löste seinen Gurt, erhob sich zu seiner vollen Größe und wandte sich an die übrigen Passagiere mit den Worten: »Hat irgend jemand etwas dagegen, wenn ich eine Zigarre rauche?«, wobei er ziemlich finster dreinblickte. Es hatte niemand etwas dagegen.

Ob wir nun in Gesellschaft eine Zigarre rauchen oder in der Abgeschlossenheit unserer eigenen vier Wände – es bleibt ein Vergnügen, das nur wir Zigarrenraucher kennen. Und indem wir uns zusammentun und Freundlichkeit und Kameradschaft verbreiten, geben wir die Garantie ab: Das Rauchen einer Zigarre wird auch weiterhin ein lebhafter Teil des täglichen Lebens bleiben. Nur auf solche Weise wird dieser Genußvorgang den Platz erhalten, der ihm gebührt – als öffentlich anerkannter Bestandteil einer zivilisierten Gesellschaft.

Kapitel 5
Humidor & Co.
Die Geheimnisse der richtigen Auf-
bewahrung

Es heißt, nichts währt ewig. Dennoch läßt sich manches verlän-
gern, so auch die Güte einer Zigarre. Das Schlüsselwort heißt in diesem Zusammenhang »Befeuchtung«. Nun ist dieses Wort nicht etwa
mit Nässe in Zusammenhang zu bringen, sondern mit Luftfeuchtigkeit. Die Methode der Feuchthaltung wirkt sich aber nicht nur auf
die Qualität der Zigarren aus, sondern sie hat auch einen pekuniären
Aspekt. Schließlich kann man eine Menge Geld sparen, sofern man
eine ganze Kiste kauft bzw. einen Vorrat anlegt, etwa dann, wenn die
Lieblingsmarken im Sonderangebot zu haben sind.
Zigarren sollten bei 65 bis 70 Prozent Luftfeuchtigkeit und einer
Temperatur von circa 20 Grad Celsius aufbewahrt werden. Denn:
Eine Zigarre, die zu trocken ist, wird heiß beim Rauchen, brennt
schnell und ungleichmäßig herunter, während eine, die zu feucht ist,
große Schwierigkeiten beim Anzünden und noch größere mit dem
Zug bereitet. In jedem Fall werden Sie um das verdiente Rauchver-
gnügen gebracht.
Die beste Art, Zigarren aus dem mittelamerikanischen Raum zu
lagern, ist die, sie in einem Humidor aufzubewahren. Der Sinn eines

Humidors ist es, das milde, feuchte Klima der Karibik, wo die Zigarren gemacht werden, künstlich herzustellen. Zwar wird erst im nächsten Kapitel auf die verschiedenen Arten von Humidoren näher eingegangen, doch vorab will ich Ihnen den wichtigsten Rat in bezug auf die Feuchthaltung nicht vorenthalten: Verwenden Sie für den Humidor grundsätzlich nur destilliertes Wasser, da Leitungswasser oft Schimmelbildung hervorruft und die darin enthaltenen Zusätze die Wirkung der Befeuchtungsmittel mit der Zeit vernichten, ja sogar das Aroma der Zigarren beeinflussen könnten.

Einmal pro Woche inspiziere ich meine Humidore, das heißt, ich prüfe den Feuchtigkeitsgrad und versichere mich, ob sich nicht vielleicht grünlich-blaue Schimmelflecken auf den Zigarren gebildet haben. Wenn diese winzige Unannehmlichkeit auftritt, sollten Sie die befallenen Zigarren sofort herausnehmen und den Humidor lüften, nachdem Sie ihn zuvor gründlich mit einem trockenen Tuch gereinigt haben. Ein hellgrauer Flaum auf den Deckblättern ist jedoch gestattet und zeigt, daß die Zigarren reifen. Man kann diesen Flaum mit einem weichen Tuch abwischen, wenn man will. Man kann ihn aber auch auf dem Deckblatt belassen, so wie man den Staub auf einer alten Flasche Wein nicht abwischt. Er richtet keinen Schaden an und verbessert dann und wann sogar den Geschmack.

In vielen europäischen Ländern, in denen man vor allem die Zigarren holländischen Typs schätzt – dies gilt vor allem für die Schweiz, Frankreich und Deutschland –, waren Humidore (auch als Klimaschrank bzw. Klimabox bekannt) lange Zeit als nicht besonders erforderlich angesehen worden. In Frankreich beispielsweise haben die Tabakhändler erst mit Beginn der achtziger Jahre damit angefangen, in ihren Läden Humidore aufzustellen, um die »feuchten« Zigarren besserer Qualität entsprechend aufzubewahren. Doch auch anderswo ist die Notwendigkeit des Feuchthaltens mittlerweile erkannt worden, und die Entwicklung auf diesem Gebiet ist durchaus beachtlich. Als ich beispielsweise vor einiger Zeit in Deutschland auf Werbetour für ein Buch unterwegs war, konnte ich jedenfalls feststellen, daß dort die meisten »begehbaren Humidore« – womit nichts anderes als Klimaräume gemeint sind – weiträumig konzipiert und gut bestückt waren.

Falls Sie keinen Humidor besitzen, sollten Sie Ihre Zigarren in dem Raum Ihres Hauses lagern, der am dunkelsten und der den wenigsten Temperaturschwankungen ausgesetzt ist. Am besten bewahrt man die Zigarren in einer Zedernholzkiste auf, da Zedernholz das Aroma

Der Inbegriff guter Lagerung. Diese Lagerschränke in der Partagas-Fabrik in Havanna sind mit Zedernholz ausgekleidet und rund hundert Jahre alt.

des Tabaks mit der Zeit günstig beeinflußt. Wenn Sie die Zigarren nicht per Kiste kaufen, lassen sich einzelne Stücke auch in einer luftdichten Plastikdose verwahren. Dabei wäre es allerdings empfehlenswert, den Boden mit ein paar Streifen Zedernholz auszukleiden (die Ihnen Ihr Tabakhändler bestimmt überlassen wird), um eventuelle Geruchsrückstände auszuschalten. – Ich kenne sogar jemanden, der seine Bündelzigarren in einer gut ausgescheuerten Kaffeedose mit einem Plastikdeckel aufbewahrt. Auch das funktioniert offensichtlich.

Mit Sicherheit werden die Zigarren austrocknen, wenn sich in dem Behälter nicht irgendein Befeuchtungsmittel befindet. Da genügen einfache Hilfsmittel wie ein angefeuchtetes Küchentuch, wie ein kleiner Schwamm (den man zusammen mit den Zigarren in einen verschlossenen Plastikbeutel steckt). Man muß nur darauf achten, daß die Deckblätter nicht in direktem Kontakt mit Wasser kommen, denn dann verderben sie. Benutzen Sie auch – wie oft bei Pfeifentabak gehandhabt – keine Stücke von Äpfeln oder anderem Obst zum Feuchthalten, da sich darauf leicht Schimmel bilden kann. Besonders in den Wintermonaten muß man darauf achten, daß die Zigarren nicht austrocknen, weil dann durchgehend geheizt wird. Sollten die Zigarren jedoch völlig ausgetrocknet sein, so ist es leicht mög-

lich, ihnen ohne Qualitätsverlust die notwendige Feuchtigkeit zuzuführen, vorausgesetzt, die Öle im Tabak sind noch nicht verdunstet. Auf keinen Fall dürfen die Zigarren im Kühlschrank aufbewahrt werden. Ich spreche da aus eigener Erfahrung. Die meisten Kühlschränke mit Abtauautomatik neigen dazu, den Waren und Lebensmitteln die Feuchtigkeit zu entziehen (so auch Ihren Zigarren), und da Tabak gut absorbiert, wird er schnell das Aroma der Nahrungsmittel, die sich im Kühlschrank befinden, aufnehmen – ich werde jedenfalls niemals jene Perfectos mit Pizza-Aroma vergessen. Aus demselben Grund sollte man auch nicht aromatisierte Zigarren, wie etwa ›Arangos Sportsmans‹, die mit einem prägnanten Vanillearoma daherkommen, mit naturbelassenen Zigarren zusammen lagern.
Die Lagerung trockener Zigarren bereitet dagegen keine besonderen Probleme, sind sie doch genügsam und brauchen wenig Feuchtigkeit. Sogar in heißen Klimazonen, wie etwa im Süden Italiens, auf dem Peloponnes oder an der spanischen Mittelmeerküste, wird dieser Typ Zigarren seinen Geschmack und seine Brandeigenschaften über Jahre behalten, sofern sie im Haus aufbewahrt werden.

Bei der Aufbewahrung im Humidor empfehlen viele Liebhaber, die Zigarren mindestens einmal im Monat zu drehen, damit sie an allen Stellen dieselbe Feuchte aufweisen (die Zigarren am Boden des Humidors sind tatsächlich nicht so feucht wie die darüberliegenden), aber mich stört an diesem Verfahren die viele Zeit, die solch eine Prozedur erfordert. Da die meisten Humidore eine Befeuchtungsvorrichtung im Deckel haben, wird, sobald die obere Schicht aufgeraucht ist, die darunterliegende automatisch als nächste befeuchtet. Mit dem zeitraubenden Umdrehen habe ich jedenfalls so meine Schwierigkeiten, obwohl ich mich, falls ich mehr Verantwortungsgefühl hätte, womöglich doch für das Drehen entschließen würde. Aber ehrlich gesagt: Ich möchte meine Zeit lieber dem Rauchen als dem Drehen widmen.
Ein Humidor ist auch sehr praktisch, wenn Sie Ihre Zigarren gerne noch »altern« lassen wollen (wie viele ernst zu nehmende Zigarrenraucher es heutzutage tun). Der Trend, Zigarren nachreifen zu lassen, ist nicht neu, denn diese Methode war schon bei Rauchern zu Beginn unseres Jahrhunderts in Mode. Es taucht auch immer mal wieder eine längst vergessene Kiste Havannas aus der Zeit vor Castro auf (nicht selten gar aus der Zeit vor Batista), die dann zu einem sündhaft teuren Preis auf Auktionen versteigert wird.
Das Reifen von Zigarren ist ähnlich dem bei Weinen und edlen Käse-

sorten. Einige Sorten können ohne weiteres zehn, ja zwanzig Jahre lang ruhen – obwohl heute zwei bis fünf Jahre die Norm sind, da die meisten von uns ihre Zigarren nicht für so lange Zeit weglegen, sondern sie lieber genießen wollen. Einige der heute hergestellten Zigarren erreichen dagegen den höchsten Punkt der Reife nach ein, zwei Jahren, und dann verschlechtert sich ihre Qualität wieder. Und genau wie beim Wein gibt es Tabaksorten, die überhaupt nicht reifen müssen, während andere ihr Aroma durch das Reifen unvergleichlich verbessern. Wann eine Zigarre ausgereift ist, kann man feststellen, indem man alle sechs Monate wieder eine der Zigarren raucht, die man reifen läßt.

Ich gehe dabei folgendermaßen vor: Zusätzlich zu den Humidoren, in denen ich die Zigarren, die ich laufend rauche, aufbewahre, besitze ich einige zusätzliche für die Zigarren, die reifen sollen. Außerdem habe ich das Glück, in der Nähe eines Tabakhändlers zu wohnen, der Schließfächer in seinem Klimaraum vermietet, so daß ich noch zusätzlichen Lagerraum zur Verfügung habe. Firmen wie Dunhill und Davidoff, aber auch etliche Tabakhändler, die über genug Raum verfügen, bieten solchen Kundenservice natürlich ebenfalls an. Doch selbst zu Hause ist es nicht schwierig, eine Kiste Zigarren in einem Humidor zu lagern, der extra für diesen Zweck angeschafft wurde. Eine weitere Möglichkeit, eine Kiste Zigarren dementsprechend zu verwahren, bietet der schon besprochene gut verschließbare Plastikbehälter, dem irgend etwas zum Feuchthalten beigefügt wird. Am besten reifen, wie gesagt, die Zigarren jedoch in einer Zedernholzkiste, welche der richtigen Mischung aus Temperatur und Feuchtigkeit ausgesetzt ist. Vergessen Sie aber nicht, die Zellophanhüllen von jeder Zigarre und die Innenauskleidung aus der Kiste zu entfernen, denn sonst sind all Ihre Bemühungen umsonst. Jede Kiste, die ich zum Reifen beiseite stelle, versehe ich mit dem Datum, an dem ich sie deponiere. Bevor ich die Kiste verschließe, rauche ich eine Zigarre daraus und notiere mir meine Eindrücke bezüglich des Deckblattaromas und des Tabakgeschmacks. Ungefähr nach sechs Monaten rauche ich wieder eine Zigarre von dieser Kiste und vergleiche meinen neuen Eindruck mit meinen Notizen. So kann ich feststellen, ob sich in Geschmack und Deckblattaroma Veränderungen ergeben haben. Bemerke ich Veränderungen, so weiß ich, daß sich meine Zigarren im Reifungsprozeß befinden. Registriere ich dagegen keine nennenswerten Unterschiede, wird die Kiste »ausquartiert« und zum Konsum »freigegeben«. Das bedeutet nicht, daß die Zigarren schlecht sind; es bedeutet einfach, daß die

Zigarren von einer zusätzlichen Reifezeit nicht profitieren. Übrigens ist es ohne weiteres möglich, verschiedene Sorten in einer Kiste reifen zu lassen. Dabei sollte jedoch auf eines unbedingt geachtet werden: Bei unterschiedlichen Tabaksorten ist mit individuellen Reifezeiten zu rechnen.

Ich will Sie nun vor einem Schreckgespenst warnen, das bei feuchter Lagerung immer wieder mal auftauchen kann. Es handelt sich um eine bösartige Form des *Lasioderma*, des gefürchteten Tabakkäfers. Obwohl nahezu alle Zigarrenhersteller ihre Lagerräume einmal im Monat mit Insektenschutzmitteln aussprühen, schaffen es diese Kreaturen, manchmal zu überleben, und zwar, indem sie ihre Eier tief ins Innere des Tabakblatts legen. Dort ruhen sie auch noch, während das Blatt zu einer Zigarre verarbeitet wird. In einem dunklen Humidor, der vielleicht etwas zu warm, womöglich auch zu feucht ist, erwachen sie dann aus ihrem Schlummer – und innerhalb von zweiundzwanzig Tagen wächst die Larve zu einem hungrigen Wurm heran und stürzt sich auf das Festessen – Ihre Zigarre! Dieses gemeine Wesen frißt sich nicht nur unbemerkt durch die Tabakblätter, sondern bohrt sich dabei auch einen winzigen Tunnel bis an die Oberfläche der Zigarre. Fürchterlich aufgedunsen und rülpsend,

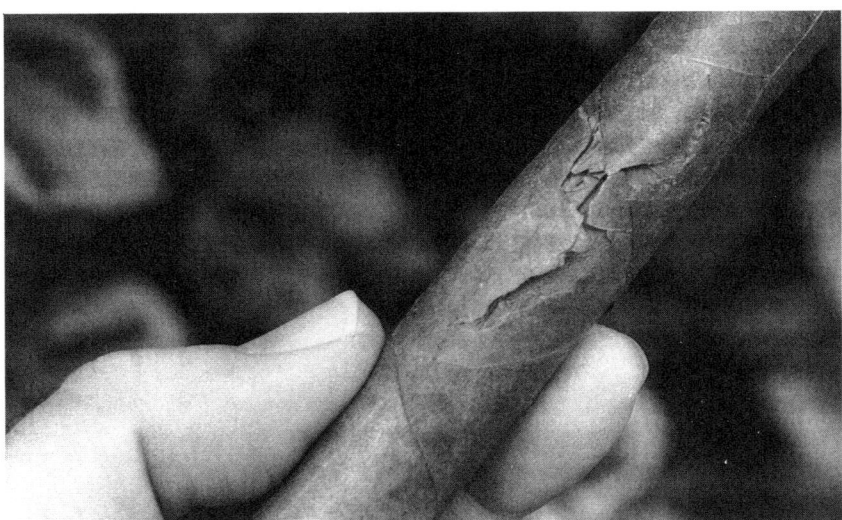

Ein Effekt, den man unbedingt vermeiden muß: Durch zuviel Befeuchtung ist das Deckblatt gerissen. Dasselbe kann passieren, wenn man versucht, die Zigarren nach dem Einfrieren zu schnell auftauen zu lassen.

In der Dominikanischen Republik wird getrockneter Tabak in Serones, *großen Körben aus Palmblättern, transportiert.*

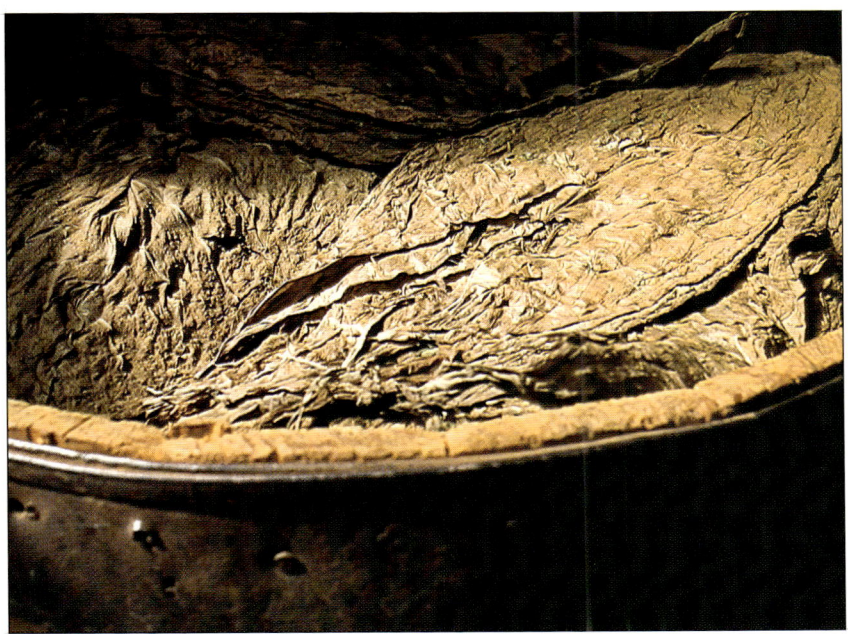

Getrockneter Havanna-Tabak aus dem Vuelta Abajo.

Die Kunst der handgemachten Zigarre. Hier sieht man die traditionelle Chavete *sowie ein Gerät, das zum Beschneiden des Brandendes verwendet wird.*

Diese Auswahl an Jahrgangszigarren würde wahrscheinlich jeden Connaisseur entzücken. Im Hintergrund ist ein Tröpfchen zu sehen, das die eleganten Zigarren auf perfekte Weise ergänzen könnte: eine geschliffene Kristallkaraffe, die einen Cognac der Marke ›Louis XIII‹ von Rémy Martin beherbergt.

Aus dem Österreichischen Tabakmuseum stammt dieses seltene Set von Zigarrenmaßen aus Messing, das von Zigarrenmachern im Wien des späten 19. Jahrhunderts verwendet wurde.

Ein farbenfrohes Dekor bildet diese Sammlung von historischen Bauchbinden.

Klassische Havannas in ihren Original-Kisten aus der Jahrhundertwende. Sie sind Sammlern noch immer ihren Preis wert, wenn sie gelegentlich bei Privatverkäufen und auf Auktionen zu erwerben sind.

Diese Zigarren sind benannt nach dem wohl bekanntesten amerikanischen Schriftsteller, der ja auch sehr vertraut war mit Kuba (und somit den kubanischen Zigarren): Die ›Fuente Hemingway‹ ist ein Format, das sehr schwierig herzustellen ist. Im Prinzip handelt es sich um eine Perfecto mit spitz zulaufendem Kopf für leichtes Anschneiden und einem verlängerten Brandende für problemloses Anzünden – wirklich eine Zigarre für den Kenner. Hier sieht man (von oben nach unten) die ›Masterpiece 2‹, die ›Classic‹, die original ›Signature‹ und die ›Short Story‹. Nicht zu sehen sind die ›Best Seller‹ und die ›Prized Edition‹.

nachdem er sich an Ihrer Double Corona vollgefressen hat, verwandelt er sich in einen stecknadelkopfgroßen braunen Käfer. Wenn Sie dann irgendwann wieder Ihren Humidor öffnen, fliegt dieser Käfer entweder davon, oder – was häufiger geschieht – sein Körper liegt am Boden der Kiste.

Jene Tabakkäfer beschränken sich in der Regel auf eine einzige Zigarre, aber dummerweise begeben sie sich bisweilen auch auf Wanderschaft. – Vor Jahren geschah es: Ich öffnete am Wochenende eine Kiste, in der sich einmal fünfundzwanzig wohlgeformte Zigarren befanden – und sah nichts als zerrissene Blätter und Tabakstaub; eine regelrechte Invasion hatte da stattgefunden. In der Regel frißt sich der Wurm auf direktem Weg nach oben aus der Zigarre heraus und hinterläßt so ein verräterisches Loch (das die Zigarre übrigens völlig ruiniert), doch manchmal frißt er auch eine tiefe Rinne längs des Deckblatts.

Wenn Sie ein Exemplar jenes tödlichen *Lasioderma* in Ihrem Humidor entdecken, so nehmen Sie als erstes einen kräftigen Schluck aus einer der Flaschen zu sich, auf die in Kapitel 7 näher eingegangen wird. Dann kehren Sie zum Ort des Verbrechens zurück und entfernen die ruinöse Zigarre. Genauer gesagt, Sie nehmen alle Zigarren heraus, um das Biest zu ertappen und um zu verhindern, daß noch weitere Exemplare seiner Sorte – die womöglich noch in den Zigarren lauern – demnächst ausschlüpfen. Wenn Sie Glück haben, beherbergt eine einzige Zigarre alle Larven – aber man kann nie wissen. Zur Vorsicht sollten die Zigarren folgendermaßen behandelt werden: Legen Sie alle auf ein helles Küchentuch (so sind die Käfer besser zu erkennen), und untersuchen Sie jede einzelne Zigarre peinlich genau auf Wurmlöcher. Sortieren Sie nun die Exemplare aus, welche Löcher aufweisen. Schauen Sie dann ganz genau nach, ob sich in Ihrem Humidor Anzeichen für den Körper des Käfers finden. Bei diesem Unterfangen ist die Chance auf Entdeckung relativ groß. Was Sie anschließend machen, bleibt Ihnen überlassen.

Als nächstes stecken Sie die Zigarren, die anscheinend gesund sind, in einen Plastikbeutel mit Reißverschluß, verschließen ihn hermetisch und legen ihn in den Tiefkühlschrank. Lassen Sie ihn nun mindestens zwei, besser jedoch drei Tage dort. Legen Sie den Beutel anschließend in den Kühlschrank, damit die Zigarren langsam auftauen – tauen sie zu schnell auf, zerbrechen sie leicht. (Das ist übrigens die einzige Situation, in der Sie die Zigarren in den Kühlschrank legen sollten.) Wenn schließlich die Zigarren aufgetaut sind, nehmen Sie sie aus dem Kühlschrank und aus dem Beutel, so daß sie langsam wieder Raumtemperatur annehmen können. Legen Sie die kostbaren Stücke jedoch auf keinen Fall in die Sonne, um den Vorgang so beschleunigen zu wollen, denn dann platzt das Deckblatt auf (wobei ich wieder aus persönlicher Erfahrung spreche). In der Zwischenzeit haben Sie den Humidor gründlich gesäubert und ihn auslüften lassen. Nun steht nichts mehr im Weg, um Ihre »Patienten« wieder dem Humidor zu überlassen. Der Käfer ist tot, die Zigarren dürfen geraucht werden, Sie haben die Welt gerettet – für den Augenblick.

Aber die »Nacht des *Lasioderma*« kann wiederkehren. Eigentlich sollte es nicht passieren, denn zum einen wird die Tabakernte

Ein frisches Loch, gebohrt von dem gefürchteten Lasioderma *(Tabakwurm). An den Rändern des Lochs ist Tabakstaub zu sehen.*

gesprizt, zum anderen werden die Lagerhäuser mit Pestiziden behandelt. Aber bei diesem »Mistkäfer« handelt es sich um eine Kreatur, die einfach nicht bereit ist, sich um die Aufnahme in die Liste der gefährdeten Arten zu bemühen. Selbst trockene Zigarren sind nicht gegen seine Angriffe gefeit, und die Technik des Einfrierens wird – natürlich in ganz anderen Ausmaßen – von vielen europäischen Herstellern angewendet, um ihre Zigarren holländischen Typs »rein« zu halten, während sie in tropische oder subtropische Länder versandt werden.

Doch wie auch immer die Hersteller gegen den *Lasioderma* zu Felde ziehen – Sie wissen nun um das »Geheimnis«, wie Sie dieses Biest loswerden und Ihre Zigarren schützen. Wie so häufig, so ist auch hier ständige Überwachung die beste Verteidigung. Kontrollieren Sie also regelmäßig Ihren Humidor, und zwar nicht nur die oberste Reihe, sondern alle, also auch die unterste. Halten Sie den Humidor außerdem fern von Hitzeeinflüssen. Und wenn es geht, so sollten Sie die Zigarren lieber kühl und mit weniger Feuchtigkeit aufbewahren, als zu feucht und zu warm. All diese Vorsichtsmaßnahmen werden schließlich zu einem wichtigen Umstand beitragen: Eines Tages fühlen sich die Zigarren aller Länder in ihren Humidoren vollkommen sicher und führen ein Leben ohne Furcht vor dem Haß des *Lasioderma*, jenem schrecklichen Tabakfeind.

Kapitel 6
Die große Welt des Rauchgenusses
Zigarren-Accessoires

Wie jeder Genuß, so kann auch der von Zigarren eine Aufwertung erfahren. Das geschieht durch einige dafür bestimmte Zigarren-Accessoires. Manche mögen außergewöhnlich, gar luxuriös sein, manche wiederum sind einfach unverzichtbar, so auch ein guter Anschneider ...

In den meisten Kreisen entspricht es nicht der Etikette, das Ende der Zigarre mit den Zähnen abzutrennen und durch den Raum zu spucken – das war wohl im Wilden Westen einmal gang und gäbe, paßt aber nicht mehr in die heutige Zeit. Auch das Abtrennen der Kappe mit dem Fingernagel gilt eher als unfein. Was der Zigarren-raucher braucht, ist eine zivilisierte Methode, um die drei Grundarten des Anschneidens, wie sie in Kapitel 3 beschrieben worden sind, durchzuführen. Da ich, wie schon gesagt, den glatten Anschnitt für den besten halte, werden wir uns zunächst mit der »Guillotine« beschäftigen.

Der häufigste (und preiswerteste) Anschneider ist ein Plastikgerät im Taschenformat, das an einer Seite ein Fingerloch hat (und das man oft von den Herstellerfirmen als Werbegeschenk erhält). Wenn Sie Werbeaufschriften nicht mögen, erhalten Sie einen solchen Anschneider in jedem Tabakladen für wenig Geld. Im Prinzip handelt es sich hier um eine Rasierklinge, und daher ist diese preiswerte Ausgabe nur für eine begrenzte Zahl von »Scharfrasuren« an Ihren Zigarren geeignet. Bei regelmäßigem Gebrauch hält so ein Anschneider im Durchschnitt sechs Monate.

Wesentlich teurer ist da der ›Donatus‹, ein Guillotine-Schneider aus Deutschland mit Solinger Edelstahlklinge. Es gibt ihn in verschiedenen Ausgaben, so etwa in poliertem Stahl mit kontrastierenden Goldschrauben (wie auf Seite 183 abgebildet) oder mit Bruyèreholz, verkleidet von Savinelli.

Der vielseitigste Anschneider im Taschenformat trägt die Bezeichnung ›Zino‹ und ist von Davidoff. Er ist einer der wenigen Anschneider, der Ringmaße bis 54 verkraften kann, ohne den Dienst zu versagen. Der ›Zino‹ ist etwas schwerer als die meisten anderen Versionen dieser Art, aber er ist der einzige Anschneider, der über zwei Klingen verfügt, so daß gleichmäßiger Druck von beiden Seiten auf den Kopf der Zigarre gewährleistet ist: Die Klingen werden jeweils in gleicher Höhe angesetzt, schneiden gerade durch und treffen sich in der Mitte der Zigarre. (Eine normale Klinge wird übrigens an einer Seite angesetzt und schneidet durch bis auf die andere.) Mit dem ›Zino‹ ist die Hebelwirkung der Finger wesentlich größer, so daß der Schnitt schneller und sicherer durchgeführt werden kann. Dank ihres einzigartigen Designs schärfen sich die Klingen aus rostfreiem, poliertem Stahl selbst, und so ist dieser Anschneider höchstwahrscheinlich eine Anschaffung fürs Leben. Der ›Zino‹ ist erhältlich in den Farben Schwarz, Braun, Rot, Grün, Grau und Weiß. Dieses »Schmuckstück« von Davidoff ist zwar nicht gerade preiswert, aber bei weitem nicht der teuerste Anschneider auf dem Markt. Zieht man in Betracht, wie praktisch und vielseitig er ist, ist er jedoch wirklich sein Geld wert.

Wir begeben uns jetzt auf die Ebene der luxuriösen Guillotine-Anschneider, von denen es erstaunlich wenige gibt. Dunhill bietet wohl noch die größte Auswahl, wobei alle Anschneider im Westentaschenformat mit einer rostfreien Stahlklinge versehen sind. Diese kleinen Kunstwerke werden in Großbritannien hergestellt und sind in verschiedenen Ausführungen erhältlich, unter anderem in poliertem Stahl, in Stahl und Gold, in Sterlingsilber, vergoldet, versilbert und in reinem achtzehnkarätigem Gold. Sie sind sehr elegant und passen zu Anzug und Krawatte. Jeder Anschneider hat ein schützendes Lederetui und einen »Schäkel«, einen Ring zur Befestigung an der Uhrkette. Diesen Anschneider zu verlieren käme nämlich einem Drama gleich!

Von Dupont in Frankreich werden ausgefallene viereckige Taschenanschneider in drei verschiedenen Ausführungen angeboten: in
schwarzem Chinalack, versilbert und vergoldet. Von Cartier wiederum gibt es einen Anschneider mit unzähligen Schräubchen im
›Santos‹-Design, passend zur ›Santos‹-Armbanduhr der Pariser Gold-
schmiede. Die ›Cigar Scissors‹ von Davidoff, eine Schere zum
Anschneiden im Schreibtischformat, ist dagegen aus rostfreiem
Edelstahl handgeschmiedet. Ähnlich wie der ›Zino‹ derselben Firma,
hat auch diese Zigarrenschere zwei Klingen und ist einfach im
Gebrauch, wenn es darum geht, das Ringmaß anzupassen. Michel
Perrenoud in der Schweiz wartet übrigens mit einem sehr ähnlichen
Design auf.

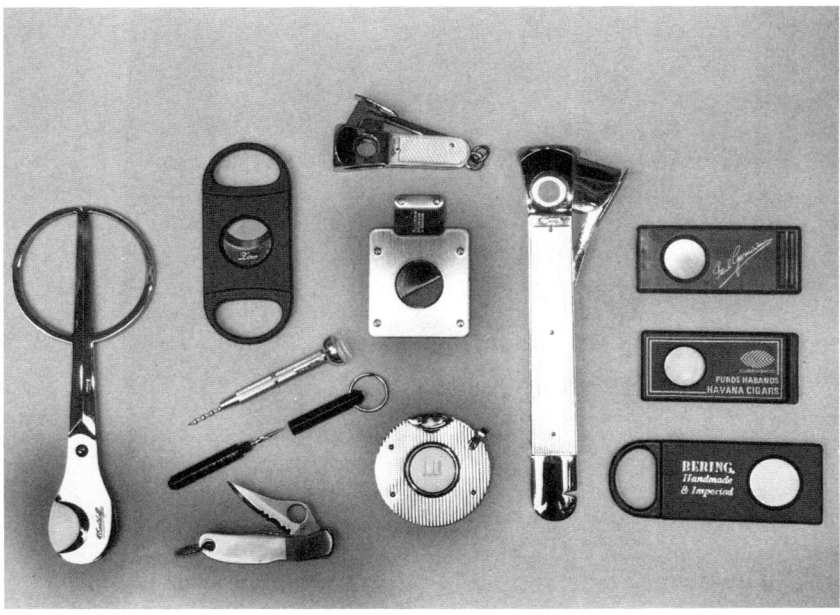

*Die perfekten Anschneider (spiralförmig von links nach rechts): rost-
freie Edelstahlschere von Davidoff; tragbarer Zigarrenanschneider aus
der Davidoffschen Serie ›Zino‹; Taschenanschneider aus Sterlingsilber für
V-Anschnitte; Tischanschneider aus Sterlingsilber von Dunhill; drei Versionen von Taschen-Guillotinen: oben eine rostfreie Edelstahlklinge aus Shef-
field, England, darunter Präsente von Cubatabaco und Bering; runde, vergoldete Guillotine von Dunhill; ein Anschneider von Spyderco mit perlmutt-
verziertem Griff und einer gezahnten Klinge für den glatten Schnitt; zwei
Locher: der ›Trilogy‹ von Kolpin sowie ein »Golf-Tee-Bohrer« aus Sterlingsilber von Dunhill; viereckiger Stahl von Donatus.*

Fast alle Anschneider, die einen Keil aus dem Zigarrenkopf heraus-
schneiden, werden von der in Deutschland ansässigen Firma Donatus hergestellt, sind aber unter verschiedenen Handelsnamen auf
dem Markt. Eine Ausgabe für zu Hause hat einen verlängerten Griff,
der in der Regel mit Holz, Hirschhorn oder mit anderen Edelmate-
rialien verkleidet ist und der eine kleine Einkerbung im gerundeten
Ende aufweist, die zum Entfernen des Nagels an der Zigarrenkiste
dient. Der Anschneider wiederum besitzt ein flache Rundung, die es
ermöglicht, den Deckel der Kiste aufzuhebeln. Obwohl er »V-Anschneider« genannt wird, hat auch er zwei Schneidelöcher auf jeder
Seite für den Guillotine-Schnitt, mit einem kleinen Loch auf der
einen Seite für trockene europäische Formate und einem etwas
größeren auf der anderen für Ringmaße bis 33. Leider mußte ich
bisher immer feststellen, daß diese Klingen nicht besonders gut
funktionieren. Ein Anschneider derselben Machart ist auch im
Westentaschenformat zu bekommen. Hierbei springt die Klinge
nicht automatisch zurück wie bei der größeren Version (was übrigens sehr praktisch ist).
Die bei weitem besten »V-Anschneider« sind die versilberten, mit
Feingehaltsstempel versehenen Versionen von Dunhill. Sowohl die
großen als auch die Westentaschenformate werden, ansprechend
verpackt, in Geschenkkartons verkauft.
Zigarrenlocher sind schon seit geraumer Zeit nicht mehr in Mode,
weshalb sie auch nur noch in wenigen Geschäften zu finden sind.
Nur zwei Locher unterscheiden sich von der Norm. Einer hat die
Form eines »T« – besser gesagt: eines »Golf-Tee« –, aus dem sich ein
kleiner silberner Bohrer zum Lochen der Zigarre herausdrehen läßt.
Wesentlich preiswerter als jener Locher ist der ›Trilogy‹, ein kleiner
Metallstab mit einem Schlüsselring. Am unteren Ende des Stabs
läßt sich ein schlanker Drillbohrer herausdrehen. Dieses Instrument
soll dazu dienen, drei Löcher in den Kopf der Zigarre zu bohren, und
zwar jeweils im 45-Grad-Winkel. Auf diese Weise können sich Teerstoffe und Säfte nicht in einem einzigen Loch in der Mitte ansammeln, wodurch der Rauch von der Zungenspitze ferngehalten wird.
Der ›Trilogy‹ besitzt aber noch einen weiteren Vorteil: Er ist der einzige, den man für so riesige Zigarren wie die ›Jeroboam‹ mit einem
Ringmaß von 66 und die ›Half Jeroboam‹ aus dem Hause Casa Blanca
verwenden kann. Ich gestehe, daß ich einen ›Trilogy‹ an meinem
Schlüsselring habe, und zwar für den Fall, daß ich meinen Taschen-
Guillotine-Anschneider vergesse oder verliere.
Wenn ich einen Anschneider auswähle, entscheide ich mich stets für

Zwei Zigarrenanschneider aus neuester Zeit. Links der ›Davidoff Round Cutter‹, hergestellt in Frankreich; die runde Scheibe schwingt aus dem eleganten Etui heraus und gibt drei runde Stahlklingen frei, die für alle Zigarrendurchmesser geeignet sind; dabei wird der Kopf der Zigarre auf eine der runden Klingen gedreht, so daß die Mitte des Zigarrenkopfes herausgerissen wird, wodurch ein sauberes Loch entsteht. Sehr viel preiswerter ist die rechts zu sehende effektive Guillotine mit Doppelklinge von Pléiades; sie ist hier zu sehen mit zwei ›Montecristo No. 2‹; interessant sind die Unterschiede bei den Köpfen dieser eigentlich identischen Zigarren – ein gutes Beispiel dafür, welche Unterschiede durch das Rollen von Hand entstehen.

eine preiswerte Ausgabe, damit ich ihn gut in meiner Manteltasche oder im Handschuhfach meines Autos verwahren kann. Sollte solch ein Anschneider stumpf werden (was zum Alltag gehört) oder verlorengehen (was ebenfalls häufig an der Tagesordnung ist), ist das nicht weiter dramatisch, da in jedem Tabakladen für wenig Geld ein neuer zu kaufen ist. Dennoch: Wenn man Qualitätszigarren raucht, sehnt man sich irgendwann auch nach einem Qualitätsanschneider. Zu Hause bewahre ich deshalb ständig einen ›Zino‹ neben meinem Rauchtisch auf, und ein Scherenanschneider von Michel Perrenoud hängt an einem Magneten, der an einem meiner Humidore befestigt ist, und ist so stets zur Hand. Ebenso bewahre ich in meiner »Raucherhöhle« immer einen Anschneider in der Nähe meines »Rau-

chersessels« auf – für den Notfall, falls der ›Zino‹ gerade nicht
»erreichbar« ist. Verlasse ich das traute Heim und begebe mich in
feine Gesellschaft, trage ich in einem Lederetui einen Anschneider
von Dunhill bei mir, der aus Gold gefertigt ist – was durchaus Eindruck schindet, wenn ich damit meine Zigarre und die meiner Rau-
cherfreunde anschneide. Da ich Zigarrenanschneider sammle, trage
ich manchmal auch einen meiner antiken Anschneider bei mir, der
dann an der Kette befestigt ist, die zu meiner Weste gehört. Das alles
ist aber eigentlich nur Show, denn zum Anschneiden der dicken
Zigarren, die ich meistens rauche, sind solche »Eindrucksschinder«
kaum geeignet. Auch Winston Churchill machte immer viel Aufhe-
bens um seinen Zigarrenanschneider, den er an seiner Uhrkette trug,
benutzte ihn aber nur selten, denn er zog es vor, seine Zigarren mit
Hilfe eines Streichholzes zu lochen.
Einerlei, welche Sorte Anschneider Sie wählen – das wichtigste Kri-
terium ist bei allen die Klinge. Sie muß unbedingt scharf sein, denn
andernfalls wird die Kappe der Zigarre nicht angeschnitten, sondern
eingedrückt. Dadurch wird der Zug behindert, und all die Sorgfalt,
die der Zigarrenmacher bei der Herstellung des Wickels aufgewandt
hat, wird zunichte gemacht. Dann sollten Sie lieber ein scharfes
Taschenmesser benutzen – das ist allemal besser als ein stumpfer
Zigarrenabschneider.

Der Anschneider ist das nützlichste Zubehör des Zigarrenrauchers.
Daneben ist die Anschaffung eines Humidors von Qualität die beste
Investition, die jeder für seine Zigarren tätigen kann. Ein guter
Humidor kann zwar teuer sein, muß es aber nicht. Wie schon gesagt,
eignet sich als Humidor auch eine schlichte Haushaltsdose aus Plastik, die gut schließt. Dann gibt es wiederum manche Zigarrenkiste,
die schon als Humidor konzipiert ist, da sie eine Befeuchtungsvorrichtung besitzt, wie beispielsweise die für die ›Pléiades‹ und die für
die ›Romeo y Julieta Vintage‹ aus der Dominikanischen Republik.
Das alles ist ja schön und gut, aber wie sieht es nun aus, wenn Sie
einige Gäste zum Abendessen zu Hause bewirten und nach dem Dinner auf allgemeinen Wunsch Zigarren gereicht werden? ›Grand
Crus‹ von Davidoff auf einer Unterlage zu präsentieren, auf der sich
ansonsten Kekse stapeln, macht nicht gerade einen guten Eindruck.
Ebenso könnte man seine Zigarre am heißen Auspuffrohr einer Har-
ley Davidson anzünden. Nein, es wird die Zeit kommen, zu der Sie
und Ihre Zigarre nach Besserem verlangen.
Ob Sie nun in Gesellschaft rauchen oder nicht – ein Humidor ist

Ausdruck Ihrer Einstellung gegenüber Ihren Zigarren, die Sie rauchen. Er verkörpert den Stolz des Besitzers und trägt in vielen Fällen zur Bereicherung der persönlichen Atmosphäre in Ihrem Heim oder Ihrem Büro bei. Solch ein Klimaschrank zeigt nicht nur an, daß überhaupt Zigarren geraucht werden, sondern gibt auch zu verstehen, daß hinter den Zigarren eine Persönlickeit steht.

Zwei Grundvoraussetzungen muß ein Humidor erfüllen: Er muß zuverlässig ein konstantes Feuchtigkeitsniveau halten, und er muß luftdicht schließen. Nicht alle Humidore weisen diese Eigenschaften auf. Viele Produkte der unteren Preisklassen werden jedoch nicht zuletzt deshalb von den teureren verdrängt, da letztere eher wie ein edles Möbelstück für einen bestimmten Zweck daherkommen und nicht als Kiste, in der sich Zigarren aufbewahren lassen.

Die Funktionstüchtigkeit eines Humidors ist die eine Sache, seine Kapazität die andere. Schließlich soll dieser Klimaschrank eine angemessene Anzahl von Zigarren aufnehmen, damit er Ihre Rauchbedürfnisse befriedigen kann. Es sollten also zumindest die Größen und Formate, die Sie bevorzugen, hineinpassen. Wenn Sie Churchills mit einer Länge von 7 $\frac{1}{2}$ Inches (ca. 191 mm) lieben, wäre es für Sie sinnlos, einen Humidor mit einer Innenbreite von 6 Inches (ca. 152 mm) zu kaufen, selbst wenn er noch so preiswert ist. Doch gottlob beschränkt sich das Angebot bei den Humidoren nicht auf ein oder zwei Ausführungen. Da gibt es Exemplare, die bis zu hundert oder hundertfünfzig Zigarren aufnehmen und über bewegliche Trennwände verfügen, die den verschiedenen Größen leicht anzupassen sind – von ›Partagas Puritos‹ mit einer Länge von 4 $\frac{3}{16}$ Inches (ca. 106 mm) bis zu jenen ›Cuba Aliados Generals‹ mit ihren schon legendären 18 Inches (ca. 457 mm).

Vorsicht ist bei Humidoren geboten, die angeblich eine bestimmte Anzahl von Zigarren aufnehmen können. Einmal habe ich in meiner Gutgläubigkeit einen Humidor bestellt, der, so wurde offeriert, für die Aufnahme von fünfzig Zigarren konzipiert sei. Zu Hause mußte ich dann feststellen: Die Firma war offensichtlich von fünfzig Coronas ausgegangen, denn von meinen Churchills konnte ich beim besten Willen nicht mehr als fünfundzwanzig Stück unterbringen – und das auch nur horizontal (was ohne weiteres möglich ist). All das zeigt: Ein zu großer Humidor ist besser als ein zu kleiner.

Einige Humidore sind mit Zedernholz ausgekleidet, denn zusammen mit Tabak entfaltet Zedernholz bekanntlich eine wunderbare Würze. Aus diesem Grund sind die Reifekammern aller großen Firmen mit Zedernholz ausgeschlagen und werden die Zigarrenkisten

187

aus diesem Holz hergestellt. Es herrscht jedoch auch die Auffassung vor, Zedernholz könne die Gleichmäßigkeit des Feuchtigkeitsgehalts beeinträchtigen, da es sehr saugfähig sei. Deshalb findet der Interessierte Humidore, die mit Mahagoni ausgekleidet, und solche, die lackiert sind. Wie nun der einzelne Humidor beschaffen ist, ist nicht von Belang, wichtig ist vielmehr, daß er luftdicht schließt und eine gute Befeuchtungsvorrichtung hat, damit er die Zigarren frisch hält und der Tabak gemäß seinen Eigenschaften reifen kann. – Was mich betrifft, so besitze ich beide Arten. Die Zigarren für den sofortigen Gebrauch bewahre ich in einem Mahagoni-Humidor ohne Zedernholzverkleidung auf, in den hundert Zigarren der gängigen Formate passen, während ich die Zigarren zum Reifen in einem Klimaschrank mit Zedernholzverkleidung für hundertfünfzig Zigarren untergebracht habe. In diesem Fall bevorzuge ich, wie auch sonst eigentlich immer, natürlich Zedernholz, da ich jene zusätzliche Würze beim Rauchen einfach mag.

Humidore, erschwinglich und raumsparend (von links nach rechts): Der Humidor aus Frankreich besteht aus Rosenholz, ist mit Zedernholz ausgekleidet und hat einen eingebauten Hygrometer sowie herausnehmbaren Befeuchter; eine Kiste mit ›Punch Grand Cru‹, die leicht umgewandelt werden kann für andere Formate wie die ›Tabacaleras Corona Largas‹ oder die ›Bances Cazadores‹; die Serie ›Bordeaux‹ von Savinelli, gefüllt mit verschiedenen Zigarren.

Einer der besten Humidore im oberen Qualitätsbereich wird von Savinelli vertrieben. Es gibt ihn in zwei Größen, entweder für fünfundsiebzig oder für hundertfünfzig Zigarren (bzw. fünfundzwanzig und fünfzig Exemplare der größeren Formate). Sie sind mit Zedernholz ausgekleidet und haben verstellbare Innenwände, einen Hygrometer, einen regulierbaren Schwammbefeuchter und sind erhältlich in den Farben Bordeaux und Schwarz, wozu sich noch eine Ausführung gesellt, die mit Wurzelholzverkleidung aufwartet. Hierfür gibt es auch passende Aschenbecher und Feuerzeuge.

Sie sollten auch einige der Humidore in Augenschein nehmen, die in Italien hergestellt werden. Die meisten dieser Ausführungen haben vernünftige Preise und sind geeignet für fünfundzwanzig, fünfzig und hundert Zigarren (was natürlich Circa-Angaben sind, da von dem einen Format mehr, von dem anderen weniger hineinpassen). Außerdem gibt es größere, verschließbare Ausführungen für Konferenzräume mit schön gemasertem Holzfurnier, eingebautem Serviertablett und Messinggriffen. Neben den verstellbaren Innenwänden und der Wahl zwischen verschiedenen Ausführungen bei den meisten der Humidore mit Zedernholz-Interieur bieten sie einen besonders behandelten runden Schwamm mit verstellbaren Öffnungen, welche die Feuchtigkeit regulieren. Gibt man etwas mehr Geld aus, so erhält man den ausgezeichneten Feuchtigkeitsregulator von Credo (der weiter unten ausführlich besprochen werden wird).

Wir begeben uns nun in weitaus elegantere Gefilde. Michel Perrenoud in der Schweiz produziert eine Serie von Humidoren, die in Handarbeit hergestellt werden und die eher wie ein Möbelstück als wie ein Zigarren-Accessoire daherkommen. Aus dieser Serie besitze ich einen Mahagoni-Humidor mit Messingeinlage und goldenen Scharnieren. Er enthält einen Befeuchter, der so effizient ist, daß nur alle zwei Monate Wasser nachgefüllt werden muß. An dieser ausgezeichneten Handwerksarbeit habe ich lediglich zu bemängeln, daß für das Innere Hartholz verwendet worden ist. Leider werden die Humidore nur auf Bestellung mit Zedernholz ausgekleidet.

In der Schweiz werden auch jene Humidore hergestellt, die mittlerweile den wohl legendärsten Ruf besitzen. Davidoffs Klimaschränke – die meisten sind verschließbar – sind ausnahmslos mit Zedernholz ausgekleidet sowie mit dem exklusiven automatischen Regulator ausgestattet, welcher die Feuchtigkeit konstant bei 20 bis 22 Grad Celsius hält. Das Genfer Unternehmen bietet eine große Vielfalt von wunderschön gemaserten Holzausführungen an, wobei die Humi-

Elegantere Versionen von Humidoren (im Uhrzeigersinn, beginnend um 9.00 Uhr): Der Mahagoni-Humidor von Michel Perrenoud für rund hundert Zigarren wartet mit Messingeinlagen sowie einem herausnehmbarem Befeuchter auf und kann mit einer magnetischen Halterung für eine Zigarrenschere geliefert werden. Die Spezialanfertigung von D. Marshall aus Wurzelholz mit Zedernholzauskleidung hat einen herausnehmbaren Zedernholzeinsatz, vergoldete Befeuchtungsröhren und zusätzlich ein Befeuchtungssystem von Credo. Der Humidor für die ›Davidoff No. 3‹ aus Wurzelholz mit Zedernholzauskleidung verfügt im Deckel über eine Magnethalterung für das Anschneidewerkzeug. Der Acryl-Humidor aus der Davidoffschen Serie ›Zino‹ hat zwei Befeuchtungsvorrichtungen und bietet genug Platz, um Zigarren einzeln oder in der Kiste aufzubewahren. Die aus den zwanziger Jahren stammende kleine Matte eines Zigarrenhändlers rundet das Bild ab.

dore über Kapazitäten für vierzig bis zweihundert Zigarren normalen Formats verfügen. Darüber hinaus gibt es eine kleinere Serie von Reise-Humidoren, die Platz zwischen sechs und achtzehn Zigarren haben. Zu Davidoffs Serie ›Zino‹, die in Frankreich hergestellt wird, gehören zum einen das wunderschöne »Tabakblatt«-Modell (im Deckel ist ein Tabakblatt eingelassen), zum anderen zwei verschieden große Humidore in klarem bzw. getöntem Acryl, versehen mit Goldauflage – für all jene, die ihre Zigarren gerne betrachten wollen, ohne sie unbedingt zu rauchen. Das größere Acryl-Modell, das bis zu

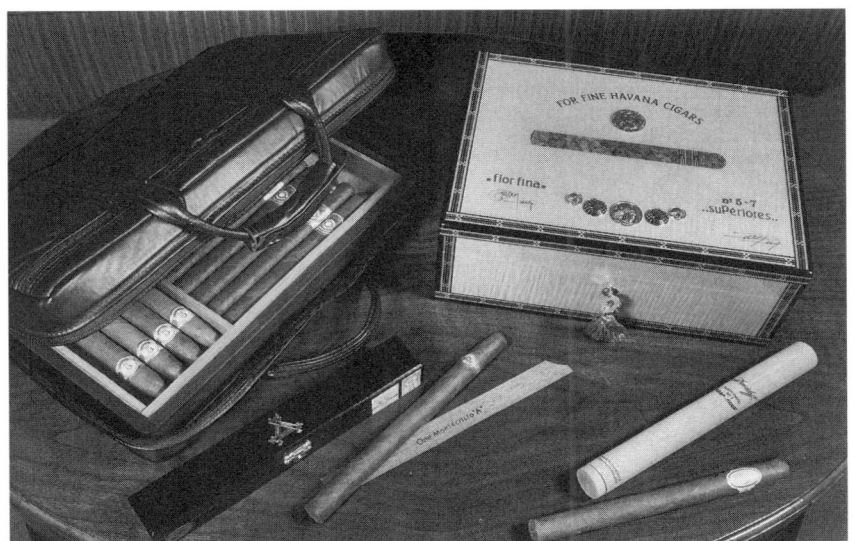

Zwei ausgezeichnete Humidore für zu Hause und unterwegs. Rechts ein eleganter Humidor von Elie Bleu in Frankreich; das kostbare Stück fällt durch handgemachte Intarsien auf und ähnelt einer Zigarrenkiste; hergestellt ganz in der Tradition der Alten Welt. Links ein Reisehumidor aus Mahagoni mit Zedernholzauskleidung und Lederetui, der bis zu zwanzig Zigarren unterschiedlicher Länge aufnehmen kann; er wird in den USA von Haven Humidors hergestellt; die beiden Zigarren, eine ›Montecristo A‹ und eine ›Davidoff Aniversario No. 1‹, werden jeweils im eigenen Reiseetui geliefert.

neunzig Zigarren normalen Formats faßt, enthält zwei der automatischen Davidoffschen Feuchtigkeitsregler, wobei sich je einer an jeder Seite befindet – eine wahrlich äußerst wirksame Angelegenheit.

Die Herstellung von handgearbeiteten Humidoren in Serie ist dagegen Dunhills Aushängeschild. Die britische Nobelfirma bietet zwei verschiedene Produktserien an. Am meisten verbreitet ist die für fünfundzwanzig Zigarren; sie ist mit Scharnieren ausgestattet, die mit einer Auflage aus zweiundzwanzigkarätigem Gold versehen sind, und besticht mit einer edlen Mahagoni-Verkleidung; erhältlich ist sie in drei Furnieren in Seidenmatt: Walnuß, Mahagoni und australische Silbereiche. Die andere Serie, die nur in Dunhill-Läden erhältlich ist, nimmt fünfzig bzw. hundert Zigarren gängigen Formats auf; sie sind mit Mahagoni ausgekleidet, bestechen durch edle Furniere und warten mit einem Deckel auf, der an »antike« Intarsien denken läßt, sowie einem Schloß, das ebenfalls nostalgische Erinnerungen weckt. Alle Dunhill-Humidore sind mit einem einzigartigen System zur Regulierung der Feuchtigkeit ausgerüstet, einem System, das aus einem Regulator besteht, der auf der Basis eines Glyzerin-Wasser-Gemischs arbeitet, und das wenig Aufwand erfordert: Nach jeweils vier Wochen muß lediglich Wasser nachgefüllt werden. Außerdem ist es möglich, den Befeuchter aus dem Humidor herauszunehmen und an einer eingebauten Skala den genauen Feuchtigkeitsgrad abzulesen – ein unschätzbarer Vorteil. Dieses System ist nicht nur relativ preiswert, da es im Schnitt lediglich alle achtzehn Monate ersetzt werden muß, sondern auch – meiner Meinung nach – wesentlich genauer als die industriell gefertigten Hygrometer.

Neben diesen beiden Humidor-Arten, die 1993 auf den Markt gebracht wurden, hat Dunhill seinen mittlerweile berühmten »Box Service« ins Leben gerufen. Wer diesen Service in Anspruch nimmt, der kann sich einen Humidor nach eigenen Vorstellungen bauen lassen. Ein Konzertpianist könnte sich beispielsweise einen Humidor in der Form eines Flügels bauen lassen, und wenn ein Bacchus-Freund einen Humidor in Form eines Weinfasses wünscht, so steht dem ebenfalls nichts im Wege – der Kreativität sind hier keine Grenzen gesetzt.

Auch die amerikanische Firma D. Marshall ist sehr darauf bedacht, ihre handgefertigten und berühmten Humidore dem Geschmack der Kunden anzupassen. Marshall verkauft am liebsten direkt an die Verbraucher, also ohne Zwischenhändler, obwohl seine Produkte bei guten Tabakhändlern in aller Welt sehr wohl zu finden sind. Es gibt sie in verschiedenen exotischen Holzarten und in verschiedenen Größen (für fünfzig bis fünfhundert Zigarren, auf Anfrage sogar für noch mehr Exemplare). Jeder Humidor von D. Marshall hat eine Herstellungszeit von ungefähr vier Monaten, nicht zuletzt deshalb, weil er mit der legendären »Tausend-Schichten-Lackierung« versehen ist, welche das Aussehen von tiefem Glas hat. Das Innere ist mit spanischem Zedernholz ausgekleidet, und jedes Scharnier – alle werden in die Wände des Humidors eingelassen – ist mit Blattgold überzogen. Für das notwendige »Klima« sorgt das eingebaute Befeuchtungssystem von Credo, das die Zigarren, die im Humidor in mehreren Schichten übereinanderliegen, ständig rauchbereit hält. Darüber hinaus werden auf Bestellung ein Schloß sowie gravierte Namensschilder geliefert.

Solch exquisite Humidore sind in der Tat mehr als einfach ein Aufbewahrungsort für Zigarren – sie sind Ausdruck einer bestimmten Lebensart.

Mobile Feuchthaltung. Das ›Humidif‹ ist ganz aus Zedernholz und enthält ein herausnehmbares Befeuchtungssystem; es wird in verschiedenen Größen für jedes Zigarrenformat hergestellt; in diesem Modell, ›No. 12‹, ist leicht eine ›Don Diego Lonsdale‹, eine ›Bering Hispano‹ (hier mit Maduro-Deckblatt) und eine ›Pléiades Sirius‹ unterzubringen. Außerdem ist hier ein lederverkleideter Reisehumidor von Davidoff mit einer Zedernholzauskleidung abgebildet, gefüllt mit ›Davidoff 3000s‹. Unten links ist ein Bernstein-Zigarrenhalter aus viktorianischer Zeit zu sehen; das Etui weist Silbergravuren auf.

Im Zusammenhang mit den Humidoren sind die »Befeuchter« außerordentlich wichtig. In früherer Zeit galt Dunhills Befeuchter aus Messing und Kreide als einer der besten. Es gab auch Vorrichtungen mit Löschpapier, das in eine gelochte Metallhalterung gesteckt wurde, die sich im Deckel befand. Diese Vorrichtung funktionierte übrigens meist sehr gut, vielleicht auch deshalb, weil das Konzept äußerst einfach war: Das Material saugt die Feuchtigkeit erst auf und gibt sie dann innerhalb der geschlossenen Kiste wieder ab, wobei im Abstand von einigen Tagen lediglich kontrolliert werden muß, ob das Blatt ausgetrocknet ist. Moderne Befeuchter funktionieren im Prinzip nach derselben Methode, nur daß die verschiedensten Materialien verwendet werden – von organischen Schwämmen bis hin zu kompliziert aussehenden Geräten, die sich die renommierten Firmen haben patentieren lassen. Leider ist der automatische Regulator

193

von Davidoff nicht einzeln zu kaufen, sehr wohl aber das »Dunhill Humidity Control System«.

Es gibt aber noch andere Befeuchter, darunter einen, den ich persönlich zu den besten zähle. Es handelt sich um das System ›Credo Precision 70‹ – ›70‹ deshalb, weil er die Luftfeuchtigkeit im Humidor konstant bei 70 Prozent hält, allerdings nur dann, solange ordnungsgemäß destilliertes Wasser nachgefüllt wird. Der ›Precision 70‹ kann fünfundsiebzig bis hundert Zigarren klimatisieren, während der kleinere ›Rondo‹ für die Aufnahme von fünfundzwanzig bis fünfzig Zigarren konzipiert ist. Das Credo-System wird von vielen Herstellern guter Marken-Humidore verwendet, findet sich aber auch in einigen Zigarrenkisten. Credo ist in schwarzer und goldfarbener Ausführung erhältlich, und es besitzt eine Magnethalterung, um es an der Innenseite des Humidors zu befestigen. Es muß nur einmal im Monat mit Flüssigkeit aufgefüllt werden, und seine verhältnismäßig niedrigen Kosten sind ein geringer Preis für die ständig gleichbleibende Qualität Ihrer Zigarren.

Falls Ihr Humidor mit Zedernholz ausgekleidet ist, sollten Sie ihn, bevor Sie die Zigarren hineinlegen, einige Tage befeuchten. Der Grund: Zedernholz ist äußerst saugfähig, und den Zigarren wird sofort alle Feuchtigkeit entzogen, wenn das Holz nicht zuvor selbst befeuchtet worden ist. Außerdem wirkt Zedernholz selbst wie ein kleiner Befeuchter, indem es eine größere Menge seines Aromas ausströmt. Humidore, die nicht mit Zedernholz ausgekleidet sind, brauchen natürlich nicht vor Gebrauch befeuchtet zu werden. Das betrifft beispielsweise die besprochenen Artikel von Dunhill und von Michel Perrenoud, da hier die Innenräume aus lackiertem, hartem, nicht saugfähigem Material sind. Übrigens sollte der Humidor nicht direkter Sonnenbestrahlung ausgesetzt sein, da sonst die phantasievollen Lackierungen verblassen. Auch den Zigarren tut Sonnenhitze nicht besonders gut.

Wie schon mehrfach erwähnt, sind Tabakblätter sehr saugfähig und empfindlich gegenüber Feuchtigkeit. Je mehr Zigarren man daher in seinen Humidor packt, desto mehr Feuchtigkeit wird benötigt und desto öfter muß Wasser nachgefüllt werden. Ich überprüfe meine Humidore, wenn irgend möglich, einmal in der Woche, habe aber festgestellt, daß die Produkte von Davidoff, D. Marshall, Dunhill und Michel Perrenoud in der Regel nur alle sechs bis acht Wochen nachgefüllt werden müssen. Bei dieser neuen Generation von Humidoren hat man wirklich das Gefühl, daß sie ihr Geld wert sind. Sollten Sie einmal an einen antiken Humidor gelangen, den Sie wieder zum Einsatz bringen möchten, empfiehlt es sich, das alte Befeuchtungssystem durch eines von Credo zu ersetzen. Es reicht aber auch, ein Glas mit destilliertem Wasser zu den Zigarren zu stellen. Doch Vorsicht: Bei einem Feuchtigkeitsgehalt von 85 Prozent wird sich Schimmel bilden. In solch einer Situation sind insbesondere die Zigarren gefährdet, welche dem Befeuchter am nächsten sind. Schließlich gibt es noch einen Humidor im Taschenformat, in den alle heute gängigen Formate hineinpassen, angefangen bei vier ›Por Larrañaga Monte Carlos‹ bis hinauf zu drei ›Partagas Lusitanias‹. Jenes Gerät trägt die Bezeichnung ›Humidif‹ und wird in Europa hergestellt. Was dieses Taschenbehältnis so einzigartig macht, ist nicht nur die Tatsache, daß es ganz aus spanischem Zedernholz gefertigt ist, sondern daß es auch eine nachfüllbare Befeuchtungseinrichtung im Deckel hat. Den ›Humidif‹ gibt es in zwölf verschiedenen Größen, damit auch wirklich von jedem Format mindestens drei Zigarren überall frisch bleiben.

Ein weiterer Gebrauchsgegenstand, auf den der Zigarrenraucher von heute nicht verzichten kann, ist das Feuerzeug. Die neuesten Modelle beherbergen in ihrer schlanken Form einen Anschneider und ein Gasfeuerzeug. Solch ein Gerät gibt es in verschiedenen Ausführungen von Colibri und Rowenta, beide mit Elektro-Quartz-Zündung und rostfreier Stahlklinge. Colibri stellt außerdem ›Quantom‹ her, ein wasserfestes Allwetterfeuerzeug, das keine Flamme hervorbringt, sondern ein heißes, blaues Glühen. Mit diesem Gerät habe ich schon Zigarren im strömenden Regen angezündet, ebenso wie am Schiffsbug, denn auch Wind macht ihm nichts aus. Ich persönlich bevorzuge Pfeifenanzünder mit 90-Grad-Winkel, wie etwa ›Quantum Pipe‹ und ›Pipette‹, denn damit kann ich das Brandende der Zigarre mit glühender Hitze überziehen, ohne mir dabei die Finger zu verbrennen. Diese Feuerzeuge gehören zu den zuverlässigsten, die es auf dem Markt gibt. Das Feuerzeug mit der Bezeichnung ›Heritage‹, hergestellt von der US-Firma Pioneer Manufacturing, verfügt über eine nicht ganz so fortschrittliche Technologie, hat aber auch einen elektrischen Zünder. Zur Jahrhundertwende waren alle hinter elektrischen Feuerzeugen her, nachdem die Leute gemerkt hatten, daß man von Thomas A. Edisons Erfindung nichts zu befürchten hatte. Doch so schnell, wie diese Feuerzeuge in Mode kamen, so schnell fielen sie auch wieder der Vergessenheit anheim, da sich mit Flüssigkeit gefüllte Feuerzeuge als vorteilhafter und Sicherheitsstreichhölzer aus Papier als

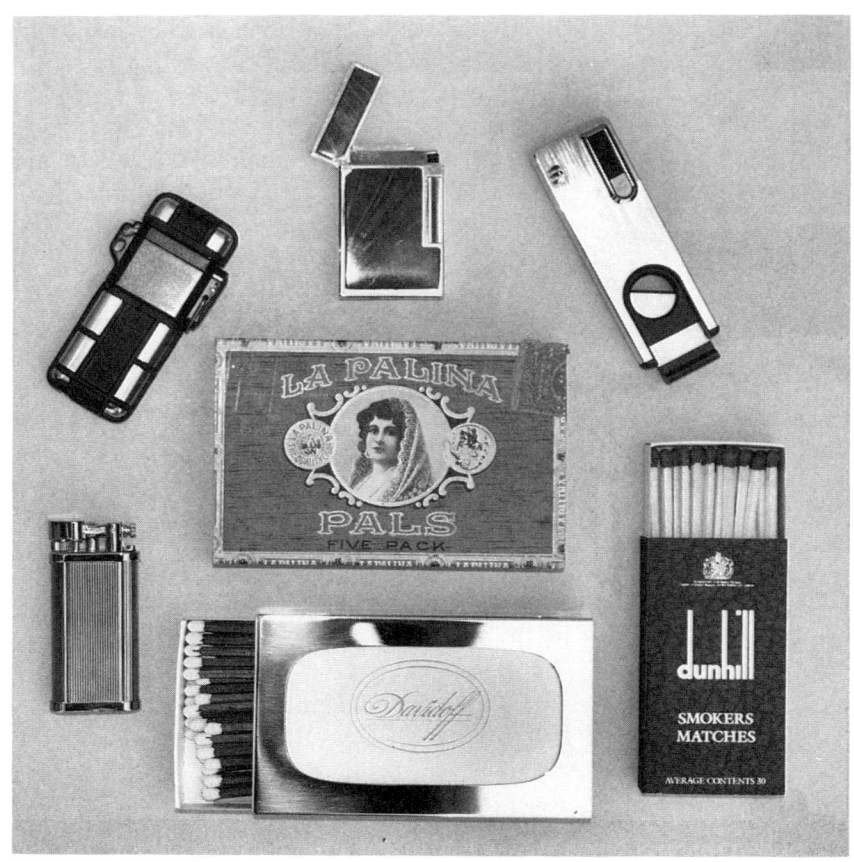

»Feuer-Zeug« (im Uhrzeigersinn, beginnend um 7.00 Uhr): ›Unique‹ von Dunhill; das Design ist aus den dreißiger Jahren, doch handelt es sich hier um ein technisch modernes Gasfeuerzeug, das in Gold und Silber erhältlich ist. Das ›Quantum‹ von Colibri ist ein Allwetterfeuerzeug mit Elektro-Quartz-Zündung und wasserdichter Hülse. Das Feuerzeug aus der Serie ›Corona 1876‹ besticht durch Bruyèreholz-Auflagen. Das ›Colibri 190‹ ist Anschneider und Feuerzeug in einem. Extra lange Streichhölzer für Raucher liefert Dunhill. Davidoffs Streichholzschachteletui aus Sterlingsilber wird mit Zündhölzern aus Zedernholz geliefert. In der Mitte ist eine ungeöffnete Kiste der Marke ›La Palina Pals‹ zu sehen – Zigarillos aus den dreißiger Jahren, hergestellt von der Congress Cigar Company in Philadelphia, Pennsylvania, USA.

Ein frühes amerikanisches Feuerzeug für frühe amerikanische Zigarren:
›Heritage‹ – ein elektrischer Zigarrenanzünder von 1906 – wird von der
Pioneer Manufacturing Inc. in Battle Lake, Minnesota, reproduziert. Das
Original – damals war Elektrizität gerade erst bekannt – wurde seinerzeit
für die Klein Cigar Company in New York hergestellt und war gedacht für
futuristisch denkende Hausbesitzer und bessere Zigarrenläden. Hier ist
eine (batteriebetriebe) Reproduktion aus Eiche und Messing abgebildet.
Wie bei dem Original funktioniert der ausschwenkbare Docht nur mit Feuer-
zeugbenzin – eine Konzession, die gemacht werden muß, wenn man seine
Freunde mit diesem funkensprühenden Accessoire überraschen will. Jene
einzigartige »Antiquität« muß man beim Zigarrenhändler bestellen, wenn
man sich einen Rauchgenuß wie in alter Zeit gönnen will. – Die Kisten der
›Judge's Cave‹ und der ›Muniemaker‹ von F. D. Grave und die der Jubiläums-
ausgabe der ›Travis Club Senator‹ von Finck haben sich wenig verändert,
seit sie zum erstenmal vor über hundert Jahren auf den Markt kamen. Diese
Zigarren werden noch immer von den Gründerfamilien hergestellt.

praktischer erwiesen. So kamen elektrische Feuerzeuge aus der
Mode, gerieten aber dennoch nicht ganz in Vergessenheit. Eines
jener eigenartigen und seltenen elektrischen Feuerzeuge von damals,
ebendieses ›Heritage‹, wird wieder in den Vereinigten Staaten hergestellt, und zwar aus massivem Walnußbaumholz mit messingbe-
schlagenen, auf alt getrimmten Teilen. Es handelt sich um eine
exakte Nachbildung des Originals von 1906, und obwohl es mit Feuer-

Ein klassisches Etui aus dem Wilden Westen, für den Autor nach seinen Angaben angefertigt. Das lederne Zigarrenetui ist dem Original von Wild Bill Cleaver aus Vason, Washington, nachempfunden. Man kann leicht drei Zigarren mit den Maßen $7\frac{1}{2} \times 50$ und sogar größere Pyramidenformate darin unterbringen (mit der oberen Seite nach unten). Wenn mehr Platz benötigt wird, wird das Innenteil herausgenommen.

zeugflüssigkeit arbeitet, wird es mit Sicherheit eine Konversation entfachen, ebenso wie Ihre Zigarre beim nächsten »Smoker«.

Wenn wir über das »heiße« Thema des Anzündens sprechen, dürfen wir nicht das schlichte Streichholz vergessen, genauer gesagt das Zigarrenstreichholz, wie es von Davidoff, Dunhill, Oscar und Pléiades herausgebracht wird. Es ist besonders lang und brennt, bis auch die dickste Zigarre ordentlich angewärmt (»getoastet«) ist. Traditionell werden diese speziellen Streichhölzer aus Zedernholz hergestellt, und so entfaltet sich ein leichter Zedernholzduft während der ersten Züge – eine erfreuliche »Zugabe«.

Wie bewahrt man eigentlich die Zigarren auf, die man unterwegs rauchen möchte? Das ist schon immer eine der größten Herausforderungen an uns Raucher gewesen, und deshalb sind hier einige Ratschläge angebracht. Man sollte die Zigarren nicht in die Stiefel, an den Gürtel, in den Hut, auch nicht in die Hosentasche stecken. Diese Methoden sind ungeeignet und können ein ordentliches Behältnis nicht ersetzen. In der Vergangenheit waren die beliebtesten Behältnisse aus Metall, Leder und Holz – und das ist auch heute noch so.

Savinelli bietet zwei in Italien gefertigte Lederetuis in unterschiedlichem Design an, kanneliert und nicht kanneliert; sie sind entweder

Zigarrenbehältnisse (von links nach rechts): Das schwarze Lederetui von Dunhill (›Two finger‹) hat zwei Abteilungen. Die Zigarrenhülse aus Sterlingsilber im Barley-Design ist ebenfalls von Dunhill. ›Bright Wood‹ ist eine Zigarrenhülse von Davidoff. Ebenfalls von Davidoff ist die ›Golden Diacut Twin Cigar Tube‹, eine doppelte Zigarrenhülse. Und ›Firenza‹ heißt das lederne Zigarrenetui von Savinelli.

in Naturfarben oder in Bordeauxrot gehalten. Besonders interessant ist ein Etui, das Savinelli extra für Rothschilds herstellt.

Dunhill offeriert eine klassische Etuiserie in schwarzem Boxcalf-Leder, von dem sich rostrote Nähte absetzen. Es ist in verschiedenen Größen erhältlich, und zwar für zwei, vier und fünf Zigarren. Die in London ansässige Firma bietet auch ein Behältnis (mit einem sowie mit zwei Fächern) in Sterlingsilber an, das im Barley-Design gehalten ist – der absolute Luxus und das perfekte Repräsentationsstück für eine besondere Zigarre einer besonderen Persönlichkeit, wobei die doppelte Ausgabe sogar Raum für die Gravur der persönlichen Initialen bietet.

Und Davidoff? Die Schweizer Nobelfirma übertrifft sich mal wieder selbst, denn in ihrem Katalog findet man Etuis aus schwarzem bzw. bordeauxrotem Leder für Zigarillos, ferner nach oben zu öffnende Zigarrenetuis aus schwarzem Ziegenleder mit Metalleinfassung sowie eine ganze Palette von einfachen und doppelten Hülsenbehältern in Silber, Gold und lackiertem Holz. Davidoff bietet auch handlackierte Zigarillobehältnisse an, die im Design zu den Lackierungen passen, die einige ihrer Humidore aufweisen. Auch für den italienischen Pfeifenhersteller Mastro de Paja ist Holz das Material der Wahl. Er stellt ein Etui aus Bruyère mit Zedernholzeinsatz her.

Elegante Aschenbecher. Links: Von Michel Perrenoud in der Schweiz ist dieser Aschenbecher aus Bleikristall. Rechts: Der Aschenbecher aus Holz und Messing für Zigarren stammt aus der Kollektion ›Galleria‹ von Savinelli. In der Mitte ist ein silbernes »Zigarrenbündel« für Streichhölzer zu sehen.

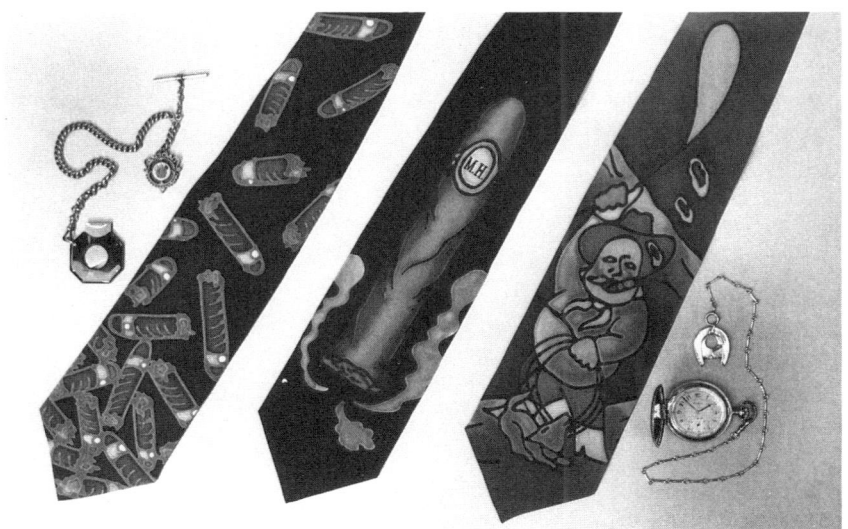

Der Fotograf und Zigarrenliebhaber Marc Hauser hat eine Krawattenserie kreiert, die den Träger eindeutig als Zigarrenraucher ausgibt. Der Zigarrenabschneider mit Schildpattbesatz von Eloy und ein antiker Zigarrenabschneider in Form eines goldenen Pferdehufs an einer Taschenuhr von Elgin aus dem Jahre 1928 sind die ergänzenden perfekten Accessoires.

Wenn man ein Zigarrenbehältnis kauft, sollte man lieber ein größeres als ein kleineres wählen, ist man so doch flexibler, was die Anzahl der Zigarren betrifft. Grundsätzlich sollte man ein festes Behältnis wählen, damit die Zigarren geschützt sind. Außerdem sollten Zigarren mit einem Ringmaß von mindestens 50 darin Platz finden. Ich gebe zu, daß solche Behältnisse nicht immer einfach zu finden sind, aber die Mühe lohnt sich, auch wenn manch ausgefallene Zigarrenetuis genausoviel, manchmal sogar bedeutend mehr als eine Kiste Zigarren kosten. Selbst wenn man nur eine einzige Zigarre davor bewahrt, zerdrückt zu werden, weil man sie geschützt im Etui und nicht in der Hosentasche aufbewahrt hat, lohnt das die Ausgabe. Außerdem hat man sich eine Menge Kummer erspart.

Vielleicht passen einige Accessoires besser zu Ihrem Lebensstil als andere, aber alle erfüllen letztlich ihren Zweck. In der Tat: Der Mensch lebt nicht von Zigarren allein. »Zufällig« leitet uns das zum nächsten Kapitel über.

Kapitel 7
Berauschendes, von Rauch umgeben
Geistige Getränke und Zigarren

Seit langer Zeit besitzen Weine und Zigarren einen vergleichbaren Stellenwert, weisen sie Ähnlichkeiten auf, welche von Kennern oftmals enthusiastisch verglichen werden. Das ist nur zu natürlich. Erfreuten sich beide Produkte schon relativ früh einer gewissen (regionalen) Beliebtheit, so erlangten sie um die Mitte des 19. Jahrhunderts eine Popularität, die sich über die jeweiligen Grenzen hinaus erstreckte. Diese Popularität ist in erster Linie auf die zu jener Zeit stattfindenden ersten Weltausstellungen zurückzuführen, als im Zuge der industriellen Revolution vor allem die wirtschaftlich starken Länder ihre Errungenschaften in Technik und Kultur einer internationalen Öffentlichkeit zur Schau stellten, um sich so auch – angesichts einer Welt, in welcher der Handel zunehmend an Bedeutung gewann – Absatzmärkte für ihre Produkte zu erschließen. Und so bekam beispielsweise Frankreich Gelegenheit, seine Weine, erhielt Kuba die Möglichkeit, seine Havannas einem interessierten Publikum vorzustellen.

Erreicht etwa ein Wein seine hervorragende Qualität durch das Zusammenspiel von Bodenstruktur und Rebenalter, Gärung und Säuregehalt, so zeichnet sich eine edle Zigarre nicht zuletzt durch ihre bestimmte Komposition verschiedener Tabake aus. Vor allem werden Zigarren genauso wie Weine einem Fermentations- und Reifungsprozeß unterzogen – und so haben beide irgendwann ihren Höhepunkt im Reifegrad erreicht. Und die Bezeichnung »Jahrgangswein«, jener traditionelle Qualitätshinweis der Winzer für einen Wein, der in ihrem Sortiment einen herausragenden Platz einnimmt, hat inzwischen ihre Entsprechung in dem Wort »Jahrgangszigarre« gefunden – was bis zum Etikett bzw. bis zur Bauchbinde geht, auf dem bzw. auf der das entsprechende Jahr vermerkt ist.

Aber warum nur von Weinen und Zigarren sprechen? Nahezu jede Kombination von Zigarren und Getränken kann dazu geeignet sein, die Gaumenfreuden zu erhöhen. Für über hundert Jahre war dies eine »Grundregel« bei den »Gentlemen's Smokers« in Europa und in den Vereinigten Staaten. In den letzten Jahren erfreut sich diese Tradition bekanntlich wieder wachsender Beliebtheit. Heute sind jene Veranstaltungen nicht mehr nur Männern vorbehalten, sondern auch Frauen sind zugegen, wenn Zigarren nicht nur zum Wein, zum Cognac und zum Brandy, sondern auch zum Armagnac, zum Bourbon und zum Malt Whisky gereicht und geraucht werden. Ein sechs Jahre alter ›Sempé V.S.O.P. Armagnac‹ hat beispielsweise eindeutig ein Zedernholzaroma, und so paßt er gut zu einer ganzen Reihe von Zigarren. Und der kräftige Grundgeschmack eines ›Blanton Bourbon‹, aber auch eines ›Glenmorangie‹ (zehn Jahre alter Malt Whisky aus den Scottish Highlands) wird sich mit allen Zigarren aus der Dominikanischen Republik, Honduras und Kuba, die auf der HPH wenigstens bei 2 liegen, wunderbar vertragen.

Mittlerweile kennen Sie sich sicher schon recht gut in dem verwirrenden Angebot an Zigarren aus, das weltweit offeriert wird. Wie steht es aber mit jenen »Gegenstücken«, die in Fässern gereift sind? Manchmal hilft es, wenn man sich mit der Grundbeschaffenheit dieser Getränke vertraut macht, damit man nachvollziehen kann, warum bestimmte Getränke mit bestimmten Zigarren so gut harmonieren, andere wiederum nicht. – An dieser Stelle muß ich Sie warnen: Ich habe mein Leben lang an Verkostungen teilgenommen und dabei gewisse Vorlieben entwickelt – bei Zigarren wie bei Getränken. Deshalb stelle ich hier meine Lieblingssorten vor. Nach der Lektüre dieser Empfehlungen werden sich Ihre Vorlieben vielleicht mit den meinen im großen und ganzen decken, doch vielleicht spüren Sie auch Lust, sich selbst auf die Suche zu begeben und neue Pfade in der Welt der Feinschmecker von Spirituosen und Rauchpretiosen zu beschreiten. Tun Sie es – eine Entdeckungsreise hat noch niemandem geschadet.

Oft steht Champagner am Anfang einer Feier und bereitet uns einen »spritzigen« Start. Der ›1985er Piper Heidsieck Rare‹ – nachempfunden einer Flasche aus dem Jahre 1785, die Marie Antoinette dargereicht wurde – ist leicht und würzig und paßt zu Zigarren wie der ›Santa Damiana Seleccion No. 100‹ oder einer der ›Aniversarios‹ von Davidoff. Der ›Perrier-Jouet Fleur de Champagne‹ wiederum – der in einer ausgefallenen, handbemalten Flasche daherkommt – ist mittelschwer und ließe sich mit seinem einzigartigen Bouquet sehr gut mit einer ›Ashton Cordial‹, einer ›Ashton Corona‹ oder einer ›Ashton Panetela‹ kombinieren, ebenso mit eine ›Villiger-Kiel‹ oder einer der Sorten der ›Corps Diplomatique‹ holländischen Typs.

Nun begeben wir uns in höhere Gefilde, dorthin, wo in holzgetäfelten Räumen mit Lederfauteuils und knisternden Kaminfeuern die hochprozentigen Tropfen zu sich genommen werden. Die meisten sind amerikanischer, französischer und schottischer Herkunft. Hier muß man sich allerdings in acht nehmen, denn sehr oft betäubt ein schwerer Cognac oder ein kräftiger Malt Whisky den Gaumen so sehr, daß er das Aroma der Zigarre zudeckt. Da Sie womöglich auch gar nicht der Typ sind, der einen starken Drink unbedingt mit einer starken Zigarre kombinieren will, so könnten Sie vielleicht zu einer Zigarre mittlerer Geschmacksstärke und HPH 2 einen schwereren Cognac trinken, andererseits eine Zigarre stärkerer Geschmacksstärke und HPH 2,5 mit einem leichteren Trinkgenuß verbinden, damit der Tabakgeschmack vorrangig bleibt. Dieses Rauch- und Trinkverhalten ist zwar nicht üblich, aber manchmal finde ich es besser, wenn der Zigarrengeschmack den Gaumen beherrscht, vor allem nach einem reichen Mahl. Allerdings gibt es auch Situationen, in denen ich anders denke. Wenn draußen der Wind um die Ecken bläst und die Nacht kalt und stürmisch ist, finde ich es einfach herrlich, um mit der Unterstützung eines Glases starkem Bourbon (53 %vol) und einer vollmundigen Zigarre den Kräften der Natur gefaßt ins Auge zu blicken.

Nach einem Dinner wird man wohl am ehesten einen Cognac zur Zigarre wählen. Diese Kombination hat Tradition – und nicht zuletzt deshalb veranlaßte sie Dunhill 1993, eine ganze Werbekampagne auf dem Image dieses »dynamischen Duos« aufzubauen. Cognac ist zwar ein Weinbrand, darf sich aber nur so nennen, wenn er aus Weinen destilliert wurde, die aus dieser ganz bestimmten

Region im Südwesten Frankreichs stammen. Der Kalksteinboden und die Methode der langsamen Destillation in Kolben, die sich nach oben wie eine Zwiebel verjüngen und aus Kupfer hergestellt sind, sind weitere Voraussetzung für jene Spirituose. Außerdem muß Cognac in Eichenfässern reifen, die aus den Wäldern des Limousin stammen. – Zu meinen Zigarren schmecken mir am besten die verschiedenen Produkte von Rémy Martin. Diese Firma besitzt die größten Vorräte an »Jahrgangscognacs« in der Welt, und nur dieser Cognac wird aus Trauben hergestellt, die in den zwei besten Anbaugebieten Frankreichs reifen: der Grande Champagne und der Petite Champagne.

Der Cognac aus dem Hause Rémy Martin wird in fünf Klassen (und Preisklassen) eingeteilt: ›V.S.O.P.‹ (»Very Special Old Pale« = »ganz besonders alt und blaß«), acht Jahre gereift; ›Napoleon‹, so benannt nach Napoleon III. (nicht nach Napoleon Bonaparte) und fünfzehn Jahre gereift; ›XO Special‹ (»XO« steht für »besonders alt«), fünfundzwanzig Jahre lang gereift; ›Extra Perfection‹, fünfunddreißig Jahre in Spezialfässern gereift; schließlich ›Louis XIII‹, fünfzig Jahre alt, der

Für einen besonderen Abend besondere Zigarren und besondere Cognacs. Links ein ›Rémy Martin Extra Perfection‹, rechts ein ›Rémy Martin XO Special‹. In der forderen Reihe (von links nach rechts): eine Kiste ›Macanudo Vintage No. 1‹, ›Dunhill Aged Peravias‹, ›Davidoff Special T‹, ›Romeo y Julieta Vintage‹ und eine Kiste ›Cohiba Coronas Especiales‹ (die seit 1981 »altern«).

aus Sorten unterschiedlicher Reifezeit hergestellt wird. Dieser edle Tropfen wird in einer Kristallkaraffe (siehe auch das Farbfoto nach Seite 144) angeboten. Je älter der Cognac, desto höher ist der Anteil an Trauben aus der Grande Champagne. Der ›V.S.O.P.‹ enthält beispielsweise 51 Prozent und der Louis XIII 100 Prozent. Und je älter der Cognac und je höher der Anteil an Trauben aus der Grande Champagne, desto voller ist der Geschmack. Voller Geschmack darf jedoch nicht mit Stärke verwechselt werden, denn je länger der Cognac reift, desto weniger Alkohol enthält er. In der Cognac-Region werden übrigens verschiedene Jahrgänge aus verschiedenen Fässern gemischt, und deshalb entspricht der Hinweis auf das Alter der Flasche einem Mittelwert. So kann beispielsweise ein acht Jahre alter ›V.S.O.P.‹ aus sechs und zehn Jahre alten Cognacs gemischt sein. Und noch etwas: Nach dem Gesetz muß Cognac mindestens viereinhalb Jahre alt sein.

Ein naher Verwandter des Cognacs ist der Armagnac. Er stammt aus einer anderen Region im Südwesten Frankreichs, ungefähr 160 Kilometer südlich des Gebiets um Cognac. Armagnac, der ganz anders als Cognac schmeckt, wurde erstmals 1411 destilliert, also rund zweihundert Jahre vor dem Cognac – und später, bis zu Beginn des 20. Jahrhunderts, mit Cognac vermischt. Heute kommt Armagnac, ähnlich wie der Malt Whisky, als eigenständiges Getränk zu Ehren – und das ist gut so. Sicherlich gibt es einige, die nicht mit mir einer Meinung sind, aber ich finde, Geschmack und Aroma des Armagnac sind leichter als beim Cognac, der mit einem volleren und schwereren Bouquet aufwartet. So ist er irgendwie feiner und paßt deshalb nicht selten besser zu dominikanischen als zu kubanischen und honduranischen Zigarren.

Im Gegensatz zum Cognac, der zweimal den Destillationsvorgang durchläuft, wird Armagnac nur einmal destilliert. Aber auch er lagert in Eichenfässern aus dem Limousin, in denen er zwischen zwölf Monaten und zwanzig Jahren reift. Und ebenso wie Cognac werden verschiedene Jahrgänge gemischt, um so ein bestimmtes Alter und einen gewissen Geschmack zu erreichen. Die verschiedenen Armagnac-Sorten tragen folgende Bezeichnungen: ›VS‹, ›V.S.O.P.‹ und ›Reserve‹ (wobei der jüngste Weinbrand dieser Mischungen mindestens vier Jahre alt sein muß), ferner ›Extra‹, ›Napoleon‹, ›EX‹ und ›Vielle Réserve‹ (wobei der jüngste dieser Mischungen fünf Jahre alt sein muß). Selbstverständlich gibt es Armagnacs, die bedeutend älter sind, und selbstverständlich gibt es »Jahrgangs-

Für einen langen Leseabend sollten Sie ein Paar aus diesem Quartett auswählen. In der Kiste der ›Ramon Allones Trumps‹ ist die mittlere Zigarre immer in Seidenpapier eingewickelt, also sozusagen die »Trumpfzigarre«. Aber auch ein Exemplar aus der Kiste, welche die Marke ›Santa Damiana Cabinet Selection No. 300‹ beherbergt, ist nicht zu verachten. Als trinkbarer Begleiter wäre ein Glas ›Rémy Martin VSOP Cognac‹ oder, wenn Sie es etwas leichter mögen, ein Glas ›Sempé VSOP Armagnac‹ zu empfehlen.

armagnacs« – dann findet sich das Jahr, in dem dieser spezielle Armagnac zum Reifen in das Faß gefüllt wurde, auf seinem Etikett. Zu unseren Zigarren habe ich mit Hinsicht auf Qualität und Variationsbreite des Angebots die Armagnacs von Sempé ausgewählt. Diese Firma in Familienbesitz bietet Jahrgänge an, die bis zu Beginn des 20. Jahrhunderts zurückgehen. Sempé bietet eine große Auswahl an problemlos erhältlichen und erschwinglichen Sorten an, so etwa einen ›V.S.O.P.‹, der mindestens sechs Jahre gereift ist. (Während der Abschlußarbeiten an diesem Buch war er mir am liebsten, weil ich ihn auch spät nachts noch genießen konnte, ohne danach zu benommen gewesen zu sein, um nach einem Glas und einer Zigarre mit HPH 2 wieder an meine Arbeit zurückzukehren.) Es folgt eine fünfzehn Jahre alte Mischung, die lediglich von etwas vollerem Geschmack ist. Schließlich ist da die ›Grande Réserve‹, fünfzig Jahre alt, weich und ausgesprochen vollmundig – und fähig, den Geschmack einer Zigarre mit HPH 2 zu betäuben. Die ›Grand Reserve‹ paßt da schon eher zu einer ›Partagas 8-9-8‹ oder einer ›Los Cabrillos‹ aus Honduras. Dann bietet Sempé auch noch eine zwanzig Jahre alte Mischung in einer Bleikristallkaraffe an. Außerdem gibt es eine Serie von Sammlerobjekten aus Limoges-Porzellan mit 24karätiger Gold-verzierung, die mit verschieden lange gereiften Armagnacs gefüllt sind. – Die meisten Armagnacsorten haben ein leicht fruchtiges, fast waldiges Bouquet, sind süffig und gut verträglich.

Die nun folgenden »Ährengeister« – meine Lieblingsgetränke – stei-gen schon mehr zu Kopf. Beginnen möchte ich mit den Single Malt Whiskys. Sie werden aus Gerstenmalz destilliert und mit Hefe fer-mentiert – und sie sind wieder einmal das klassische Beispiel dafür, wie Bodenbeschaffenheit und Klima den Geschmack beeinflussen, und so bringen die unterschiedlichen Regionen in Schottland und Irland auch Whisk(e)ys mit ganz unterschiedlichen Geschmacks-richtungen hervor. Da »single malt« soviel wie »nicht gemischt« heißt, wird jeder Single Malt Whisk(e)y unverschnitten in einer eige-nen Destille hergestellt. Vor der Destillation wird das Malz über einem Torffeuer getrocknet (was den torfigen Rauchgeschmack aus-macht, den dieser Whisk(e)y manchmal hat). Jede Destille ist übri-gens absolut produktloyal und steht in harter Konkurrenz mit den anderen Brennereien – und jede behauptet, ihr Produkt sei das beste. Es gibt über hundert verschiedene Sorten von Malt Whisk(e)y (wobei nicht jeder ohne weiteres erhältlich ist). Einige, wie ›Cragganmore‹ und ›Laphroaig‹, sind zu leicht für meinen Geschmack, obwohl der fünfzehn Jahre alte ›Laphroaig‹, der wahnsinnig stark ist, eine Aus-nahme bildet. Ich bevorzuge schwerere Produkte mit viel Torfaroma, wie beispielsweise den achtzehn Jahre alten ›Glenlivit‹ und den sechzehn Jahre alten ›Lagavulin‹ – »Geister«, die mit einer wunder-baren vollmundigen Wärme im Aroma aufwarten. Die beiden zuletzt genannten Marken passen gut zu der schweren ›Maduro‹ von Joya de Nicaragua oder einer ›Montecristo No. 1‹. Zu meinen Lieb-lingssorten gehört außerdem der zehn Jahre alte ›Glenmorangie‹ aus den Scottish Highlands, obwohl er nicht der schwerste ist. Die abso-lute Krönung ist jedoch – und da bin ich mit vielen Kennern einer Meinung – der ›Macallan‹ aus der Gegend von Speyside, ebenfalls in den Scottish Highlands gelegen. Es gibt ihn in zwölf, achtzehn und fünfundzwanzig Jahre alten Versionen, und je älter er ist, desto voller ist der Geschmack (und desto höher ist der Preis). Meiner Meinung nach ist der achtzehn Jahre alte der beste von den dreien, denn er hat wesentlich mehr Charakter als der zwölf Jahre alte, aber nichts von der Rauheit des fünfundzwanzig Jahre alten. Da der ›Macallan‹ doppelt destilliert und in Sherryfässern gereift ist, ist in jedem Schluck eine unterschwellige Süße wahrnehmbar, die sehr typisch ist für dieses Produkt. – ›Glenmorangie‹ und ›Macallan‹ eignen sich zum Genuß mit Zigarren der ganzen Bandbreite von HPH 2 bis HPH 3. Jede dieser Kombinationen würde sich bestens eignen, um eine alte schottische Sitte, genannt »Hogmanay«, zu zelebrieren: Wer am 31. Dezember *Uisge beatha* – das Wasser des Lebens – verschenkt, kann sicher sein, vor einem guten neuen Jahr zu stehen. Eine Kiste Zigarren wäre da sicherlich ein zusätzlicher Glücksbringer.

Oft bezeichnet man ihn als das typische Getränk für Herbst und Winter, obwohl ich der Meinung bin, daß jede Jahreszeit dafür geeignet ist, dieses typische amerikanische Getränk zu genießen. Gemeint ist der Bourbon. Er nimmt mehr und mehr für sich in Anspruch, die meisten Anhänger zu haben, und das deckt sich auch

Für gemütliche Stunden am Kamin. Vordere Reihe, von links nach rechts: ›Ashton Cabinet No. 2‹, ›Havana Montecristo No. 1‹ und ›H. Upman Corona Brevas‹ aus der Dominikanischen Republik. Jede dieser drei Zigarrenmarken wird perfekt harmonieren mit den drei abgebildeten Malt-Whisk(e)y-Marken. Von links nach rechts: ›Glenmorangie‹, zehn Jahre alt, ›Bushmill's‹, zehn Jahre alt, und ›Macallan‹, achtzehn Jahre alt.

Booker Noe (links), Meisterdestillateur von Single Barrel Bourbons und außerdem Zigarrenkenner, nimmt zusammen mit dem Autor eine Probe seines gleichnamigen Produkts. ›Booker‹ ist der einzige Bourbon auf dem Markt, der gleichzeitig unverschnitten und ungefiltert ist. Sein Alkoholgehalt liegt zwischen 60,5 %vol und 63,5 %vol.

mit meinen Beobachtungen, denn der Bourbon ist das einzige geistige Getränk, dem ich während der kurzen Zeitspanne, die ich bisher auf diesem Planeten verbracht habe, absolut treu geblieben bin. Ich sammle Bourbons und bin, anders als bei Zigarren, bestimmten Marken seit Jahren treu.

Bourbon besteht aus einem Mais-Roggen-Gerste-Gemisch, das zu feinem Mehl zermahlen und mit kristallklarem Wasser gekocht wird, welches aus den einzigartigen unterirdischen Quellen im Kalkstein von Kentucky und Tennessee fließt. Das Ergebnis ist ein dickflüssiger Brei, die Maische. Manche Destillen setzen einen kleinen Anteil Maische aus vorherigen Fermentationen zu (einige davon gehen Generationen weit zurück), damit keine zu großen Unterschiede in Geschmack und Aroma zwischen den älteren und den neuen Lagen entstehen. Dieser Zusatz von »saurer« Maische verleiht dem Bourbon jene Feinheit und jenen unverwechselbaren Geschmack, die typisch für ihn sind. Alle Bourbons – wenn sie sich denn so nennen wollen – werden in neuen, vorher ausgeräucherten, Eichenfässern gereift. Die Bernsteinfarbe des Bourbon entsteht übrigens durch die beim Ausräuchern verwendete Holzkohle, und der typische Karamel- bzw. Vanillegeschmack stammt ebenfalls von der Holzkohle.

Während das feuchte, kalte Klima Schottlands bewirkt, daß beim Whisky der Volumengehalt an Alkohol mit der Zeit sinkt, verhält es sich beim Bourbon genau umgekehrt: Die heißen Sommertemperaturen in Kentucky und Tennessee sind der Grund dafür, daß beim Bourbon der Volumengehalt an Alkohol steigt. Daher ist es äußerst wichtig zu wissen, wann der Reifeprozeß beendet werden muß.

Zu einem späten Mahl liebe ich eine honduranische ›Excalibur No. 1‹ oder eine ›Ashton Cabinet No. 1‹ aus der Dominikanischen Republik, dazu einen ›Knob Creek‹ (50 % vol) oder einen ›Baker's‹ (53 ½ % vol), beide von Jim Beam. Der ›Knob Creek‹ ist neun Jahre in einem Faß gereift, das soweit ausgeräuchert wurde wie nur möglich. Der ›Baker's‹ ist benannt nach Jim Beams Großneffen Baker Beam, der auch der Meisterdestillateur ist und der dieselbe Fermentierungsmethode anwendet wie schon sein Großonkel. Beide Bourbons sind kräftige Sorten mit reichem, vollem Aroma – und dennoch unglaublich weich. Sie haben es aber auch in sich, und es ist deshalb geraten, sehr vorsichtig mit ihnen umzugehen.

Ich bin auch ein Fan von Single Barrel Bourbons, also von Bourbons, die aus einem einzigen Faß stammen, demnach nicht verschnitten sind. ›Blanton's‹, ›Rock Hilol Farms‹ und ›Booker's‹ (aus der Privatreserve von Booker Noe, einem Enkel von Jim Beam) sind drei meiner Lieblingssorten, und sie haben in bezug auf die Stärke eine Variationsbreite, die eigentlich zu allen Zigarren paßt.

Etwas »zahmer«, aber genauso voll im Aroma ist der zweifach destillierte und dadurch sehr weiche ›Maker's Mark‹ (45 % vol), dem ich allerdings die limitierte Ausgabe von 50 ½ % vol unbedingt vorziehe. Auch ein ›Gentleman Jack‹ (40 % vol), ein etwas verfeinerter Verwandter des allseits bekannten ›Jack Daniel's‹, ist es wert, getrunken zu werden. Er wird in Tennessee hergestellt und von der Destillerie als »Whiskey« und nicht als »Bourbon« bezeichnet. Vor der Abfüllung in die Fässer wird er gefiltert, indem er durch Holzkohle aus Ahornholz tropft, die drei Meter hoch (!) geschichtet ist. Jene Methode für den ›Gentleman Jack‹ ist einzigartig und patentiert. Hier wird die Flüssigkeit nämlich einer zweiten Filterung unterzogen, indem man sie unmittelbar nach Beendigung der Reifezeit ein zweites Mal durch die Holzkohle tropfen läßt, bevor sie in Flaschen gefüllt wird. Das ist ein zeitraubender Vorgang, denn ein einziger Tropfen braucht zehn bis zwölf Tage, um einmal ganz durch den Bot-

Spätes Abendvergnügen. Harmonische Paare unter einem Grammophon von 1904, einem ›Vintage Edison‹ (von links nach rechts): ›La Reserva No. 2‹, ›Punch Premier Grand Cru Britanias Deluxe‹ aus Honduras, ›Fuente Hemingway Classic‹ und ›Hoyo de Monterrey Excalibur No. 1‹ aus Honduras. Dazu gesellen sich starke Getränke (von links nach rechts): ›Blanton's Single Barrel Bourbon‹, ›Baker's‹ (53,5 %vol), ›Knob Creek‹ (50 %vol), ›Gentleman Jack‹ (40 %vol); ›Maker's Mark‹ (45 %vol).

tich zu sickern (wobei zuviel Filtrierung der kostbaren Flüssigkeit sowohl die Farbe als auch den Geschmack entziehen kann). Das Resultat ist ein sehr weicher, vollmundiger Geschmack, der dazu einlädt, zusammen mit einer etwas kräftigeren Zigarre aus der Dominikanischen Republik – es kämen eine ›Romeo y Julieta Vintage‹ oder eine ›Davidoff Grand Cru‹ in Frage – eine Symbiose einzugehen.

Meistens hat man beim Dinner oder beim Smoker Gelegenheit, Spirituosen und Rauchwaren zu kombinieren. Man braucht aber nicht unbedingt einen offiziellen Rahmen für dieses kleine Vergnügen. In Havanna beispielsweise fand ich es so einfach wie genußvoll, eine ›Quintero‹ bei einem Becher ›Bucanero‹ oder einem Bier der Marke ›Hatuey‹ zu rauchen – oder ein Gläschen des seltenen, fünfundzwanzig Jahre alten ›Montecristo‹, eines 80prozentigen Rums, zu nippen und dazu eine ›Montecristo No. 2 Pyramide‹ zu rauchen. Die Dominikanische Republik wiederum – und nur die – bietet Gelegenheit, ein Gläschen Rum der Marke ›Burmuda Aniversario‹ zu kosten. Dieses Produkt, das niemals exportiert worden ist, ist stark und von scharfer Würze und hat einen schweren Nachgeschmack, der die Nase betäubt. Zum Glück sind die Partagas- und Fuente-Zigarren, die ich dazu rauchte, leichter zu bekommen. Leicht zu bekommen ist auch jene Geschenkpackung, die aus einer Flasche ›Davidoff Cognac‹ (von Hennessy hergestellt) und einer Zigarre der Schweizer Nobelfirma besteht.

In Europa eignet sich als Kombination auch eine Flasche alten Burgunders mit seinem erdigen, nach Eiche duftenden Bouquet und dazu eine Kiste ›Pléiades‹, in Frankreich gepackt. Eine ›Villiger Export‹ dagegen wurde schon mehr als einmal in Gesellschaft eines »Wodka Martinis« gesehen. Unvergleichlich gut ist natürlich ein bayerisches Weißbier zu einer ›Dunhill Aged‹, einer brasilianischen ›Tobajara‹ oder einem Produkt aus der ›Cohiba Siglo‹-Serie. Zur Abrundung kann man der Kombination aus Drink und Zigarre noch Schokolade hinzufügen – der traditionelle Begleiter von vielen Zigarren (unter anderem der ›San Pedro Sula‹ aus Honduras, deren Maduro-Deckblatt einen schokoladigen Geschmack hat).

Zur Krönung des Ganzen dient schließlich die kleine, aber kräftige Tasse *Café Cubana*. Jener kubanische Kaffee, stark und schwarz wie das dunkelste Oscuro-Blatt und gesüßt mit sehr viel grobem Rohzucker, wird in den *Galeras*, den Fabrikationshallen, in Santiago de los Caballeros (einer Provinzhauptstadt im Norden der Dominikanischen Republik), in Honduras und in Havanna serviert, wenn das trübe Sonnenlicht des Spätnachmittags durch die Fenster bricht und die kräftigbraunen Blätter glühende Wärme ausstrahlen. Dieses Getränk dient auch den Blatteinkäufern – sie rauchen den Tabak in rohem, unreifem Zustand, bevor sie sich zum Kauf entschließen – dazu, ihren Gaumen zu glätten. Roher Tabak kann sehr süß schmecken. Das geschieht zwar nicht oft, aber ist ein Zeichen dafür, daß er von besonders guter Qualität ist.

Jedenfalls haben die mit Sorgfalt hergestellten Whisk(e)ys, Bourbons und die anderen alkoholischen Getränke, zusammen mit dem feinen Geschmack der besten handgemachten Zigarren der Welt, einen beruhigenden Einfluß auf unseren Gaumen und manchmal auch, etwa nach einem opulenten Mahl, auf unseren Magen.

Kapitel 8
Von ›Absolute‹ bis ›Zino‹
Internationales Verzeichnis der
Zigarrenmarken

Nun endlich ist es da! Das Kapitel, das wir uns alle gewünscht haben, als wir anfingen, Zigarren zu rauchen. Halt, das stimmt nicht ganz: Sie haben dieses Kapitel ja nun, ich aber hatte es damals nicht, obwohl ich es dringend gebraucht hätte. Aus diesem Grunde habe ich für Sie diese Liste zusammengestellt. Sie erfaßt so gut wie alle gängigen Zigarrenmarken, über die man Informationen erhalten kann. Ich sage absichtlich »so gut wie«, denn die Zigarrenindustrie hat die Angewohnheit, sozusagen über Nacht neue Sorten auf den Markt zu bringen – in der Hoffnung, daß wir sie in unser Herz schließen und in den Humidor legen. Andere Sorten hingegen lösen sich im wahrsten Sinne des Wortes in Rauch auf bzw. verschwinden vom Markt, weil wir sie des Anzündens nicht für würdig befunden haben. Solange es also auch nur einen *Torcedor* gibt, der neue Zigarren rollt, so lange kann diese Liste nicht komplett sein. Ich hoffe, sie wird es nie sein.

Dieses Kapitel war eines der schwierigsten. Nicht nur wegen der riesigen Zahl von Zigarrenmarken, die ständig auf dem Markt sind, sondern vor allem deshalb, weil sich viele Herstellerfirmen aus unerfindlichen Gründen einfach geweigert haben, Informationen zur Verfügung zu stellen – und das trotz großer Bemühungen in Form von Briefen, Faxen, Telefonaten und persönlichen Bitten. Im Gegensatz dazu waren die unten erwähnten Firmen zu vorbehaltloser Kooperation bereit, so daß ich für dieses Kapitel so manch wertvollen Hintergrund erfuhr. Wenn dennoch der Informationsfluß einmal ins Stocken geriet, auch wenn sich Mauern des Schweigens auftürmten, habe ich mich selbst aufgemacht, um in entlegenen Regionen in Amerika und Europa alle Schätze zu heben, derer ich habhaft werden konnte, um sie auf Papier oder auf Band, im Film oder im Kopf nach Hause zu transportieren. Nicht zuletzt dank dieser umfangreichen Recherchen, die manchmal der Arbeit des Sisyphos gleichkamen, steht nun dem Liebhaber von Havannas & Co. ein solch erschöpfendes Verzeichnis von Zigarrenmarken zur Verfügung, wie es das in dieser Form bisher noch nicht gegeben hat.

Falls eine bestimmte Marke nicht im Verzeichnis auftaucht, so liegt das an der fehlenden Information. Deshalb werden Sie auch über einige Marken mehr erfahren, über andere wiederum weniger – je nachdem, wieviel Wissen ich zusammentragen konnte. Jedenfalls habe ich alle Informationen, die ich entweder von den Herstellerfirmen erhalten oder die ich durch eigene erschöpfende Nachforschungen gewonnen habe, in das Verzeichnis aufgenommen.

Es ist zu hoffen, daß alle nicht angeführten Marken, egal, wie obskur sie auch sein mögen, irgendwann ins Scheinwerferlicht rücken werden, damit zukünftige Auflagen dieses Buches durch sie erweitert werden können.

Hier also ist das eigens zu Ihrem Lese- und Rauchvergnügen angelegte erste »Internationale Verzeichnis der Zigarrenmarken«. Ich habe es angelegt in einem festen Glauben: Denn die Dinge, die uns Freude bereiten, werden wir um so mehr schätzen, je mehr wir über sie wissen.

*

Absolute
Dominikanische Republik. Eine Zigarre, die eng mit dem welt-
berühmten Wodka verbunden ist. Einige »Versuchsexemplare« wurden 1992 gemacht und mit silbernen Bauchbinden versehen, dann
aber wieder vom Markt genommen, um noch verfeinert zu werden.
Dennoch nehme ich sie hier auf, denn vielleicht sind sie ja eines
Tages wieder zu haben.

Adipati
Java. Relativ dünn, nicht befeuchtet sehr mild, hergestellt aus Suma-
tra- und Java-Tabaken.

Agio
Niederlande. Diese weltbekannte Marke hat eine große Produktpalette an Zigarillos und Zigarren, die alle trockenen Typs sind. Sie
werden mit Sumatra-Deckblatt (hell) oder Brazil-Deckblatt (dunkel)
angeboten. Agio brachte eine Zigarre mit Mundstück heraus, die in
Europa bald zu einem Bestseller avancierte. ›Mehari's‹ ist heute eine
von Agios weltweit bekanntesten Zigarren, besonders jedoch in Belgien und Deutschland beliebt. Andere bekannte Marken sind die
›Mini Mehari's‹ und die ›Panter‹ sowie die kleinen Zigarren mit dem
Namen ›Red Label‹. Sie sind von ausgezeichneter Qualität und alle
maschinell gefertigt aus Java-, Sumatra- und Kamerun-Tabaken.

Al Capone
Deutschland. Für den Gangster in Ihnen. Ein angenehm milder und
kurzer Rauchgenuß, wie geschaffen für das Schäferstündchen mit
Ihrer Gangsterbraut.

Alton
Großbritannien. Dieser Firma gebührt die Ehre, die letzte in England
zu sein, die noch handgemachte Zigarren herstellt. Sie ist in Not-
tingham angesiedelt und verwendet Deckblatt und Umblatt aus
Havanna-Tabaken, während die Einlage aus Jamaika stammt. Es gibt
noch die Untermarke ›Corvanna‹ – unter dieser Bezeichnung werden
größtenteils mittelgroße Zigarren verkauft.

Antonio & Cleopatra
Puerto Rico. Ein Klassiker. Dieses Massenprodukt wurde erstmals
im Jahre 1888 als beliebte kubanische Marke hergestellt. Heute wird
sie aus natürlichem Candela- oder Kamerun-Deckblatt, homogenisiertem Umblatt sowie kurzblättriger Einlage aus kubanischen Saaten gefertigt.

217

Arango Sportsman
Vereinigte Staaten. Eine Zigarre mit ganz neuem Aroma, die erst seit einigen Jahren auf dem Markt ist. Sie ist Ihre Antwort an Leute, die sich ständig über Ihren Zigarrenrauch beschweren, denn neben einer Kurzblatt-Einlage mit Tabaksorten aus Honduras, der Dominikanischen Republik und Ecuador enthält sie einen tüchtigen Schuß Vanillearoma. Das bedeutet: Bewahren Sie die ›Arango Sportsman‹ auf keinen Fall in der Nähe anderer Zigarren auf, da sonst Ihr Humidor bald so riecht, als hätten Sie ihn zum Plätzchenbacken benutzt. Kein Zweifel: Der Rauch dieser im Geschmack milden Zigarre erfüllt die Luft mit einem sehr angenehmen Vanillearoma.

Aromas de San Andres
Mexiko. Früher einfach ›Aromas‹ genannt, ist sie eine der ältesten Marken in Mexiko. Heute gehört diese Zigarre – sie ist in nur einer Größe erhältlich (6 $\frac{1}{8}$ x 40) – zu denen mit der elegantesten Aufmachung. Jede Zigarre ist in einer bernsteinfarbenen Glashülse einzeln verpackt und mit einem Schaumstoffkissen gegen die Gummikappe abgepolstert. So ist die Zigarre sicher vor Beschädigungen und hat für mindestens sechs Monate die notwendige Feuchtigkeit. Jede Hülse wird in Goldfolie gewickelt und dann in eine goldene Schachtel gesteckt, die mit rotem Schleifenband versehen ist.
Für eine mexikanische Zigarre ist die ›Aromas de San Andres‹ teuer (ohne Zweifel auch wegen der phantastischen Verpackung), dennoch stellt sie ein relativ preiswertes und eindrucksvolles Geschenk dar, sei es für Ihren Gastgeber, sei es für Sie selbst. Was die Rauchbarkeit betrifft, so ist sie sehr mild und dennoch anregend und liegt bei 2 auf der HPH. In den Vereinigten Staaten wird sie durch die Tinder-Box-Kette vertrieben, ist aber auch in Kanada und Australien erhältlich, obwohl dann manchmal in anderer Verpackung.

Arturo Fuente
Dominikanische Republik. Die Firma hat ihren Hauptsitz in Santiago, mitten in der reichsten Tabakanbauregion der Dominikanischen Republik, und sie ist einige der wenigen Zigarrenherstellerfirmen, die noch in Familienbesitz sind. Darüber hinaus ist sie die größte Zigarrenfabrik in Santiago und eine der weltweit führenden Hersteller von Premium-Zigarren.
Verfolgt man die Geschichte dieser angesehenen Zigarrenherstellerfamilie, so ist es, als betrachte man die Geschichte der gesamten Zigarrenindustrie. Don Arturo Fuente, der sowohl in Spanien als auch in Kuba seine Wurzeln hatte, verließ Havanna in den späten Jahren

des 19. Jahrhunderts und brachte seine Kenntnisse über die Zigarrenherstellung in verschiedene Fabriken der Vereinigten Staaten ein. Im Jahre 1912 entschloß er sich schließlich, reine Havannas in Tampa unter seinem eigenen Namen zu produzieren. Sein Sohn Carlos stieg dann bald in den Familienbetrieb ein – und vor nicht allzu langer Zeit haben sich Carlos jr. und seine Schwester Cynthia ihrem Vater angeschlossen, um die Tradition ihres Großvaters fortzusetzen.

Immer wieder einmal seit dem Kuba-Embargo hatte die Familie Fuente Fabriken in den Vereinigten Staaten, Puerto Rico, Nicaragua und Honduras. Nur zu oft verloren sie ihre Fabriken und all ihr persönliches Hab und Gut wegen der unbeständigen Verhältnisse in den letztgenannten Ländern. Im Jahre 1980 ließen sie sich schließlich in der Dominikanischen Republik nieder, eröffneten eine kleine Fabrik mit sieben Angestellten und machten ihre erste dominikanische Zigarre am 4. September jenes Jahres. Heute beschäftigen die Arturo-Fuente-Werke 550 Arbeiter in ihrer weitläufigen, 6500 Quadratmeter umfassenden Fabrik in Santiago, und weitere 150 Zigarrenmacher arbeiten in der kleinen Stadt Moca, in der die Fuentes 1990 eine zweite Fabrik eröffneten, um mit der steigenden weltweiten Nachfrage nach ihren Produkten Schritt halten zu können. Darüber hinaus betreibt die Familie Fuente eine Fabrik in Tampa, die eine eigene Produktpalette von maschinell gewickelten, aber handgerollten Zigarren herstellt (im Gegensatz zu ihren dominikanischen Zigarren, die ausschließlich handgemacht sind). Von den sieben ersten Angestellten arbeiten übrigens immer noch sechs im Betrieb.

Arturo Fuente ist einer der wenigen Hersteller, die immerhin vier verschiedene Tabaksorten in ihren jeweiligen Einlage-Mischungen verwenden. Vor allem hat jede Zigarrensorte ein eigenes Rezept, wodurch ein ungewöhnlich breites Spektrum in Geschmack und Aroma auf der ganzen Produktpalette zu finden ist. Unter der großen Auswahl an Tabaken für Deckblatt, Umblatt und Einlage befinden sich die besten Blätter aus Brasilien, Connecticut, Kamerun, Mexiko, Nicaragua sowie, natürlich, verschiedene dominikanische Tabake.

Unter der Markenbezeichnung ›A. Fuente‹ stellt die Firma mehr als zwanzig verschiedene Sorten von handgemachten Zigarren mit Langblatt-Einlage her, darunter so herausragende Marken wie die in Zedernholz verpackte ›Chateau Fuente‹ im Rothschild-Format, die milde (und historische) ›Flor Fina 8-5-8‹, die Lieblingszigarre Don Arturos (die Zahlen 8-5-8 beziehen sich auf sein Alter, als er verstarb;

219

sie lesen sich vorwärts wie rückwärts gleich), und die Zigarren der gefeierten ›Hemingway‹-Serie, die mit einem eminent vollen, raffinier-
ten Aroma aufwarten. Alle Zigarren reifen mindestens einundzwan-
zig Tage, doch einige, wie die ›Chateau Fuente‹, die ›Hemingways‹
und die ›Don Carlos‹ reifen sogar noch länger (siehe auch Kapitel 4).
Darüber hinaus stellt die Fuente-Fabrik in Santiago neben ihren eigenen Marken noch die ›Ashton‹- und die ›Julia-Marlowe‹-Zigarren her,
während der Betrieb in Moca alle handgemachten Zigarren mit
Langblatt-Einlage für Cuesta-Rey (einschließlich des Bestsellers ›La
Unica‹, einer Bündelzigarre) sowie Fuentes Marke ›Montesino‹ fertigt. Schließlich stellt der Familienbetrieb auch mehrere Privatmar-
ken für ausgesuchte Kaufleute und Versandfirmen in den Vereinigten Staaten her.
Alles in allem produzieren die beiden Fabriken über 18 Millionen
Zigarren pro Jahr, wovon der Großteil in die Vereinigten Staaten
exportiert wird. Der Rest wird nach Europa versandt, wo die Panetela und die Corona die beliebtesten Formate sind (wobei sich die
Formate von denen unterscheiden, die für den amerikanischen
Markt hergestellt werden, und die Mischung ein wesentlich schwe-
reres Aroma ergibt). Dennoch ist keine der Fuente-Zigarren, weder
in den USA noch in Europa, zu aufdringlich. Es gibt etwas, das jede
Zigarre von Arturo Fuente besitzt, egal, welches Format wo wann
geraucht wird: Charakter.

Ashton
Dominikanische Republik. 1985 in den Markt eingeführt, besticht
diese Zigarre der »neuen Generation« durch größte Eleganz und
reichhaltigsten Geschmack. Der Name ›Ashton‹ leitet sich von William Ashton Taylor ab, einem gefeierten Hersteller von Spitzenpfei-
fen aus England. Da sein Name wegen der ›Ashton‹-Pfeifen bereits
mit guter Qualität gleichgesetzt wurde, entschloß man sich, diese
Aura aufrechtzuerhalten, indem man eine handgemachte Spitzenzigarre mit Langblatt-Einlage auf den Markt brachte.
Sie sind erhältlich in acht eleganten Formaten und werden von den
qualifiziertesten Handrollern bei Arturo Fuente hergestellt. Die
›Ashton‹-Zigarren bestehen aus einem Connecticut-Deckblatt,
während Umblatt und Einlage aus Tabak gemacht werden, der aus
kubanischen Saaten in der Dominikanischen Republik gezogen
wird. Die Mischung ergibt ein mittelstarkes Aroma, das durch einen
längeren Reifungsprozeß, der zwischen vier und sechs Monate dauert, verstärkt wird. Auch die sehr vollmundige ›Ashton Aged

Maduro‹ – sie wurde 1990 auf den Markt gebracht – ist einen Versuch wert. Nur die dunkelsten Connecticut-Broadleaf-Deckblätter werden für diese Zigarre gewählt, die auf der HPH, je nach Größe, bei 2 bis 2,5 liegt. Sie ist eine der süßesten, mildesten Maduros, die ich je geraucht habe. Man sollte auch die ›Ashton Cabinet Selection Vintage Limited Edition‹ nicht auslassen. Diese Freude eines jeden Gourmets wurde 1988 herausgebracht und zählt zu den besten »Jahrgangszigarren«. Sie enthält ein Deckblatt aus ausgewähltem Schatten-Connecticut und reift ein ganzes Jahr lang. Diese Auswahlzigarre hat eine etwas schwerere Mischung, als sie die anderen Produkte der Serie aufweisen, wodurch sie mehr Charakter erhält. Alle ›Cabinet-Selection‹-Exemplare haben besondere Formen: Die meisten Formate tragen einen gerundeten Kopf und ein Brandende im Perfecto-Stil, aber auch eine Semi-Belicoso-Form und eine 5 $\frac{1}{2}$ Inches lange Pyramide finden sich in dieser Serie.

Alle ›Ashton‹-Zigarren, vor allem jedoch die der ›Cabinet‹- und der ›Maduro‹-Reihe, hinterlassen einen Nachgeschmack am Gaumen und haben deshalb das, was der Weinkenner »einen langen Abgang« nennt. Ashton-Zigarren werden in den Vereinigten Staaten, in Belgien, Deutschland, England, Frankreich, Luxemburg, der Schweiz und in Japan verkauft.

Avo

Dominikanische Republik. Diese ausgezeichnete Zigarre wurde 1986 von Avo Uvezian herausgebracht, einem multitalentierten Unternehmer (der auch den Riesenhit »Strangers in the Night« geschrieben hat). Seine Firma stellt übrigens auch die hervorragende ›Davidoff‹ her. Ihr eigenes Produkt ist handgemacht und von ausgezeichneter Verarbeitung. Die verschiedenen Sorten bestehen aus einem Deckblatt aus Schatten-Connecticut, dominikanischem Umlageblatt und Langblatt-Einlagen, die aus vier verschiedenen dominikanischen Tabaksorten gewonnen werden.

In Europa ist diese Marke nicht erhältlich. Sie wird lediglich in die USA exportiert, wo sie noch sechs bis acht Monate lang reift, bevor sie an die Tabakhändler ausgeliefert wird. Der Geschmack ist mittelvoll bis voll, mit einer Stärke von HPH 2,5. Die ›Avo‹ ist ein perfekter Begleiter zu jedem Dinner.

Baccarat

Honduras. Diese Marke kam 1871 bei Carl Upmann heraus, dem Bruder des bekannteren Herman Upmann, dessen Name durch die sehr bekannten H.-Upmann-Zigarren unsterblich geworden ist.

Anscheinend war Carl auch Zigarrenmacher und fing in New York an, um dann um die Jahrhundertwende nach Tampa zu ziehen. Ende der sechziger Jahre dieses Jahrhunderts hatte der amerikanische Zweig des Familienunternehmens Upmann seine Produktionsstätten nach Honduras verlegt, und zwar mit der Absicht, eine neue C.-Upmann-Zigarre für den wachsenden nordamerikanischen Markt zu schaffen.

Zu diesem Zeitpunkt war die Marke ›H. Upmann‹ längst gut eingeführt, nicht zuletzt auch deshalb, weil sie seit 1844 in Kuba hergestellt wurde. Darüber hinaus importierte die mächtige Consolidated Cigar Corporation bereits ihre ausgezeichneten, in der Dominikanischen Republik unter dem Markenzeichen ›H. Upmann‹ hergestellten Zigarren in die Vereinigten Staaten. Genau auf diesen Markt hatte es der C.-Upmann-Zweig der Familie nun abgesehen. Ein Rechtsstreit war die Folge. Als sich der Rauch verzog, erhielt Consolidated das Recht, den Markennamen ›H. Upmann‹ weiter zu gebrauchen, und Angehörige der Familie Upmann durften ihren Namen auf keiner ihrer Zigarren, die sie machten, verwenden. Deshalb erfuhr die honduranische Ausgabe, die C. Upmann herstellte, eine Namensänderung und hieß nun ›Baccarat‹. Viele Jahre lang hatte diese Zigarre nur mäßigen Erfolg, und zwischen 1986 und 1988 schien sie ganz vom Markt zu verschwinden. Aber seit 1990 erlebt sie ein langsames Comeback, teils wegen ihres günstigen Preises bei den Spitzenqualitäten, teils wegen einer relativ aggressiven Marktpolitik.

Der Einlage-Tabak ist aus Havanna-Saaten, in Honduras gezogen, das Umlageblatt stammt aus Mexiko, und das Deckblatt wird aus Schatten-Connecticut hergestellt. Und mit der ›La Fontana‹ hat sich die Firma auch auf das Gebiet der »Jahrgangszigarren« vorgewagt.

Backwoods
Vereinigte Staaten. Maschinell hergestellt in Macadoo, Pennsylvania. In Massenanfertigung produzierter kleiner Zigarillo, der seit den frühen achtziger Jahren auf dem Markt ist. Er hat eine »wilde Einlage« (an den Enden ausgefranst), kein Umblatt und ein Broadleaf-Deckblatt.

Bances
Kanada. Vielen Zigarrenliebhabern ist es gar nicht bewußt, aber es gibt noch immer eine ›Bances‹ aus Havanna-Blatt. Sie wird in Toronto von »The House of Horvarth« ausschließlich für den kanadischen Markt maschinell gefertigt, besteht aus einer Kurzblatt-Ein-

lage und homogenisiertem Umblatt, wird in einer Hülse geliefert und hat einen sehr milden und angenehmen Geschmack (HPH 1,5 bis 2).

Bances
Vereinigte Staaten und Honduras. Diese Zigarre hat zwei Nationalitäten. Die kleineren, maschinell gewickelten Sorten werden in Tampa/Florida hergestellt, während die größeren Formate, wie ›Brevas‹, ›Cazadores‹, ›Corona Inmensas‹, ›Corona Especial‹, ›Presidents‹ und die ›No. 1‹, ohne Ausnahme von Hand in Honduras gemacht werden. Diese Zigarre ist ein Bestseller und existiert seit 1840, als sie erstmals von Francisco G. Bances auf Kuba hergestellt wurde. In Havanna gewann sie jedoch nicht besonders an Beliebtheit und verschwand allmählich.
Im Jahre 1959 erwachte die ›Bances‹ jedoch zu neuem Leben und wird nun in Tampa als eine reine Havanna-Zigarre in US-Produktion hergestellt. (Übrigens war die ›Bances‹ die erste Zigarre, die zwei Bauchbinden trug). Die derzeitigen Hersteller kauften in der Bemühung, die Zigarre am Leben zu halten, alle Havanna-Blätter auf, derer sie habhaft werden konnten. Dann schlug das Embargo zu – und plötzlich wurde die ›Bances‹ eine der wenigen Voll-Havannas, die noch legal auf dem amerikanischen Markt zu erwerben waren. Es war auch die erste Zigarre nach dem Embargo, die in den Vereinigten Staaten hergestellt und für die nur Havanna-Tabak verwendet wurde. Diese vorteilhaften Verkaufsvoraussetzungen brachten der ›Bances‹ einen bis dato noch nie dagewesenen Marktvorteil gegenüber allen Nicht-Havannas, und ihre Beliebtheit schnellte (wie ihr Absatz) in die Höhe.
Doch irgendwann war der Vorrat an Havanna-Blättern aufgebraucht, und so fingen die Hersteller an, ihren Spitzentabak anderswo zu suchen. Schließlich ließen sie sich auf der fruchtbaren Erde von Honduras nieder. Auch heute noch ist die ›Bances‹ eine handgemachte Zigarre der Premium-Klasse, der nach wie vor das Aroma der ursprünglichen Kuba-Saaten innewohnt.

Bandi
Kanada. Eine preiswerte, halbmilde, maschinell gefertigte Zigarre für den kanadischen Markt.

Bauzá
Dominikanische Republik. Ursprünglich ein alter kubanischer Familienname und eine sehr beliebte Havanna-Zigarre, deren Produktion 1868 begann. Seit 1993 wird sie in der Fabrik von Arturo

Fuente hergestellt. Sie ist in den Vereinigten Staaten und in einigen anderen Ländern zu finden, darunter in Venezuela, dort jedoch eine ganz andere Zigarre ist (die auch von einer anderen Firma maschinell gefertigt wird). Aber die Version, die von Fuente in der Dominikanischen Republik hergestellt wird, ist handgemacht mit dominikanischer und nicaraguanischer Langblatt-Einlage, einem mexikanischen Umblatt und einem Kamerun-Deckblatt. Alle Sorten sind sehr reich und schwer in der Mischung.

Beldina
Portugal. Das »Flaggschiff« der Azoren, handgemacht in der »Fabrica de Tobacco Estrela«. Die Einlage ist eine Mischung aus Brazil-, Havanna-, Java- und dominikanischem Tabak mit dominikanischem Umblatt und einem Deckblatt, das entweder javanischen oder nicaraguanischen Ursprungs ist.

Bering
Honduras. Diese beliebte Zigarre gibt es seit 1905, und die erste Fabrik, in der sie hergestellt wurde, befand sich in einem Holzschuppen, der in der berühmt-berüchtigten Ybor-City von Tampa stand. Heute gehört die Markenbezeichnung ›Bering‹ dem riesigen Zigarrenkonzern Swisher International, der einige Anstrengungen unternommen hat, um diese beliebte Zigarre in Aussehen und Geschmack zu verbessern, damit sie sich leichter in den wachsenden Markt der Premium-Zigarren einfügen soll.
In den späten achtziger Jahren wurden die gesamten Produktionsstätten nach Honduras verlagert. Hier, in der berühmten Fabrik »Honduras American Tobacco«, werden die Zigarren mit natürlicher Langblatt-Einlage maschinell gefertigt, maschinell gewickelt und dann handgerollt. Beliebt sind die Natural- und Candela-Deckblätter, und außerdem gibt es seit 1992 ein ausgezeichnetes Maduro-Deckblatt. 1993 kam Bering dann mit einer Qualitätszigarre der Spitzenklasse auf den Markt.
Sicher ist Ihnen schon aufgefallen, daß es ›Berings‹ mit roten Bauchbinden und braunen Bauchbinden gibt. Die mit den roten Bauchbinden sind die Formate, die oft in Packungen in Geschäften verkauft werden, die keine ausgesprochenen Tabakläden sind. Die mit den braunen Bauchbinden sind den meisten von uns vertraut, handelt es sich hierbei doch um die Premium-Qualitäten, die in verschiedenen Rauchartikelgeschäften verkauft werden.

Bolivar

Kuba. Benannt nach dem südamerikanischen Helden Simón Bolívar, der den Aufstand gegen Spanien anführte. Die frühe Geschichte der gleichnamigen Zigarre verlief jedoch nicht so dramatisch wie die ihres Namensvetters aus Venezuela. Sie kam 1901 auf den Markt, verbuchte aber, nicht zuletzt aufgrund fehlender Marktstrategien, keine nennenswerten Erfolge. Das ging bis in die fünfziger Jahre, als sie von Ramon und Rafael Cifuentes übernommen wurde. Von nun an wendeten sich die Dinge zum Besseren. Heute zählt die ›Bolivar‹ zu den größten Havannas aller Zeiten, die besonders den Kenner anspricht, da sie sich ganz bestimmt nicht für den Anfänger eignet. Die kleineren, maschinell gefertigten Formate scheinen nicht dasselbe, den Geschmack befriedigende hochkarätige Aroma zu haben, das die ›Bolivar‹ zu vermitteln vermag. Es findet sich in den längeren, handgemachten Exemplaren, nach denen wahre Zigarrenkenner so eifrig suchen, um in diesem reichhaltigen, vollmundigen, robusten Geschmack zu schwelgen. Eine feste und solide 3 auf der HPH, ist sie jeden Zug wert. Die ›Bolivar‹ verspricht jedenfalls einen herrlichen Rauchgenuß, besonders spät abends nach einem Bankett. Sollten Sie nicht sicher sein, ob diese schwere Zigarre etwas für Sie ist, sollten sie mit einer $4\frac{1}{2} \times 26$ Panetela beginnen, um sich dann eventuell langsam »hochzuarbeiten«.

Butera Royal Vintage

Dominikanische Republik. Diese handgemachten Zigarren wurden 1993 auf den Markt gebracht, inspiriert durch Mike Butera, einen hochtalentierten Pfeifenschnitzer, der in seinem Metier auf einige Auszeichnungen verweisen kann, der aber auch ein Freund von Premium-Zigarren ist. Die Einlage-Tabake sind mit Sachverstand aus dominikanischen Blättern, gezüchtet aus kubanischen Saaten, und Olor gemischt. Ein spezialgereiftes Umlageblatt aus Java gibt dem Geschmack etwas mehr Würze, und das Deckblatt ist ein spezialselektiertes dunkles Schatten-Connecticut-Blatt. Die Zigarren sind erhältlich in Formaten von $6\frac{1}{2} \times 44$ (›Cedro Fino‹) bis hinauf zur mächtigen ›Dorado 652‹ (6 x 52).
Wie viele kubanische Zigarrenmacher aus der Zeit vor dem Embargo läßt Mike Butera seine Zigarren mit Zedernholzspänen besprenkeln, bevor sie verpackt werden, damit die Tabake ein volleres Aroma bekommen. ›Butera Royal Vintages‹ werden in den Vereinigten Staaten, Japan und Europa verkauft.

Calixto López
Philippinen. Bei diesen Zigarren, benannt nach einem spanischen General, handelte es sich ursprünglich um eine weniger bekannte kubanische Marke, die 1881 herausgebracht wurde. Heute wird sie auf den Philippinen mit einer Langblatt-Einlage aus einer gefälligen, im Geschmack mittelstarken Mischung von Hand gemacht. Die ›Culebra‹ mit »geflochtenem Wickel« und die ›Czar‹ (8 x 45) sind einen Versuch wert.

Canaria d'Oro
Dominikanische Republik. Hergestellt aus mexikanischem Sumatra-Deckblatt mit einer Auswahl an dominikanischen, jamaikanischen und mexikanischen Tabaken. Eine sehr leichte, süß schmeckende Zigarre.

Carat
Niederlande. Diese elegante, hochwertige Zigarre holländischen Typs wurde Anfang 1990 eingeführt. Von der Firma Schimmelpenninck aus brasilianischen, javanischen sowie aus Sumatra- und Havanna-Tabaken maschinell hergestellt, ist sie mittelstark im Geschmack (2 auf der HPH). Leider ist da das verbotene Wort, das mit »H« anfängt, und so wird man diese Zigarre im »Land der unbegrenzten Möglichkeiten« nicht antreffen. Hat man in Europa Gelegenheit dazu, sollte man eine Kiste ›Grand Coronas Imperiales‹ erwerben. Sie werden in leicht zu transportierenden Zedernholzkisten verkauft, die auch einen Zigarrenanschneider enthalten.

Carlos
Dominikanische Republik. Diesen Namen trägt die ›Juan Clemente‹ in der Schweiz.

Casa Blanca
Dominikanische Republik. Diese Zigarre wurde eigens für den Gebrauch im Weißen Haus in Washington, D.C., hergestellt und war die offizielle Zigarre bei den Feierlichkeiten zur Amtseinführung des neuen Präsidenten Ronald Reagan. Leider sind ja nun auch die Wände des Weißen Hauses mit Rauchverbotsschildern beklebt, so daß die ›Casa Blanca‹ (eine »casa blanca« ist im Spanischen ein »weißes Haus«) in die breite Öffentlichkeit gewandert ist und nun gleichermaßen von Demokraten und Republikanern genossen werden kann. Sie rühmt sich einer Einlage aus brasilianischem und dominikanischem Blatt, eines mexikanischen Umblatts und eines Deckblatts aus Schatten-Connecticut. Die Größen variieren zwi-

schen 4 x 30 und 10 x 66. Letztere Maße stehen für die riesige ›Jeroboam‹, und für denjenigen, der nicht soviel Zeit aufbringen kann,
gibt es die ›Half Jeroboam‹.

Casa Blanca
Mexiko. Diese Zigarre wurde früher auf den Kanarischen Inseln hergestellt, kommt jetzt aber aus Mexiko.

Casadores
Kuba. Eine alte Havanna-Marke, die nicht mehr exportiert wird und
strikt dem einheimischen Konsum vorbehalten bleibt.

Century Sam
Kanada. Diese preiswerte, maschinell hergestellte Zigarre lernte ich
auf dem »Great Halifax Smoke« kennen, der 1995 erstmals stattfand
und auf dem ich zu einem Vortrag eingeladen war. Als ich gerade
dabei war, das Buffet im Hotel »Chateaux Halifax« zu umkreisen,
bekam ich sie von einem anonymen kanadischen Verehrer dieses
Buches zugesteckt. Sehr verpönt, aber dennoch sehr beliebt, ist diese
kleine Zigarre überall zu finden. Sie trägt ihren Namen zu Ehren des
hundertjährigen Bestehens von British Columbia. Zu Beginn kostete
sie einen (kanadischen) Nickel pro Stück.

Chambrair
Dominikanische Republik. Eine Zigarre, die speziell von A. Fuente
für Restaurants und andere Einrichtungen in Deutschland hergestellt wird. Es gibt sie in acht Formaten, darunter eine Churchill,
eine Lonsdale, eine Double Corona und eine Perfecto. Neben
Connecticut-Deckblättern gibt es auch Versionen mit Maduro-
Deckblatt.

Charles the Great
Vereinigte Staaten. Eine alte Marke, die früher in Tampa hergestellt
wurde, und einige der farbenprächtigen Originaletiketten werden
noch heute auf Antiquitätenausstellungen angeboten. Die Zigarren
sind wahrscheinlich nicht so teuer wie diese Etiketten, sie sind aber
ebenso schwer zu finden, außer man lebt in Texas. Der Markenname
ist jetzt im Besitz der Finck Cigar Company in San Antonio, Texas,
die sie auch fertigt. Jene Zigarren werden zwar täglich hergestellt,
tragen aber noch immer die ursprünglichen, in Deutschland
gedruckten Jahrgangsbauchbinden aus der Zeit vor dem Zweiten
Weltkrieg. Die Bauchbinden der ›Charles the Great‹ sind historische
Kunstwerke und geben dieser Zigarre, die von sich aus schon sehr

aromatisch ist, ein zusätzliches Flair. Jene herrlichen Etiketten erhält man natürlich umsonst mit jeder Zigarre, ganz im Gegensatz zu den antiken Etiketten, die nur ohne Zigarre zu kaufen sind.

Christian of Denmark
Siehe unter dem Stichwort »Nobel«.

Churchill
Schweiz und Dominikanische Republik. Hier handelt es sich nicht nur um ein Zigarrenformat, sondern auch um eine Marke, jedoch eine, die man außerhalb Europas nicht oft antrifft. Die ersten ›Churchills‹ waren – obwohl der Name Assoziationen hervorrief – mit den langen Double-Corona-Formaten überhaupt nicht vergleichbar. Diese Zigarren waren nämlich klein und »trocken«, also holländischen Stils, und wurden von einem Tabakhändler namens Friedrich in der kleinen Stadt Bülach, zwischen Schaffhausen und Zürich gelegen, hergestellt.

Als nun der Premierminister von England seine historische Nachkriegsrede 1946 an der Universität von Zürich hielt, ließ es Winston Churchill bei dieser Gelegenheit großzügig zu, daß diese Zigarren (die ganz anders waren als das, was er rauchte) seinen Namen erhielten. Außerdem war der geschmeichelte Premier damit einverstanden, daß sein Porträt auf der Bauchbinde abgebildet wurde. Die kleinen Zigarren mit der Markenbezeichnung ›Churchill‹ wurden zuerst nur in der Schweiz verkauft, dann aber nach und nach auch in Deutschland, Frankreich und Italien.

In neuerer Zeit gibt es unter der Markenbezeichnung auch eine ›Churchill Latinos‹, die von Fuente in der Dominikanischen Republik hergestellt wird, um mit dem wachsenden Trend zu feuchten Zigarren Schritt zu halten. Mittelstark im Aroma, sind sie erhältlich in den Formaten Corona Classica, Gran Corona, Panetela Larga und Double Corona, der größten ›Churchill‹ ($6^3/_4 \times 44$). Keine der Sorten reicht jedoch an die wahre ›Churchill‹ heran. Dennoch, das schimmernde Porträt Sir Winston Churchills auf einer Kiste ›Latinos‹ kann ein freundlicher Anblick sein, zumindest für Amerikaner, die in Europa unterwegs sind und immer nur die allgegenwärtigen trockenen Zigarren satthaben.

Ich kaufte meine erste Kiste dieser Sorte aus Neugier in dem gut sortierten und mit freundlicher Bedienung aufwartenden Tabakladen »J. Schwarzenbach & Co.«, der sich in der unterirdischen Einkaufspassage im Bahnhof von Zürich befindet. Doch nicht nur ausgesuchte Tabakläden bieten diese Zigarren an; sie sind auch in

Duty-free-Shops zu finden. Die ›Churchills‹ eignen sich als sehr angenehmer nachmittäglicher Rauchgenuß.

Cifuentes

Kuba. Eine berühmte Marke, die benannt ist nach einer Familie, die zu den besten Zigarrenherstellern im vorrevolutionären Kuba gehörte. Heute überwacht ein Mitglied dieser berühmten Familie, Ramon Cifuentes, die Produktion der ›Partagas‹ und der ›Macanudo‹ in der Dominikanischen Republik.

Cohiba

Dominikanische Republik. Diese Zigarre wurde 1993 erstmals in den Vereinigten Staaten verkauft. Angeboten wurde sie in den Läden von Alfred Dunhill – und das auch nur in beschränkter Anzahl. Es war das erste Mal, daß eine Zigarre der Marke ›Cohiba‹ in den USA erhältlich war. Die neue Version ist vollständig handgemacht, mit einem Deckblatt aus Schatten-Connecticut und mexikanischem Umblatt, während die Einlage aus einer Mischung von Tabaken aus der Dominikanischen Republik, Jamaika und Mexiko besteht. Sie ist eindeutig schwerer im Geschmack als die ›Macanudo‹ (die von derselben Firma hergestellt wird) und hat ein mittelstarkes, aber vollmundiges Aroma.
Die erste Lieferung dieser Zigarren erfolgte ohne Bauchbinde, und auf der Kiste war lediglich der Markenname zu lesen. Da der Anfangserfolg nicht schlecht war, schätze ich, daß diese Zigarre in der einen oder anderen Form lange überleben wird.

Cohiba

Kuba. Jawohl, das ist sie, *die* Zigarre, ursprünglich reserviert für jene Honoritäten und Würdenträger, die Kuba auf- und besuchten. Dann wurde in Havanna bei ausgewählten und offiziellen Anlässen die ›Cohiba‹ mit großem Aplomb dargereicht. Niemals durfte dieses Aushängeschild kubanischer Zigarrenkunst außerhalb der Grenzen des Karibik-Staats erscheinen, und auch sonst war sie nur auf besagten Staatsanlässen zugelassen.
Benannt ist die ›Cohiba‹ nach dem Wort der Taino-Indianer für »Tabak«, und kreiert wurde sie von keinem Geringeren als Che Guevara. Das geschah auf Fidel Castros ausdrücklichen Wunsch hin, der seinen engsten Weggefährten aus den Zeiten der Revolution damit beauftragte, eine Zigarre herzustellen, die gleichsam die Verkörperung all dessen sein sollte, was Kuba zu leisten imstande war. Nur die besten Tabake aus den besten Gegenden des Vuelta Abajo sollten

229

verwendet werden, und nur die qualifiziertesten Zigarrenmacher Kubas sollten die nach allen Regeln der Kunst getrockneten Blätter schneiden, zu Wickeln formen und rollen. Guevara, der argentinische Arzt, eine der Leitfiguren der Befreiungsbewegungen in der Dritten Welt, zugleich eines der (späteren) Idole der Studentenbewegung von 1968, der 1959, nach Castros Machtübernahme, als Präsident der Nationalbank Kubas vorsaß (und von 1961 bis 1965 den Ministerposten für Industrie bekleiden sollte), machte sich mit Verve an diese Aufgabe – und enttäuschte seinen ehemaligen Kampfgenossen nicht im geringsten.

Das Ergebnis war eine exquisite ›Cohiba‹, die 1961 herauskam – und die zu den ersten Zigarren gehörte, die unter Castros Regime hergestellt wurden. Der Erfolg ließ nicht lange auf sich warten. Schnell war sie Tagesgespräch unter denjenigen, die das Glück hatten, ihr sorgfältig abgestimmtes, vollmundiges Aroma kosten zu dürfen. Eine Legende war geboren. Ohne Zweifel wurde sie auch genährt durch die Tatsache, daß nur sehr privilegierte Zeitgenossen jemals die Erlaubnis erhielten, das Streichholz an dieses edelste und kostbarste Stück aus dem Schatzboden des Vuelta Abajo zu halten. Im Jahre 1981 durfte die einzigartige ›Cohiba‹ schließlich doch über ihre einsamen Grenzen hinaus verschickt werden. Anlaß war die Teilnahme Kubas an den Qualifikationsspielen für die Fußballweltmeisterschaft in Spanien. Während sich Kubas Kicker nicht gerade mit Ruhm bekleckerten und die Mannschaften El Salvadors und Honduras als Vertreter Nord- und Mittelamerikas zur Finalrunde auf der Iberischen Halbinsel rüsten durften, war die Zigarre – natürlich – ein sofortiger Erfolg (und Cubatabaco erkannte sicherlich das Potential, das in ihrem Produkt steckte).

Im Jahre 1984 tauchte die ›Cohiba‹ dann in der Schweiz auf, ohne Zweifel (obwohl dies niemand bestätigen wird) im Davidoffschen Laden in Genf, der seit zwei Jahrzehnten mit Havanna Beziehungen unterhielt. Von dort aus gelangte die Zigarre nach Belgien, England und schließlich nach Frankreich.

Die ursprüngliche Mischung der ›Cohiba‹ von 1961 wird immer noch in den Formaten Panetela, Lancero und Gran Corona verwendet, während 1988 eine neue, etwas verfeinerte (aber immer noch sehr schwere) Zusammenstellung für die Formate Corona Especial, Esplendidos, Exquisito und Robusto kreiert wurde, es somit also zwei verschiedene Mischungen für die gleiche Zigarre gibt.

Seit ihrer »Geburt« werden die ›Cohibas‹ in der Laguito-Fabrik hergestellt – und die Fabrik ist stolz darauf. Sie befindet sich in einem ehemaligen Herrensitz aus der Zeit um 1910, der sich in einem Vorort Havannas befindet, dessen Straßen von Palmen gesäumt sind. Die frühere Besitzerin dieses kleinen Palastes war die Marquesa de Pinar del Rio – ein Name, der in der Tabakwelt einen außerordentlich guten Klang hat, ist doch der »Pinar del Rio« einer der beiden Spitzentabake, die im Vuelta Abajo wachsen.

Für die Zigarrenkenner in der ganzen Welt ist das gut zu erkennende Logo der ›Cohiba‹ – die schwarze Silhouette eines Indianers, gesäumt von einem orangefarbenen und einem schwarzen Band mit weißen Punkten – zum Symbol für das Allerbeste geworden, das Kuba zu bieten hat. Als Beweis für die Seltenheit der ›Cohiba‹ mögen folgende Zahlen dienen: Zu der gesamten Zigarrenproduktion Havannas im Jahre 1989, rund 300 Millionen Zigarren, steuerten die ›Cohibas‹ nur etwa 1,5 Millionen Exemplare bei – das sind bescheidene 5 Promille. Aber dieser Promillesatz hat es in sich: Die ›Cohiba‹ ist die bei weitem teuerste von allen Havannas, die öffentlich zum Kauf angeboten werden, aber sie ist unbedingt ihren Preis wert.

Condial
Spanien. Eine feuchte Zigarre, die auf den Kanarischen Inseln hergestellt und in Europa, vornehmlich in Deutschland, verkauft wird.

Coroa
Portugal. Sie wird in der »Fabrica de Tobacco Estrela« auf den Azoren handgemacht, hat Corona-Format und eine wohlschmeckende Einlage, gemischt aus kubanischen, dominikanischen und brasilianischen Tabaken, ist eingebettet in ein dominikanisches Umblatt und umhüllt von einem Connecticut-Deckblatt.

Corps Diplomatique
Belgien. Eine ausgezeichnete europäische Volltabak-Zigarre. Obwohl holländischen Typs, haben viele Formate ein größeres Ringmaß als die meisten ihrer »Artgenossen«. Die ›International‹ im Stil einer Panetela, elegant in Seidenpapier verpackt, besteht aus Sumatra-Deckblatt und einer Einlage aus Java- und Brazil-Tabaken. Die kleineren Formate ›After Dinner‹, ›Panetela‹ und ›Deauville‹ sind auch in den Vereinigten Staaten erhältlich.

Credo
Dominikanische Republik. Sollte Ihnen jener Name bekannt vorkommen, so liegt das daran, daß diese Markenbezeichnung zu der französischen Familie gehört, welche die so zuverlässigen Befeuchtungssysteme baut. Die ›Credo‹ wurde 1993 eingeführt und wartet

mit einer Mischung auf, die ein ganz eigenes Aroma hervorbringt. Sie besteht aus dominikanischer Einlage, dominikanischem Umblatt und einem Schatten-Connecticut-Deckblatt. Für meinen Geschmack ist sie mild bis mittelstark (HPH 2 bis 2,5) und geeignet, die Abendmahlzeit in Begleitung eines Glases kräftigeren schottischen Malt Whiskys abzuschließen. Sollten Sie auf postmodernen Stil stehen, so werden Sie nicht umhin können, diese Zigarren wegen ihrer ausgefallenen blau-grauen Kiste zu kaufen.

Creme de Jamaica
Jamaika. Diese Zigarre wird in der General-Cigar-Fabrik hergestellt. Sie schmeckt mild und besteht aus einer Einlage aus Blättern, die in der Dominikanischen Republik und Brasilien gezogen werden, sowie einem mexikanischen Umblatt und einem Connecticut-Deckblatt.

Cruz Real
Mexiko. Hier handelt es sich um eine der neueren Zigarren aus Mexiko, und mit ihr tritt das Land der Maya und Azteken in den Markt der Premium-Zigarren ein. Sie wurde zunächst 1990 in Belgien angeboten, dann auch in Deutschland, Frankreich und Spanien. In den Vereinigten Staaten kam sie 1993/94 auf den Markt. Die ›Cruz Real‹ wird mit zwei Deckblättern, in Mexiko gezogen, hergestellt: Sumatra und Maduro, während die honduranische Zeder zur heimischen Fertigung der Kisten dient. Angeboten wird die Zigarre in Einzelverpackung, in einer Geschenkpackung zu fünf und in Kisten zu fünfundzwanzig Stück.

Cuba Aliados
Honduras. Eine der wirklich großen Zigarren. Sie enthält eine Langblatt-Einlage aus brasilianischen und dominikanischen Blättern, ein honduranisches Umblatt aus kubanischen Saaten und ein wunderschönes Deckblatt aus Ecuador, das in den Farben Claro, Double Claro und Colorado zu haben ist. Diese handgearbeitete Zigarre wurde von einem kubanischen Zigarrenmacher kreiert, der aus seiner Heimat geflohen war und sich in New Jersey niedergelassen hatte. Mit der Zeit verbreitete sich der Ruhm seiner Zigarren, die er in einer unglaublichen Vielfalt von Formaten anbot, und er zog nach Honduras, um näher an seinen Tabakquellen zu sein.
Bei den größeren Formaten beginnt der HPH dieser vollschmeckenden Zigarren bei 2, steigt jedoch nicht höher als 2,5. Um viel Nachgeschmack zu erhalten, braucht man eine große Zigarre, etwa die

18 Inches (ca. 457 mm) lange ›General‹, die für sich in Anspruch nimmt, die längste Zigarre der Welt zu sein, die für den Verkauf hergestellt wird. Falls Ihnen nicht danach zumute ist, das ganze Wochenende an einer einzigen Zigarre zu rauchen, so sollten Sie auf die ›Figurin‹ zurückgreifen, welche »lediglich« 10 Inches (254 mm) lang ist.

Cuesta-Rey

Vereinigte Staaten und Dominikanische Republik. Eine der größten Zigarrenmarken aus dem vorigen Jahrhundert, die noch immer existiert. Die Marke wurde 1884 von Angel LaMadrid Cuesta ins Leben gerufen, einem spanischen Zigarrenmacher, der seine Lehrzeit in Kuba absolvierte. Bald nahm er auch einen Partner auf, Peregrino Rey, und so wurde schließlich die noch heute berühmte Marke ›Cuesta-Rey‹ begründet. 1893 verlegten sie dann die Produktion der ›Cuesta-Rey‹, dem Trend der Zeit folgend, nach Ybor City, jenem berühmten Zentrum der Zigarrenherstellung in Tampa/Florida. Zur rechten Zeit trat Angel Cuestas Sohn Carl in die Firma ein und übernahm schließlich die Verantwortung für die Produktion. 1958 verkaufte Carl Cuesta die Cuesta-Rey-Zigarrenfabrik an die M & N Cigar Manufacturers in Tampa.
Die Marke Cuesta-Rey hat einen guten Ruf und wird auch heute noch produziert. In Tampa wird sie maschinell und mit Kurzblatt-Einlage hergestellt, während die Zigarren mit Langblatt-Einlage seit 1986 in der Dominikanischen Republik gefertigt werden. Vor einigen Jahren hat dann die Firma in Erinnerung an die vor einem Jahrhundert erfolgte Gründung die ›Centennial Collection‹ herausgebracht, eine vollkommen von Hand gearbeitete Zigarre, die vor dem Einpacken in die Kisten fünfunddreißig Tage gereift ist. Diese Jubiläums-Zigarren tragen eine besondere Bauchbinde, werden in Natural- sowie Maduro-Deckblatt angeboten und sind in sechs verschiedenen Formaten erhältlich. – Die erste Kiste aus Massivzedernholz, die ich je kaufte, war übrigens mit ›Cuesta-Reys No. 95‹ gefüllt. Das war Mitte der sechziger Jahre. Die Zigarren haben sich längst in Rauch aufgelöst, aber die Kiste besitze ich noch immer.

Diana Diamond Vintage Selection

Dominikanische Republik. Sie ist benannt nach ihrer »Geburtshelferin« Diana Silvius-Gits, einer Tabakhändlerin in Chicago. Der Geschmack dieser Zigarre ist mittelvoll mit einem leicht süßen Einschlag, wodurch sie HPH 2 erhält – mit Ausnahme der größeren Churchill- und Robusto-Formate, die sich um HPH 2,5 bewegen. Die

›Diana‹ wurde 1993 auf den Markt gebracht und hat ein Deckblatt aus Schatten-Connecticut, während Einlage und Umblatt in der Dominikanischen Republik gewachsen sind. In den Deckel der einzigartigen ›Diana‹-Kisten ist ein »Diamant« eingelegt – als Zeichen dafür, daß es sich hier um ein Juwel unter den Rauchartikeln handelt. Eine äußerst genußreiche Zigarre, die außerhalb der Vereinigten Staaten leider kaum anzutreffen ist.

Dannemann
Deutschland. Diese Firma wurde 1873 von Geraldo Dannemann in Brasilien gegründet. Ihr breites Zigarrensortiment wird in Deutschland hergestellt und umschließt Marken wie ›Espada‹ und ›Lights‹, die früher in der Schweiz gefertigt wurden. Dannemann-Zigarren enthalten Tabake aus Brasilien und Sumatra und sind weltweit anzutreffen. Sie werden in einer Feuchthaltepackung aus Aluminiumfolie einzeln verkauft sowie in praktischen Blechschachteln für Zigarillos und in einer Geschenkpackung mit einer Auswahl von zwölf Zigarren angeboten.

Davidoff
Dominikanische Republik. Sie ist das Nonplusultra, der Rolls-Royce unter den Zigarren (und trägt nach Meinung vieler auch ein Rolls-Royce-Preisschild). Dessenungeachtet sind Davidoff-Zigarren das Beste, was der Connaisseur für sein Geld bekommen kann. Die Qualitätskontrollen bei Davidoff haben mit den höchsten Standard in der Zigarrenindustrie, und der Fabrikaufseher, der die Handrollarbeiten beaufsichtigt, klagte mir gegenüber einmal, daß Davidoff die einzige Firma sei, die anscheinend mehr Zigarren zurückweise als annehme.

Man erkennt hier deutlich die Führungspersönlichkeit des Zino Davidoff, der in der Zigarrenindustrie neue Maßstäbe gesetzt hat. Davidoff wurde 1906 in Kiew geboren, doch schon 1911 zog seine Familie in die Schweiz, nach Genf. Im nachhinein war das pures Glück für die Zigarrenliebhaber, denn eine russische ›Davidoff‹ würde heute vielleicht nicht so gut angenommen werden.

Zinos Vater spezialisierte sich auf das Mischen von Zigaretten- und Pfeifentabak, und der junge Davidoff begann, das Gewerbe zu erlernen. Das befriedigte ihn aber nicht restlos, und so entschloß er sich mit neunzehn, etwas von der Welt zu sehen. Das Schicksal wollte es, daß er schließlich in Kuba landete, und so wurde er von 1924 bis 1929 ein »Student des Tabaks«, der voll Ergebenheit und Hingabe hinter die Geheimnisse rund um den Tabak zu kommen suchte. Mit seinem erworbenen umfangreichen Wissen ausgerüstet, kehrte Zino mit neuem Mut nach Genf zurück und überredete seinen Vater, in seinem Tabakladen eine Zigarrenabteilung einzurichten. Schon bald nutzte der Jungunternehmer seine Kontakte, die er in Kuba geknüpft hatte, und begann mit dem Zigarrenimport. Der Laden in Genf erwies sich schon bald als perfekter Standort, denn nicht wenige der Kunden waren hochstehende Würdenträger. Es wurden weitere wertvolle Kontakte hergestellt, und nach kurzer Zeit war »Davidoff« der »In-Laden«, in dem Man(n) »seine« Zigarren kaufte.

Zino begann während dieser Zeit auch verstärkt, Zigarren in alle Welt zu verschicken – und während des Zweiten Weltkriegs war Davidoff einer der wenigen Läden, der noch Havannas anbot. Nach 1945 landete Zino Davidoff schließlich einen Coup, der ihm eine Art Unsterblichkeit in der Zigarrenwelt einbringen sollte: Er erhielt die Erlaubnis, eine eigene kubanische Produktserie zu schaffen. Zino verfiel auf die Idee, jede Zigarre nach einem berühmten französischen Weingut, einem Château, zu benennen, da diese Namen, so mutmaßte er, den Kennern schon nach kürzester Zeit vertraut klingen würden. So führte er 1946 die ›Château Latour‹ ein, und der Rest folgte bald. Er hatte natürlich nicht daran gedacht, die Besitzer der Châteaus um die Erlaubnis zu bitten, ihre Namen benutzen zu dürfen. Aber in jenen Tagen, in denen sich jeder nach Ruhe sehnte, schaffte der Geschäftsmann und Diplomat die Sache aus der Welt, indem er jeder der Personen einfach eine Geschenkkiste Zigarren zukommen ließ. Wenn die Empfänger dann ihr Château auf einer Kiste Havanna verewigt sahen, war alles vergeben und vergessen.

Über die Jahre wuchs das Davidoff-Sortiment immer weiter an, wodurch der ursprüngliche Laden in Genf dreimal verlegt werden mußte. Im Jahre 1970 existierte Davidoff schließlich weltweit. Heute gibt es über sechzig Vertrauenshändler, welche die Davidoff-Produkte in aller Welt verkaufen. Das erste Depot wurde in der Schweiz eröffnet, 1974 kamen Belgien und Deutschland hinzu, 1977 Kanada, 1987 schließlich das erste asiatische Land sowie die Vereinigten Staaten. Zur Zeit werden Davidoff-Zigarren in fünfunddreißig Ländern verkauft.

Nachdem 1989 unter großem Getöse der Bruch in den Beziehungen zu Cubatabaco erfolgte (siehe auch Kapitel 1), enthüllte Davidoff 1990 seine dominikanische Produktpalette. Dabei wurden diese Zigarren zunächst in den Vereinigten Staaten verbreitet, nicht weil es in Europa keine Interessenten gegeben hätte, sondern weil es dort noch einen Vorrat für drei Jahre an Davidoff-Havannas gab, der zuerst aufgebraucht werden mußte, bevor die neue Serie eingeführt werden konnte. Die dominikanische Produktpalette enthält drei Serien: ›Aniversario‹ – extrem mild, sogar die großformatige ›No. 1‹ ($8\,^2/_3$ x 48); ›Grand Cru‹ – volles Aroma (mein persönlicher Favorit); ›Thousand‹ – mittleres Aroma (deren Stärke zwischen der ›Aniversario‹ und der ›Grand Cru‹ angesiedelt ist).

Alle Davidoff-Zigarren werden zwar mit größter Sorgfalt in der Dominikanischen Republik handgefertigt, dann aber nach Holland (für den europäischen Markt) bzw. nach Connecticut (für den US-Markt) geschickt, wo man sie nochmals kontrolliert und einer Reifezeit von weiteren ein bis eineinhalb Jahren aussetzt, bevor sie an Geschäfte geschickt werden, die zuvor ebenso sorgfältig ausgesucht und begutachtet wurden wie die Zigarren. Davidoff ist auch die einzige Firma, die von ihren Händlern verlangt, eine schriftliche Übereinkunft hinsichtlich Präsentation und Behandlung der Zigarren zu unterzeichnen.

Obwohl der prunkliebende Zino Davidoff 1993 verstarb – im Alter von siebenundachtzig Jahren und bis zum Schluß aktiv –, existiert die Firma, die seinen Namen trägt, nach wie vor. Sie hält sein Vorbild des eleganten Lebensstils aufrecht, und so hat die Firma expandiert und handelt nun auch mit Modeaccessoires und Parfüms.

Diplomáticos
Kuba. Eine der wenigen Havanna-Marken, deren sämtliche Formate handgerollt sind.

Don Alfredo
Honduras. Eine alte kubanische Marke, die einmal ausschließlich für Dunhill produziert wurde und die nun von der ursprünglichen Firma neu herausgebracht wird, jetzt jedoch mit honduranischen Tabaken.

Don Carlos
Siehe unter dem Stichwort »Arturo Fuente«.

Don Diego
Dominikanische Republik. Sie wurde kreiert von dem vielbeachteten kubanischen Zigarrenmacher Pepe Garcia, einer der ersten, die Kuba verließen und die Kunst des Zigarrenmachens außerhalb der Karibikinsel fortführten. Seinerzeit verschwanden wegen des Embargos die großen kubanischen ›Don‹-Zigarren, vor allem die ›Don Marcos‹, und um die entstandene Lücke zu schließen, wurde 1964 die handgemachte ›Don Diego‹ auf den Markt gebracht. Einige For-

mate der ›Don Diego‹, wie die Corona und die Lonsdale, werden entweder mit AMS- oder mit EMS-Deckblatt angeboten (siehe auch Glossar). Sie bestehen aus einer Santo-Domingo-Einlage und einem Santo-Domingo-Umblatt sowie einem Connecticut-Deckblatt, was eine – allerdings etwas vom Format abhängige – milde Zigarre mit vollem Körper ergibt, die gut nachreift. Von besonderem Interesse ist dabei die limitierte Produktion der ›Don Diego Connoisseur‹, einer hervorragenden Jahrgangszigarre.

Don Gonzales
Vereinigte Staaten. Ursprünglich sowohl in Florida als auch in der Dominikanischen Republik hergestellt, wird sie nun ausschließlich in Miami gefertigt.

Don Juan
Nicaragua. Aus nicaraguanischer und mexikanischer Einlage sowie nicaraguanischem Umblatt und Deckblatt.

Don Julian
Spanien. Diese auf den Kanarischen Inseln hergestellte milde Zigarre (HPH 1,5 bis 2) ist in Spanien sehr verbreitet, in anderen Ländern jedoch schwer zu finden.

Don Lino
Honduras. Handgemacht mit einer Einlage aus Havanna-Saaten, Sumatra-Umblatt und der Wahl zwischen Connecticut-, Sumatra- und Maduro-Deckblatt. Eine Variation der ›Don Lino‹, die ›Don Lino Oro‹, besteht aus einer Seco-Einlage, einem Connecticut-Umblatt und einem Kamerun-Deckblatt. An der Spitze dieser Serie steht die ›Don Lino Havana Reserve‹, eine seidige Zigarre mit mildem Geschmack, bei der Einlage, Umblatt und Deckblatt ganz aus Connecticut-Blatt bestehen. Leichter bis mittelstarker Geschmack (HPH 1,5 bis 2).

Don Tomás
Honduras. Diese Zigarre trägt den Namen des damaligen Firmendirektors. Die Mischungen und das ganze Aussehen jener 1974 eingeführten Zigarre haben sich über die Jahre verändert, und gegenwärtig ist die ›Don Tomás‹ eine mittelstarke Zigarre mit honduranischer Einlage und ebensolchem Umblatt sowie einem Sumatra-Deckblatt in den Farbvariationen Claro/Claro, Natural/Colorado und Maduro. Die ›Don Tomás Special Edition‹ steht qualitativ höher und hat ein Schatten-Connecticut-Deckblatt – und daher einen milderen Geschmack.

Don Rex
Honduras. Diese handgemachte Zigarre erschien erstmals im Jahre 1987 auf dem Markt.

Ducados
Spanien. Ein kleiner Zigarillo mit Sumatra-Deckblatt, der von Tabacalera, einer staatlichen Tabakagentur, hergestellt wird.

Dunhill
Spanien. Diese auf den Kanarischen Inseln hergestellten Zigarren mit dem schwarzen Oval auf der Bauchbinde wurden ursprünglich 1986 für den US-Markt entwickelt, sind jedoch mittlerweile, wenn auch in begrenzter Zahl, weltweit erhältlich. Jene Dunhill-Zigarren sind gut gemacht, haben eine Langblatt-Einlage, sind auch handgerollt, werden aber überschattet von den ›Dunhill Aged Cigars‹, die bei der Kundschaft mehr Anklang finden.

Dunhill Aged Cigars
Dominikanische Republik. Diese Zigarren, 1989 nach der Trennung von Cubatabaco (siehe auch Kapitel 1) auf den Markt gebracht, sind nicht zuletzt durch ihr blaues Oval auf ihrer Bauchbinde zu erkennen. Auf der Kiste steht nun der angemessenere Name: ›Dunhill Aged Cigars‹, und sie wurde zunächst angeboten mit Jahrgangstabaken aus dem Jahr 1986. Da es in Europa immer noch Bestände von Dunhill-Havannas gab, wurden die neuen ›Dunhill Aged Cigars‹ zuerst in den Vereinigten Staaten herausgebracht – und verbuchen seither einen überwältigenden Erfolg.
Ein Teil ihres Reizes liegt darin, daß jeder Jahrgang auf der Kiste verzeichnet ist. Der Jahrgang 1987 beispielsweise wurde der ganzen Welt im Herbst 1991 zugänglich gemacht. Heute ist diese hervorragend gemachte Zigarre in ganz Europa, dem Mittleren und Fernen Osten erhältlich – und das nicht nur in ausgesuchten Tabakläden, sondern außerdem auch in Duty-free-Läden.
Für die Einlage-Mischung werden drei verschiedene Tabake verwendet: in der Dominikanischen Republik gewachsener Piloto Cubano sowie Olor und Brazil. Das Umblatt ist aus dominikanischem Blatt, während das Deckblatt aus allerbestem Schatten-Connecticut besteht. Jede Zigarre wird mit großer Sorgfalt in einer der größten Fabriken der Dominikanischen Republik handgerollt, um dann in Zedernholz für mindestens drei Monate, manchmal auch länger, zu reifen. 1993 wurde anläßlich des hundertjährigen Bestehens der Firma Alfred Dunhill, Ltd., eine besondere ›Dunhill Aged‹ herausge-

bracht: die ›Centena‹. Nein, sie ist nicht hundert Jahre lang gereift, obwohl sie auf ihrer Bauchbinde die Daten »1893-1993« trägt. Darüber hinaus ist jede Kiste mit der Seriennummer des Meistermischers einzeln numeriert. Das Format ist eine gut rauchbare Belicoso (6 x 50) mit gezwirbeltem Kopf (siehe auch Glossar, Stichwort »Culebra«).

Gleichgültig, welche der dominikanischen Dunhills Sie wählen: Mit ihrer sehr langen Reifezeit, ihrer hervorragenden Machart und dem konsequenten Festhalten daran, nur wirklich ausgezeichnete Jahrgänge für ihren Tabak zu wählen, gehören diese Zigarren zu den besten mit mittelstarkem Aroma, die zur Zeit auf dem Markt sind.

Dunhill Small Cigars
Niederlande. Sie wurden 1986 in Europa und dem Fernen Osten auf den Markt gebracht. In den Vereinigten Staaten kamen diese Zigarren holländischen Typs allerdings nicht vor 1991 zum Verkauf. Sie werden von der berühmten Firma Schimmelpenninck gefertigt, und alle ›Dunhill Small Cigars‹ werden aus 100 Prozent Tabak mit einem milden Sumatra-Deckblatt, mit Java-Umblatt und einer Natural-Einlage hergestellt. Es gibt sie in drei Größen: ›Miniatures‹, ›Señoritas‹ und ›Slim Panatelas‹. Man läuft zwar Gefahr, Streit zu bekommen, wenn man eine Bar betritt und nach ›Señoritas‹ verlangt, aber ich finde dieses Format äußerst praktisch und angenehm für einen kurzen Rauchgenuß.

Dutch Masters
Puerto Rico. Der US-Fernsehstar Ernie Kovaks machte diese Zigarre in der Mitte der fünfziger Jahre berühmt. Sie ist maschinell gefertigt mit einer Kurzblatt-Einlage und homogenisiertem Umblatt.

Ejecutivos
Mexiko. Ein Kraftprotz von einer kleinen Zigarre mit einem zufriedenstellenden Geschmack, wenn auch irgendwie die letzte Vollendung fehlt. Sie wird im San-Andres-Tal hergestellt und in Australien und in den USA verkauft. Eine davon ist genug, denn sie ist fast zu stark. Gut für Raucher, die starken Tobak lieben, aber weder Lust noch Zeit haben, eine lange Zigarre zu rauchen.

El Glorioso Dominicana
Dominikanische Republik. Wenn es tatsächlich so etwas wie »mittelvoll« gibt, dann trifft es auf diese Zigarre zu. Sie ist durchgängig rauchbar in der Zeit nach dem Mittagessen bis nach dem Abendessen. Eine kleine Fabrik in Familienbesitz in der Dominikanischen

Republik brachte diese Marke, die vollkommen handgefertigt ist, 1986 heraus. Ihr Schatten-Connecticut-Deckblatt ist dicker als üblich, um ihr eine kräftigere Würze im Geschmack zu geben. Die Einlage-Mischung besteht aus kubanischen und dominikanischen Saaten, was in Kombination mit dem Deckblatt eine angenehme 2,5 auf der HPH erreicht. Den vollsten Geschmack hat die Pyramide mit Ringmaß 54.

Der Name ›El Glorioso‹ rührt von der berühmten kubanischen Marke ›El Cubano Glorioso‹ her. Die ›El Glorioso‹ wurde zunächst in New York verkauft, fand aber seither Verbreitung in den gesamten Vereinigten Staaten.

El Pruducto
Puerto Rico. Dieser Favorit aus der Massenproduktion existiert seit 1916 und wird nun in Puerto Rico maschinell hergestellt.

El Rey del Mundo
Honduras. Die Raucher in den Vereinigten Staaten wurden Ende 1993 mit diesen Zigarren bekannt gemacht. Das Produkt ist »puro« (rein), das heißt, es besteht ganz aus in Honduras gewachsenen Tabaken. Die Zigarre wird ausschließlich von Hand gemacht und hat ein schweres, moschusartiges Aroma. Der Interessierte hat die Qual der Wahl bei den Formaten, denn die Auswahl ist sehr groß: Siebenundvierzig Standardformate und einige Sonderformen stehen zum Verkauf und werden zum Teil in Zellophanhüllen, zum Teil in Glas- bzw. Aluminiumhülsen geliefert.

El Rey del Mundo
Kuba. Wörtlich übersetzt bedeutet der Name »Der König der Welt«. Und in der Tat: Dies war einmal die teuerste kubanische Zigarre, die zu kaufen war. Sieben- bis achttausend Zigarren wurden von dieser Marke jeden Tag produziert, und zwar in einer malerischen Fabrik in viktorianischem Stil. Die ›El Rey del Mundo‹ wurde in Europa ursprünglich durch Tabalcalera vertrieben, dem spanischen Tabakkonsortium.

Dieselbe Fabrik stellte auch die ›Rafael Gonzales‹ her und produzierte eines der ersten (wenn auch nicht das originale) Lonsdale-Formate. Nach und nach reduzierte die Firma die Produktion der ›El Ray del Mundo‹ – übrigens eine der beliebtesten Zigarren in England –, verwendete aber immer nur die besten Tabake, die zu haben waren. Das ist auch heute noch so. Diese historische kubanische Marke ist erstaunlich mild und wäre eine gute »Anfangs-Zigarre« für jemanden, der sanft in kubanische Gefilde eintreten möchte.

El Rico Habano

Vereinigte Staaten. Eine kubanische Marke, die relativ spät auf den Markt kam – genau gesagt 1948 – und deren Produktion während der Revolution eingestellt wurde. Sie wird nun von Hand in Miami hergestellt. Es handelt sich um eine angenehme Zigarre von leichtem bis mittelstarkem Geschmack mit einer rot-weißen Bauchbinde, welche die Initialen »RH« trägt (und die mich deshalb persönlich anspricht).

El Sublimado

Dominikanische Republik. Der Name »Der Unvergleichliche« – so die deutsche Entsprechung des spanischen »el sublimado« – entstand, als ein Zigarrenroller beim Rauchen einer der ersten Testzigarren ausrief: »Este puro tiene un savor sublimado.« Übersetzt bedeutet das nichts anderes als: »Diese Zigarre hat einen unvergleichlichen Geschmack.«

Das war Anfang der neunziger Jahre. Alle im Raum waren der Ansicht, das Wort »sublimado« sei eine ideale Beschreibung für diese neue Mischung, und so wurde im Jahre 1993 jene Zigarre geboren. ›El Sublimado‹ verdankt seinen Anspruch auf Berühmtheit einer einzigartigen (und streng gehüteten) Herstellungstechnik, bei der während des Trocknungsprozesses das Aroma eines fünfzig Jahre alten Cognacs, des ›Noces d'Or‹ aus der Grande Champagne, auf sorgfältig ausgesuchte dominikanische Einlage- und Umblatt-Blätter gebracht wird. Nach dem Reifen werden die fermentierten Tabake mit ausgezeichnetem Schatten-Connecticut-Deckblatt verbunden. Die handgemachten Zigarren reifen dann für weitere sechs Monate bis ein Jahr lang, je nach Format.

Zu bemerken ist, daß alle einzelnen Zigarren (das heißt solche, die nicht in Kisten gepackt werden) nur in Hülsen erhältlich sind, einschließlich einer handlichen Packung für fünf Stück. Das geschieht natürlich, um den strengen Cognacduft von anderen Zigarren fernzuhalten. Die Zigarren sind in den Formaten erhältlich, die in den Vereinigten Staaten zu den gängigsten gehören, also Churchill, Corona, Pyramid und Robusto.

›El Sublimado‹-Zigarren haben tatsächlich einen sehr leichten, aber unverwechselbaren Beigeschmack von Cognac und bringen für den Connaisseur, der gern einen Cognac während des Rauchens trinkt, eine gewisse Zeitersparnis, denn die ›El Sublimado‹ ist schon vom allerersten Zug an »gesalbt«. Sie sind etwas eigenwillig im Geschmack und liegen bei genüßlichen 2,5 auf der HPH.

Encanto
Honduras. Eine Zigarre mit vollem Körper, die in England sehr beliebt ist. In den siebziger Jahren auf den Markt gebracht, bietet sie gute Qualität fürs Geld.

Estral
Honduras. Diese Zigarre, 1995 herausgebracht, liegt bei HPH 2 und hat ein köstliches, in Honduras gewachsenes Schatten-Connecticut-Deckblatt mit einer honduranischen Einlage und ebensolchem Umblatt, wodurch sie einen leicht süßen Geschmack auf dem Gaumen hinterläßt. So erinnert die ›Estral‹ eher an eine dominikanische als an eine honduranische Zigarre.

Excalibur
Honduras. Diesen Namen trägt die in Honduras gemachte ›Hoyo de Monterrey‹, die in Europa und Kanada verkauft wird. – Eine genaue Beschreibung dieser ausgezeichneten Zigarre finden Sie unter dem Stichwort »Hoyo de Monterrey«.

Falstaff
Österreich. Eine Zigarre mit reichhaltigem Geschmack, die nicht befeuchtet ist und ein Brazil-Deckblatt aufweist. Sie wird in Wien von Austria Tabak hergestellt und ist nur in Europa erhältlich.

F. D. Grave & Son
Vereinigte Staaten. Diese alteingeführte Firma wurde 1884 von Frederick D. Grave gegründet und ist eine der letzten US-Zigarrenhersteller, deren Wurzeln in der guten alten Zeit liegen. Grave ist nach wie vor noch gut im Geschäft und produziert wie ehedem klassische Zigarren und Formate, so auch ihre erste Zigarre, die ›Judge's Cave‹, die im Gründerjahr herausgebracht wurde, und die der ›Muniemaker‹-Serie von 1916. In diese Reihe gehört auch die ›Bouquet Special‹ (ebenfalls 1916 erstmals herausgebracht), die in einer Glashülse steckt und in Zedernholz gewickelt ist – und die stolz von sich behauptet, eine »Millionärszigarre zum Durchschnittspreis« zu sein. Noch immer im Besitz der Gründerfamilie, haben die Brüder Richard und Frederick Grave III sowie Freds Tochter Dorothy Grave Hoyt die Volltabak-Qualität erhalten, und zwar sowohl bei den handgerollten als auch bei den maschinell gefertigten Zigarren (sie stellen zehn verschiedene Formate her). Das einzige Zugeständnis an die neue Zeit wurde 1964 gemacht, als man von Langblatt- auf Kurzblatt-Einlage überging. Davon abgesehen, werden diese Zigarren hoher Qualität immer noch mit einem Deckblatt aus Sonnen-

Connecticut-Broadleaf gemacht, wozu sich ausgewählte Broadleaf-Umblätter und Einlagen aus heimischen Tabaken gesellen. Seit 1901 befindet sich die Fabrik in einem Backsteingebäude, das in New Haven, Connecticut, steht. Sogar ihre Zigarrenkisten sind wie früher, und das farbenprächtige Etikett von ›Judge's Cave‹ ist eine nostalgische Erinnerung an die Tage der »Five-Cent-Cigar«. Die Kiste ›F. D. Graves‹ ist zwar etwas teurer geworden seit jenen frühen Jahren, aber die Zigarren sind immer noch erschwinglich und bieten einen erfrischenden Rauchgenuß und eine nostalgische Abwechslung vom Gewohnten.

Fleur de Savane
Frankreich. Eine der beliebtesten Marken in diesem Land. Hergestellt wird die ›Fleur de Savane‹ in einer der beiden staatlichen Fabriken, die von SEITA, dem französischen Tabakkonsortium, geleitet werden. Sie besteht aus einer Mischung aus zentralafrikanischen Tabaken und hat ein Kamerun-Deckblatt. Unter diesem Namen wird eine breite Auswahl an Zigarren angeboten, darunter »Petit-mini-Zigarren«, Zigarillos, aber auch Zigarren »voller Größe« (wobei die längste davon eine Half Corona mit unvollendetem Brandende ist). Diese Marke ist eine der wenigen, die SEITA auch exportiert (in diesem Fall vornehmlich nach Spanien).

Flor de Honduras
Honduras. Eine Zigarre, die durchgängig mit Sumatra-Deckblatt, aber zwei verschiedenen Einlage-Mischungen hergestellt wird, denn eine spezielle Havanna-Mischung wird für den Export nach Europa verwendet. Für die reichhaltige US-Version greift man auf Nicht-havanna-Tabake zurück.

Flor de Machado
Portugal. Sie wird auf den im Atlantik gelegenen Azoren hergestellt.

Flor de Manilla
Philippinen. Diese Marke wurde 1994 herausgebracht und zählt somit zu einer der neueren (handgemachten) Zigarren, die von den Philippinen kommen. Sie ist in fünf verschiedenen kleinen Ringmaßen erhältlich, wobei die mit Sumatra-Deckblatt versehene sowie die einzigartige, im Pyramiden-Format holländischen Typs hergestellte meine Favoriten sind.

Flor de Orlando
Vereinigte Staaten und Nicaragua. Eine der ersten maschinell gefertigten Nicht-Havannas mit Kurzblatt-Einlage, die nach dem Em-

bargo gemacht wurden. Die Tabake stammten aus Pennsylvania, Kolumbien und der Dominikanischen Republik. In der Mitte der siebziger Jahre wurde sie zu einer beliebten nicaraguanischen Zigarre, die in den USA und in Europa durch Fuente vertrieben wurde. Aber Arbeiterstreiks, Bürgerunruhen, Studentenproteste und die allgemein angespannte politische Situation in Nicaragua führten schließlich dazu, daß die Fabrik niedergebrannt wurde – weshalb hier die Geschichte dieser Zigarre vorerst endet.

Flor del Caribe
Honduras. Eine kubanische Marke aus frühen Tagen, die in Honduras kurz nach dem Embargo auftauchte. Sie wird noch immer ganz von Hand gemacht.

Flor del Isla
Philippinen. Sie ist handgemacht unter Verwendung von Langblatt-Einlagen.

Fonseca
Dominikanische Republik. So wie viele andere kubanische Marken wird auch diese nun in der Dominikanischen Republik hergestellt – mit dominikanischer Einlage, mexikanischem Umblatt und Schatten-Connecticut-Deckblatt.

Fonseca
Kuba. Diese Marke, benannt nach ihrem Schöpfer F. E. Fonseca, wurde 1891 erstmals zum Verkauf angeboten. Zwar gehört die ›Fonseca‹ nicht zu den großen kubanischen Namen, dennoch hat sie eine treue Anhängerschaft unter den Rauchern, die einen sehr milden Geschmack bevorzugen. Die Auswahl bei den ›Fonsecas‹ ist nicht sehr groß, da Cubatabaco nur zwei Formate herstellt: die ›No. 1‹ im Lonsdale-Format mit den Maßen 6 $^{1}/_{4}$ x 42, und die kleinere ›Cosacos‹ im Corona-Format.
Diese Marke ist nicht leicht zu finden, ausgenommen in Spanien, wohin der größte Teil der Produktion exportiert wird (obwohl ich eine ›No. 1‹ auch schon einmal in Kanada gefunden habe). Jede Zigarre wird von Hand in ein dünnes Blatt Seidenpapier eingewickelt, das von der Bauchbinde gehalten wird – eine Referenz an die Arbeitsmethoden der guten alten Zeit.

Gallagers
Niederlande. Einer der größten Hersteller der Welt von nichtbefeuchteten Zigarren holländischen Stils. Er verwendet vor allem Tabake aus Java, Sumatra und Kamerun.

Garcia y Vega
Vereinigte Staaten. Sie ist benannt nach den beiden kubanischen
Familien, welche die Marke im New York des späten 19. Jahrhunderts begründeten. Zunächst nur in der näheren Umgebung bekannt,
wurde die ›Garcia y Vega‹, nachdem die Fertigung nach Tampa verlegt worden war, im ganzen Land angeboten. Heute wird sie maschinell in Alabama gefertigt und bietet die Auswahl zwischen vier
verschiedenen Deckblättern: Candela, Connecticut, Mexiko und
Natural, außerdem ein mexikanisches Maduro-Deckblatt, das 1993
eingeführt wurde.
Die ›Garcia y Vega‹ enthält einen der besten in Mexiko gewachsenen
Sumatra-Tabake. Es ist schwierig, diese Zigarre einzuordnen, da sie
als Massenprodukt durchaus mit einer hohen Qualität aufwartet.

Gispert
Jamaika. Eine kubanische Marke, die jetzt vollständig aus jamaikanischem Tabak gemacht wird.

Gispert
Kuba. Eine alte kubanische Marke, die wegen ihrer Milde geschätzt
wurde. Heute gehört sie zu den »neuen« Havannas, bei denen jedes
Format vollständig maschinell gefertigt wird.

Griffin's
Dominikanische Republik. Diese Premium-Zigarre wird exklusiv
von Davidoff vertrieben. Sie ist benannt nach einem Nachtclub in
Genf, und der Besitzer des Nachtclubs erlangte einigen Ruhm – nicht
nur aufgrund seines beliebten Etablissements, sondern auch wegen
der besonderen Zigarren, die er für seine Stammkunden herstellen
ließ. Da Zino Davidoff eine wohlbekannte Persönlichkeit in dieser
Stadt mit ihrem internationalen Flair war, war es mehr als natürlich,
daß die ›Griffin's‹ bald die Ufer des Genfer Sees hinter sich ließ und
über die Grenzen der Schweiz hinaus bekannt wurde.
Die ›Griffin's‹ hat einen köstlichen mittelleichten Geschmack,
wobei die Einlage – je nach Format und Geschmack jeder einzelnen
Zigarre – aus drei verschiedenen Tabaken hergestellt wird, ein
Connecticut-Deckblatt jedoch einheitlich für die ganze Serie benutzt wird.

H. Upmann
Dominikanische Republik. Ein kontinuierlicher Klassiker unter
Zigarrenrauchern. So ist beispielsweise Burt Reynolds mit der
›Upmann 2000‹ durchaus vertraut, ebenso wie die zahllosen anderen

Anhänger, welche dieses Format zum beliebtesten der Produktserie machten.

Alle ›H. Upmanns‹ haben einen sehr angenehmen, aber unverkennbar süßen Beigeschmack. Jahrelang hegte ich die Theorie, daß der Grund dafür darin zu finden ist, daß auf demselben Gelände einst eine Zuckerrohrplantage gestanden hat. Ich bin der Sache dann persönlich nachgegangen, indem ich mich nach La Romana aufmachte, dort, wo die dominikanischen ›H. Upmanns‹ von Hand gemacht werden – und mußte feststellen: Es gibt keinen Zusammenhang. Die Tabake, welche für diese Zigarre verwendet werden – eine Mischung aus Olor und Piloto Cubano aus kubanischen Saaten, mit einem Umblatt aus Santo Domingo und einem Kamerun-Deckblatt –, werden an anderer Stelle der Insel angebaut. Soviel über Theorien. Auf jeden Fall ist es eine gute Zigarre (HPH 2 bis 2,5). Schließlich ist noch etwas anderes von Interesse: Upmann hat mit fünf Sorten und sechs Variationen mit die größte Auswahl an befeuchteten Zigarren, die in Hülsen angeboten werden.

H. Upmann
Kuba. Falls Sie sich schon immer gefragt haben, wofür das »H.« in diesem Namen steht: Es ist der Anfangsbuchstabe von »Herman«. Und jener Herman Upmann war es, der diese Zigarre erstmals 1844 auf den Markt brachte. Eigentlich Bankangestellter in Europa, war er in die Havannas so sehr vernarrt, daß er seinen Job bei der Bank aufgab, nach Kuba zog und schließlich seine eigene Marke begründete. In ihren besten Zeiten produzierte die Firma H. Upmann mehr als zweihundert verschiedene Formate. Von den ersten Jahren dieses Jahrhunderts an bis kurz vor Castros Machtübernahme gehörte die Marke den angesehenen Familien Menendez und Garcia.
Die ursprüngliche Fabrik ist immer noch in Betrieb, und die ›H. Upmann‹ ist eine der ältesten, stets mit vergleichbarer Qualität hergestellten Zigarren aus Kuba. Sie hat ein tiefes, erdiges Aroma, welches direkt aus der reichsten Erde des Vuelta Abajo selbst zu stammen scheint.

Hamlet
Großbritannien. Eine beliebte und mild schmeckende kleine Zigarre, die in zahlreichen Pubs gut zu bekommen ist.

Havanitos
Österreich. Ein äußerst beliebter europäischer Zigarillo, mit Java-Deckblatt und einer Einlage-Mischung aus Blättern, die in Brasilien, in Indonesien und auf Kuba gezogen werden. Die Marke ist weit ver-

breitet und in ganz Österreich, Frankreich, ja dem größten Teil Europas zu finden. Man erkennt sie leicht an ihrer goldenen Blechschachtel. Ihr Aroma ist halbmild.

Hav-A-Tampa

Vereinigte Staaten. Diese äußerst beliebte kleine Zigarre nahm vor und während des Zweiten Weltkriegs ihren Anfang, als die Firma die ›Tampa Nuggets‹ und die ›Tampa Straights‹ herausbrachte. Jedenfalls gewannen diese beiden Marken rasch an Popularität. Dann, gegen Ende der vierziger Jahre, entwickelte ein Mitarbeiter von Tampa namens Gene Pride das berühmte hölzerne Mundstück. Das praktische Format und das einzigartige, in sich abgeschlossene hölzerne Mundstück machte die ›Hav-a-Tampa‹ auf der Stelle zum Riesenerfolg bei den Rauchern. Heute wird die ›Hav-a-Tampa‹ in einer Fabrik hergestellt, deren Anlage vollautomatisiert arbeitet.

Henri Winterman

Niederlande. Diese Marke verhalf den erschwinglichen kleinen Zigarren holländischen Typs zum weltweiten Durchbruch. Die ›Cafe Creme‹ ist eines der beliebtesten Formate dieser Firma.

Henry Clay

Dominikanische Republik. Sie ist benannt nach Henry Clay, US-Senator und Staatsmann im 18. Jahrhundert. Dieser Rauchartikel ist ein unbesungener Held unter denjenigen, die erschwingliche Zigarren haben wollen und einen vollen, halbschweren Geschmack lieben. Die Marke war früher kubanisch, und Etikett und Bauchbinde sind über die Jahre unverändert geblieben – lediglich das Wort »Havana« ist gestrichen worden, und das bezieht sich nicht nur auf die Herkunft, sondern auch auf den Inhalt.
Heute ist die Zigarre eine gut schmeckende Kombination aus dominikanischer Langblatt-Einlage und einem dominikanischen Umblatt. Das Connecticut-Broadleaf-Deckblatt ist zwar nicht gerade das gefälligste, das in der Tabakwelt anzutreffen ist, wird aber dennoch aus ausgewählten Tabaken hergestellt. Die ›Henry Clay‹ gibt es in drei Formaten, von denen ich die ›Brevas‹ und die ›La Conserva‹ bevorzuge. Diese Zigarren sind erschwinglich und sollten als Abwechslung ruhig einmal probiert werden.

Hirschsprung

Dänemark. Eine wohlschmeckende Röhrenzigarre holländischen Typs in ganzem Format und mit vollem Körper. Ihre Mischung enthält brasilianische und kubanische Tabake. Sie wird von der Firma Nobel hergestellt.

247

House of Lords
Kanada. Für den kanadischen Markt produziert, besteht diese maschinell gefertigte Zigarre aus einer kurzblättrigen Havanna-Mischung.

Hoyo de Casa
Mexiko. Sie wird sowohl mit Natural- als auch mit Maduro-Deckblatt in der San-Andres-Region in Mexiko hergestellt.

Hoyo de Monterrey
Honduras. Die kubanische Version dieser Zigarre verschwand fast augenblicklich von der Bildfläche, als das Embargo über Kuba in Kraft trat, da alle noch verfügbaren Reserven bald vergriffen waren. Aber um das Jahr 1963 herum tauchte diese »herzhafte« Zigarre wieder auf, und zwar als honduranisches Produkt, das weiterhin mit Havanna-Blatt hergestellt wurde (welches glücklicherweise in den Vereinigten Staaten schon vor dem Embargo eingelagert worden war).
Die honduranische ›Hoyo de Monterrey‹, deren Kisten die Aufschrift »Made with real Havana leaf« trugen, konnte man noch bis 1971 in den Klimaschränken der Tabakwarenhändler finden, und ich habe lebhafte Erinnerungen daran, wie ich sie zu der Zeit hamsterte und hortete. Soviel Loyalität hatte und habe ich einer Zigarrenmarke sonst nie entgegengebracht. Heute wird die Einlage dieser reichhaltigen, den hohen Erwartungen entsprechenden Zigarre mit Tabaken aus Nicaragua, Honduras und in Santo Domingo gewachsenen kubanischen Saaten gemischt, im Aroma durch ein Connecticut-Umblatt verstärkt und mit einem hervorragenden, in Ecuador gewachsenen Sumatra-Deckblatt gekrönt. Außerdem gibt es eine spezielle Untermarke der ›Hoyo de Monterrey‹, die ›Excalibur‹ – eine der feinsten After-Dinner-Zigarren, die man bekommen kann, was besonders für die ›Number 1‹ gilt, von der ich immer eine ganze Kiste auf einmal kaufe.

Hoyo de Monterrey
Kuba. Eine der bekanntesten kubanischen Marken. Sie wurde von José Gener (dessen Name noch immer auf der Kiste erscheint) 1867 kreiert und war eine der ersten »Markenzigarren«, die auf Kuba hergestellt wurden. Davor waren Zigarren in der Regel lediglich nach Format und Größe, jedoch ohne Markenbezeichnungen verkauft worden.
Der Name ›Hoyo de Monterrey‹ (»Hoyo« steht für »Punkt«, aber auch für »Tal«) bezieht sich auf die Plantage im Tal von San Juan y

Martinez Monterrey, die sich im Vuelta Abajo in der Region Pinar del Rio auf Kuba befand, in welcher der Tabak angepflanzt wurde. Das Aroma der heutigen ›Hoyo‹ unterscheidet sich ziemlich von dem der Originalmarke, denn es ist leichter und viel feiner im Geschmack. – Nebenbei bemerkt: Die honduranische Version ist – und das ist fast schon ein bißchen »verkehrte Welt« – etwas gehaltvoller im Aroma als die kubanische Marke, welche heute als eine Zigarre daherkommt, die einen leichten bis mittelstarken Geschmack aufweist.

Zur Marke ›Hoyo de Monterrey‹ gibt es auch eine Untermarke (ähnlich der honduranischen ›Excalibur‹), die einfach nur ›Le Hoyo‹ heißt. Diese Zigarre ist viel eigenwilliger im Geschmack, als es die Zigarren der regulären Serie sind.

J. Cortez
Belgien. Diese Marke, von der Familie Vandermarliere ins Leben gerufen, wird in einer modernen, ausufernden Fabrik produziert, die in Blau und Weiß gehalten ist – exakt in den Farben, die auch auf den Bauchbinden der Vandermarliereschen Produkte zu sehen sind. Die ›J. Cortez‹ ist erst seit kurzem auf dem Weltmarkt anzutreffen, obwohl die Firma als solche seit den zwanziger Jahren dieses Jahrhunderts Zigarren herstellt. Es handelt sich hier um Zigarren, die zu 100 Prozent aus reinem Tabak bestehen und angenehm mild schmecken (eine leichte 2 auf der HPH). Es gibt sie in den Formaten ›Mino Cigarillo‹ bis hinauf zur ›Longfiller‹ mit den Maßen 140 x 15,1 Millimeter (Durchmesser, nicht Ringmaß; siehe auch Glossar). – Ihre ›High-Class‹-Ausgabe, die in Hülsen verkauft wird, zählt zu meinen Lieblingszigarren.

Vandermarliere gehört zu den wenigen noch existierenden Zigarrenbetrieben in Belgien, die als Familienunternehmen geführt sind, und es war bis vor kurzem nur durch seine preiswerteren maschinengefertigten Sorten ›Don Carlos‹, ›Neos‹, ›Nic‹ und ›Taf‹ bekannt. In den verschiedenen Zigarren finden Tabake aus Java und Sumatra, Brasilien und Paraguay, Kamerun und Kuba Verwendung. Pro Jahr produziert dieses Unternehmen annähernd 220 Millionen Zigarren, wovon rund 75 Prozent exportiert werden, vornehmlich nach Deutschland und Frankreich, außerdem in knapp zwanzig andere Länder, darunter in die Vereinigten Staaten.

John Aylesbury
Deutschland. Eine der bekanntesten und verbreitetsten Marken in Deutschland. Es handelt sich nicht so sehr um eine einzelne Fabrik

als vielmehr um ein Konsortium, bestehend aus zweiundvierzig Tabakhändlern in ganz Deutschland sowie zahlreichen Fabriken und Importeuren, die eine riesige Vielzahl von Zigarren aus Deutschland, der Dominikanischen Republik, Honduras, den Niederlanden und auch anderen Ländern auf Lager haben – eigentlich so ziemlich von überall dort, wo Zigarren gemacht werden, Hauptsache, sie haben Qualität. Die meisten werden in den verschiedenen Fabriken für die Marke ›John Aylesbury‹ hergestellt. Einige davon werden jetzt auch in die Vereinigten Staaten exportiert.

José Benito
Dominikanische Republik. Die Einlage-Mischung besteht aus in der Dominikanischen Republik gezogenen kubanischen Saaten und aus Olor-Blättern, ergänzt mit einem aus Connecticut-Saaten in Mittelamerika gewachsenen Umblatt und einem Kamerun-Deckblatt. Sie liegt im Geschmack genau zwischen der dominikanischen ›Romeo y Julieta‹ und der ›Pléiades‹. Eine gute mittelstarke Zigarre, deren lange zurückliegender Ursprung auf kubanische Tabakpflanzer zurückgeht.

José Llopis
Panama. Eine Zigarre mit Langblatt-Einlage, die aus einer einzigartigen Mischung von Tabaken aus Panama, Honduras, Ecuador und der Dominikanischen Republik gemacht ist und deren ausgezeichnete Qualität den Preis rechtfertigt. Die ›Llopis Gold‹ ist die Krönung der Produktserie, und ihre goldene Bauchbinde und ihr etwas verfeinerter Geschmack machen sie zu etwas wirklich Besonderem. Diese Zigarre findet sich eher im Osten als im Westen der Vereinigten Staaten – doch sie ist es wert, daß man überall nach ihr Ausschau hält, wenn man noch nie eine panamesische Zigarre probiert hat.

José Melendi
Vereinigte Staaten. José Melendi war ein Meistermischer aus Kuba, der in New York eine Fabrik gründete, die von Hand gemachte reine Havannazigarren herstellte. Irgendwann entschloß er sich, eine Zigarre zu kreieren, die seinen Namen trug. Mit der Zeit wurde Melendi auch Berater bei anderen Zigarrenherstellern. Heute wird diese Zigarre aus importiertem Langblatt-Tabak in der Einlage, Broadleaf-Umblatt und Kamerun-Deckblatt maschinell gefertigt.

Joya de Canarias
Spanien. Im August 1990 auf den Markt gebracht, wartet diese auf den Kanarischen Inseln hergestellte Zigarre mit einem Schatten-Deckblatt und einer Langblatt-Einlage auf.

Joya de Nicaragua

Nicaragua. Dieses interessante Produkt entstand, als Exil-Kubaner direkt nach dem US-Embargo emigrierten und in Nicaragua eine neue Heimat fanden. Sie entdeckten hier Boden, der ihrem eigenen in Kuba sehr ähnlich war, machten ihre Entdeckung bekannt – und so wurde die Marke ›Joya de Nicaragua‹ 1965 ins Leben gerufen. Seither verzeichnete diese Marke ständig steigende Verkaufserfolge und machte ihrem Namen alle Ehre, bedeutet er doch »Juwel Nicaraguas«. Jahrelang war sie eine Zigarre, deren Geschmacksqualität so gut wie keinen Schwankungen unterworfen war. Dennoch erlangte sie niemals die Berühmtheit, die ihr gebührt hätte.

Das liegt zu einem Großteil an ihrem Herkunftsland. Die im Jahre 1979 begonnene Revolution in Nicaragua und die anschließende Konfiskation der Joya-Fabrik führten zu ersten Rückschlägen; die bald darauf stattfindende Bombardierung der Fabrik sowie das US-Handelsembargo von 1985 bis 1990 taten ein übriges. Schnell waren die letzten Reserven der ›Joya de Nicaragua‹ aufgebraucht; die Nachfrage war ja immer noch vorhanden, denn schließlich war sie ja eine gutschmeckende Zigarre, für die Tabake aus den fruchtbarsten Tälern Nicaraguas verwendet wurden: Esterli für die Deckblätter aus Connecticut-Saaten, Jalapa für das Umblatt, während die Einlage aus Havanna-Saaten bestand.

Nach Aufhebung des Embargos nahm die Qualität der ›Joya de Nicaragua‹ zunächst mehr und mehr ab, doch schon bald zeichneten sich Hoffnungsstreifen am »Zigarren-Himmel« ab, nicht zuletzt deshalb, weil unter der neuen konservativen Regierung die Fabriken an die Arbeiter zurückgegeben wurden und weitere angekündigte Reformen auf eine langsame Normalisierung und Stabilisierung in diesem immer noch zerrissenen Land hoffen lassen. Gleichwohl werden die Tabakpflanzer nach wie vor erst am Ende eines jeden Jahres bezahlt, und Geldprobleme bedeuten immer auch Produktionsprobleme.

Ob die ›Joya de Nicaragua‹ je wieder ihre ausgezeichnete Qualität und Kontinuität wiedererlangen wird, bleibt vorerst offen. Dennoch: Kurz bevor die erste Auflage dieses Buches 1993 in den USA veröffentlicht wurde, hatte ich Gelegenheit, zwei ›Joya de Nicaraguas‹ zu rauchen, außerdem eine ›Habano Maduro‹ von 1991. Beide waren hervorragend, ebenso wie eine sehr dunkle und im Geschmack reichhaltige ›Maduro‹ aus Costa Rica, die ich kurz nach der vierten US-Auflage dieses Buches rauchte. Der Tabak und die Handwerkskunst sind also noch immer vorhanden. Wenn nun noch in dem Land zwischen Honduras und Costa Rica allmählich Normalität wieder

Platz greift, werden wir vielleicht in nicht allzu ferner Zeit wieder jene ›Joya de Nicaragua‹ in dem Maße genießen, wie wir das ehedem getan haben.

Juan Clemente

Dominikanische Republik. Eine, obwohl zur neuen Generation zählend, der besten Premium-Zigarren aller Zeiten – und eine Sorte, die sich besonders gut zum Lagern eignet. Sie ist auch, wie wir noch sehen werden, so etwas wie ein schwarzes Schaf unter den dominikanischen Produkten.

Die Marke ›Juan Clemente‹ wurde am 1. April 1982 in der Schweiz und in Frankreich auf den Markt gebracht, während sie in den Vereinigten Staaten erst im Herbst des Jahres 1985 eingeführt wurde. Heute werden diese Zigarren auch in anderen Teilen Europas verkauft, ebenso in Australien und in Japan. Den Werbeslogans ist zu entnehmen, daß es einen Juan Clemente wirklich gibt, abgesehen von der Tatsache, daß er Jean Clement heißt und Franzose ist. Seine Liebe und Hingabe an die Dominikanische Republik mit ihrer großen Kunstfertigkeit in der Zigarrenherstellung veranlaßten ihn schließlich dazu, den Namen seiner Marke zu latinisieren.

Bevor er seine hochangesehene Zigarre kreierte, hatte Jean – oder Juan – viele Jahre in Lateinamerika verbracht, bis er 1975 das Potential erkannte, das auf dem Gebiet der Zigarrenherstellung in der Dominikanischen Republik vorhanden war. Als Vollblutunternehmer gründete er eine kleine Fabrik in Santiago, aber im Gegensatz zu den meisten anderen Zigarrenmachern siedelte er die Produktionsstätten absichtlich außerhalb der Freien Zone an. Da Juan Clemente nun nicht innerhalb der exportorientierten Niedrigzollzone liegt, sind seine Zigarren eine der wenigen in der Dominikanischen Republik hergestellten Zigarren, die auch von Touristen, welche den Nachbarstaat Haitis besuchen, zu erwerben sind. Dieser Umstand und die Tatsache, daß die Firma weniger als zehn Zigarrenroller beschäftigt, führen dazu, daß die Nachfrage nicht immer in vollem Umfang gewährleistet werden kann. Der geringe Ausstoß, den die Arbeiter von Juan Clemente produzieren, erlaubt es der Firma andererseits wiederum, kleine Mengen des allerbesten Santiago-Domingo-Blatts einzukaufen, also Mengen, die normalerweise von größeren Gesellschaften verweigert werden, die wesentlich mehr Ballen benötigen, um ihre Produktion zu gewährleisten. Und so stellt Juan Clemente ungefähr 450 000 Zigarren pro Jahr her, was, gemessen am Standard, nicht viel ist.

252

Neben dem Umstand, daß sich die Fabrik nicht in der zollgünstigen Zone befindet, gibt es noch eine andere Eigenheit: Ihre Kisten sind mit vierundzwanzig statt mit den üblichen fünfundzwanzig Zigarren bestückt, denn, so Jean, Standardkisten zu fünfundzwanzig Stück »sehen falsch aus«. Bei der Zigarre selbst wiederum ist eine weitere Besonderheit festzustellen: Die ›Juan Clemente‹ trägt keine Bauchbinde im üblichen Sinn, sondern hier wird das Brandende einer jeden Zigarre mit äußerster Sorgfalt von Hand mit Goldfolie umkleidet, um dann von einer »Bauchbinde« festgehalten zu werden. So ist das Brandende von dem Moment an geschützt, an dem es die Werkbank verläßt, bis ihm endlich die Ehre widerfährt, von der Flamme eines Rauchers erwärmt zu werden.

Eine letzte Anmerkung: Nicht weniger als vier verschiedene Tabaksorten werden für die Einlage-Mischung der ›Juan Clemente‹ verwendet – eine bemerkenswerte Anzahl verschiedener Blattsorten in einer einzigen Zigarre. Die Einlage enthält den kräftigen Ligero und einen kleineren Anteil an Seco-Tabaken. Dann folgt ein dominikanisches Umblatt und ein Schatten-Connecticut-Deckblatt. Die fertiggestellten Zigarren reifen dann ganze sechs Monate. Das alles zusammen ergibt schließlich eine 2,5 auf der HPH. Läßt man sie weitere drei bis fünf Jahre altern, hat die Zigarre einen kräftigen Körper und ihr Geschmack ist vollkommen (weshalb denn auch eine 3 auf der HPH angebracht ist).

Am 1. Juli 1992 führte Juan Clemente dann mit der ›Club Selection‹ (siehe auch Kapitel 4) seine erste »Jahrgangszigarre« vor. Offen gesagt, waren die Zigarren anfänglich rauh, aber dann wurde das Mischrezept etwas abgemildert. Mein Geld gebe ich wesentlich lieber für die Standardserie ›Classic‹ aus, vor allem für die größeren Ringmaße wie Rothschild, Churchill und Gigante (wenn letztere denn aufzutreiben ist). All das sind sehr individualistische Zigarren, hergestellt von einem sehr individualistischen Zigarrenmacher.

Juan López
Kuba. Eine leichte, fast aromatische Zigarre – ungewöhnlich für eine Havanna –, die eindeutig dafür geschaffen wurde, Nicht-Havanna-Raucher zu gewinnen. Es ist eine sehr alte Marke, deren voller Name ›Flor de Juan López‹ ist, die heute aber mit einer ganz neuen Tabakmischung hergestellt wird.

Julia Marlowe
Dominikanische Republik. Diese Zigarre wurde 1991 eingeführt und stellt hinsichtlich der Bauchbinden und der Verpackung eine der

elegantesten Marken der »neuen Generation« dar. Der vorherige Besitzer der Marke gab praktisch sein ganzes Geld dafür aus, um ein großartiges Vierfarbenlogo mit Goldprägung zu kreieren. Das war sicher als Referenz an die kunstvollen Etiketten des 19. Jahrhunderts gedacht.

Leider leben wir aber im 20. Jahrhundert. Als nun die ganzen Rechnungen für die künstlerischen Arbeiten bezahlt werden mußten, war kein Geld mehr da, um die Zigarren zu produzieren. Einige Jahre später erschien dann ein Zigarrenliebhaber mit unternehmerischem Geist und kaufte den Namen, die Bauchbinden und die Etiketten auf. Sodann wurde eigens eine Zigarre kreiert, die dem Image der Marke gerecht werden konnte (normalerweise läuft das umgekehrt). Für die Herstellung dieser halbmilden Zigarre, die in ganz Amerika und in Europa verkauft wird, wird im Schatten aus Connecticut-Saaten gezogener ecuadorianischer Tabak im Deckblatt verwendet, gewürzt mit vier verschiedenen Sorten dominikanischen Füllblatts in der Einlage und einem dominikanischen Umblatt.

Eine sehr preisgünstige Zigarre, die in verschiedenen Formaten angeboten wird, wobei die Bauchbinde eventuell schon allein mehr wert ist als die Zigarre.

King Edward
Vereinigte Staaten. Eines der beliebtesten Weihnachtsgeschenke, das man in England einem Zigarrenraucher überreichen kann, ist eine Kiste ›King Edward‹. Der Name der Marke ist natürlich Queen Victorias Sohn gewidmet, der jene bedeutungsschweren Worte sprach: »Gentlemen, you may smoke« (»Gentlemen, Sie dürfen rauchen«). Zu den besten Zeiten war dies das weltweit meistgekaufte Massenprodukt. Die Zigarre wird noch immer hergestellt, jetzt jedoch maschinell, und zwar in Georgia. Eine identische Zigarre mit Kurzblatt-Mischung wird auch in Kanada hergestellt, und zwar ausschließlich für den kanadischen Markt.

Knockando
Dominikanische Republik. Ich war mir nicht ganz sicher, ob ich diese Zigarre in die Liste aufnehmen sollte, denn mal ist sie zu kaufen, mal nicht. Sie ist benannt nach einem torfigen Malt Whisky, der in der berühmten Speyside-Region in Schottland destilliert wird. Wie der Malt Whisky haben die Zigarren ein reiches, erdiges Aroma (falls sie hergestellt und zum Verkauf angeboten werden). Mit ihrem Connecticut-Deckblatt sowie ihrem Umblatt und ihrer Einlage aus dominikanischen Blättern (so war es jedenfalls das letzte Mal, als ich

sie zu Gesicht bekam) sind sie eine interessante Bereicherung dieses Verzeichnisses. Ich habe sie hier aufgenommen, weil ich nicht überrascht wäre, wenn sie wieder einmal auftauchen würden (dann womöglich in einer anderen Zusammensetzung).

La Aurora
Dominikanische Republik. Eine der wenigen Zigarren, die auch schon vor dem Embargo gegenüber Kuba in der Dominikanischen Republik hergestellt wurden. Sie ist benannt nach General Trujillos Tochter, Aurora.
Die Qualität der heutigen Zigarren ist eindeutig besser als die ursprüngliche Mischung, und die letzten, die ich rauchte, waren mittelstark und mit einem sehr strukturierten, nichtöligen Deckblatt versehen. Falls es irgend jemanden interessiert: »La Aurora« bedeutet »Die Morgendämmerung«. Dies war übrigens auch der Name der ersten kubanischen Zeitung, die 1866 ausschließlich für die Arbeiter herausgebracht wurde, die in der Zigarrenproduktion beschäftigt waren.

La Corona
Kuba. Diese Zigarre wurde erstmals im Jahre 1844 in Kuba herausgebracht.

La Escepción
Kuba. Diese alte Marke war einmal sehr bekannt und wurde gegründet von José Gener, einem wagemutigen Menschen, dessen Namen wir auch auf der ›Hoyo de Monterrey‹ finden und dessen Initialen »JG« auf einigen Bauchbinden der kubanischen und honduranischen ›Punch‹ zu sehen sind. Von allen Größen, die einmal hergestellt wurden, sind nur noch eine Panetela und eine Gran Corona übriggeblieben. Beide Formate haben dieselbe Tabakmischung (die extrem stark ist).

La Finca
Nicaragua. Eine rein handgemachte Zigarre mit Einlage, Umblatt und Deckblatt aus Nicaragua. Sie wurde im Winter 1993 auf den Markt gebracht.

La Flor de Cano
Kuba. Diese Marke ist relativ neu auf dem Markt. Mit ihrem süßen, milden Geschmack ist sie für Raucher gedacht, die noch nie zuvor Havannas geraucht haben.

La Fontana
Honduras. Eine »Jahrgangszigarre«, die in derselben Fabrik hergestellt wird wie die ›Baccarat‹. Sie wurde 1992 auf den Markt gebracht,
hat ein Schatten-Connecticut-Deckblatt, ein mexikanisches Umblatt und eine honduranische Einlage.

La Gloria Cubana
Kuba. Früher war sie eine der berühmtesten kubanischen Marken.
Die Betrachtung ihrer gelben Bauchbinde mit der *Cubana señorita*
beschwört bei vielen jedenfalls nostalgische Erinnerungen herauf.
Viele Jahre lang wurde diese Zigarre nicht hergestellt, und während-
dessen nahm man in Tampa die Produktion einer Zigarre auf, die
nahezu dieselbe Bauchbinde trägt und seither bei amerikanischen
Rauchern einen unerhörten Erfolg hat. Irgendwann wurde die kubanische Marke dann wieder ins Leben gerufen, und die neue ›La Gloria Cubana‹ ist nun eine viel sanftere und leichtere Havanna zum
Einsteigen, als es ihre Vorgängerin je war. In der Tat ist sie eine der
wenigen Havannas, die man morgens rauchen kann, ohne vorher
gefrühstückt zu haben.

La Gloria Cubana
Vereinigte Staaten. Diese Marke darf nicht mit der berühmten Havanna-Marke desselben Namens verwechselt werden, auch wenn
die Bauchbinden nahezu identisch sind (und schon so manchen
Sammler getäuscht haben). Die Marke wird im Ortsteil Little
Havana in Miami im US-Staat Florida von derselben Firma hergestellt, welche die Marke in die Vereinigten Staaten gebracht hatte,
nachdem Castro an die Macht gekommen war.
Diese (erschwingliche) Zigarre mittleren Aromas rühmt sich einer
Einlage-Mischung aus nicaraguanischen, ecuadorianischen und
dominikanischen Tabaken, eines Umblatts aus Nicaragua und eines
in Ecuador gezogenen Sumatra-Deckblatts. Diese Zigarren liegen
zwischen 2 bis 2,5 auf der HPH (wobei mir vor allem das Pyramid-
Format zusagt).

La Hoja Selecta
Vereinigte Staaten. Hier handelte es sich ehemals um eine Havanna-
Marke, die nur in Kuba verkauft wurde. Heute wird sie aus brasi-
lianischem, dominikanischem und mexikanischem Blatt in der
Einlage, dominikanischem Umblatt und Schatten-Connecticut-
Deckblatt in Tampa hergestellt. Die Zigarre hat zwar eine kleine
Anhängerschaft, die sich jedoch über die gesamten Vereinigten Staa-
ten erstreckt.

La Invicta

Honduras. Eine handgemachte Zigarre, die zuerst in Jamaika hergestellt wurde, jetzt aber in Honduras produziert wird. Soweit ich
weiß, gibt es sie vornehmlich in den größeren Ringmaßen.

La Paz

Niederlande. Berühmt für ihre »Wilde«-Zigarillos und ihre kleinen
Zigarren. Im Tabakjargon bedeutet das: Das untere Ende ist ausgefranst und unbeschnitten, im Gegensatz zum weich abgerundeten
Brandende. Die Tabake stammen aus Kuba, Indonesien und Brasilien.

La Prueba

Mexiko. In Mexiko eine beliebte Zigarre, die den Namen der Fabrik
trägt, in der sie hergestellt wird.

Lamb's Club

Vereinigte Staaten. Sie wurde als private Marke des »Lamb's Club«
kreiert, einer Theatervereinigung in New York während des Zweiten
Weltkriegs. Heute wird sie wie damals von der Finck Cigar Company
im texanischen San Antonio hergestellt.

Las Cabrillas

Honduras. Eine gut gemachte Zigarre, die 1993 eingeführt wurde
und in Kisten verkauft wird.

Licenciados

Dominikanische Republik. Man mag sich fragen, was es wohl mit
einem so schwer auszusprechenden Namen auf sich haben mag, aber
vor Castro waren die ›Licenciados‹ in Kuba äußerst populär. Auf spanisch bedeutet das Wort »Rechtsanwalt«, und es ist nicht schwer zu
erraten, welche Berufsgruppe diese Zigarre ursprünglich ansprechen
sollte.
Die Zigarre war am Anfang sehr günstig im Preis und nur in Kuba
erhältlich. Aber die Zeiten – und die Preise – ändern sich. Seit 1991
wird die ›Licenciados‹ in der Dominikanischen Republik hergestellt,
zur Zeit in zwölf verschiedenen Formaten angeboten, wovon fünf
ein Maduro-Deckblatt aus Connecticut-Broadleaf haben. Die anderen Produkte der Serie haben ein Schatten-Connecticut-Deckblatt
mit dominikanischem Umblatt und dominikanischer Einlage. Die
Marke wird in den Vereinigten Staaten, Kanada und Frankreich verkauft.

Lord Beaconsfield
Vereinigte Staaten. Ursprünglich in Havanna für den britischen
Markt hergestellt, wurde die Fabrik später nach Tampa verlegt.
Heute wird die (preislich annehmbare) Zigarre mit Kurzblatt-Einlage
und homogenisiertem Umblatt maschinell gefertigt. Die hondurani-
sche Einlage-Mischung gibt ihr ein volles Aroma.

Macanudo
Dominikanische Republik und Jamaika. In den Vereinigten Staaten
eine der beliebtesten Zigarren, wurde die ›Macanudo‹ zunächst (seit
1868) in einer jamaikanischen Fabrik hergestellt, die sich in kubanischem Besitz befand. ›Macanudo‹ war eigentlich der Name eines Formats der ›Havana Punch‹, welches für den britischen Export hergestellt wurde. Bis zum Zweiten Weltkrieg erlangte dann die ›Punch
Macanudo‹ Eigenständigkeit. Als Kuba jedoch aufgrund des Dollar-
Embargos, das von Großbritannien verhängt worden war, keine weiteren Zigarren nach England exportieren konnte, beschlossen die
fünf größten Havanna-Fabriken, in der britischen Kolonie Jamaika
legal Zigarren für Großbritannien herzustellen. Da ehedem die
›Punch Macanudo‹ in England das beliebteste Format war, entschied
sich die kubanisch-jamaikanische Fabrik, den Namen ›Macanudo‹
abzutrennen und eine eigene jamaikanische Zigarre daraus zu
machen. – Gegen Ende des Krieges verkaufte Jamaika übrigens pro
Jahr die beachtliche Zahl von 15 Millionen Zigarren nach Großbritannien.
Als Castro 1960 Druck auf die kubanischen Besitzer der ›Macanudo‹
ausübte, sahen die sich gezwungen, sich von dieser berühmten
Zigarrenproduktionsstätte zu trennen, und verkauften sie an einen
jamaikanischen Konzern. Doch schon vier Jahre später wurde die
›Macanudo‹ erneut verkauft, diesmal an eine Gesellschaft in Tampa,
um schließlich von einem der Marktführer erworben zu werden, der
General Cigar Company.
Unter der Führung dieser Gesellschaft errang die ›Macanudo‹ neue
Berühmtheit. In den siebziger Jahren auch auf dem amerikanischen
Markt wieder erhältlich, avancierte die ›Macanudo‹ schnell zum
Bestseller in den Vereinigten Staaten. Sie war die erste Zigarre aus
Jamaika, die den US-Amerikanern auf breiter Basis zugänglich war.
Das war zu der Zeit, als man sich allmählich von den Produkten
»Made of Canary Islands« zu lösen begann.
Obwohl sie, historisch gesehen, eine jamaikanische Zigarre war, bis
sie eine eigene Marke wurde, wurden 1983 einige ›Macanudos‹ in der

Dominikanischen Republik hergestellt, und zwar in der General-Cigar-Fabrik in Santiago. Es ist einfach unmöglich, die Produkte aus Jamaika und der Dominikanischen Republik voneinander zu unterscheiden, da Tabake, Rezepte und Reifungsprozesse in beiden Ländern genau gleich sind. Aus diesem Grund hat die ›Macanudo‹ den guten Ruf, von kontinuierlicher Qualität zu sein. Es gibt nur einen Weg, um festzustellen, aus welchem der beiden Länder die Zigarren stammen: Man muß die Kiste herumdrehen, denn nur der Stempel am Boden der Kiste verrät das Herkunftsland.

Heutzutage werden in Jamaika noch immer mehr ›Macanudos‹ von Hand gemacht als in der Dominikanischen Republik. Da Jamaika eine Kronkolonie ist, zu deren fiskalisch-wirtschaftlichen Besonderheiten äußerst günstige Steuern zählen, werden die meisten ›Macanudos‹, die dort hergestellt werden, nach England und ins übrige Europa verschickt, während ein Großteil der ›Macanudos‹, die in der Dominikanischen Republik gefertigt werden, per Export in die Vereinigten Staaten gelangen.

Unabhängig vom Herstellerland werden für diese Marke Tabake aus der Dominikanischen Republik, aus Jamaika und Mexiko für die Einlage-Mischung, ein mexikanisches Umblatt und ein Schatten-Connecticut-Deckblatt verwendet. ›Macanudo‹-Tabake durchlaufen von der Ernte bis zur fertigen Zigarre einen Reifungsprozeß von zwei Jahren. Danach reifen die Zigarren für weitere vier bis acht Wochen. Der Erfolg dieser Marke ist zum Teil in der Vielfalt der Connecticut-Deckblätter begründet: Jade (Candela), jenes grünlich-braune Deckblatt, weist einen sehr milden Geschmack auf; Cafe (Natural) ist das klassische Connecticut-Blatt, goldbraun in der Farbe und gezogen aus der Hazelwood-Sorte der kubanischen Saaten; und schließlich wartet Maduro mit einer dunklen, sattbraunen Süße auf, die vom mexikanischen Blatt stammt. Auf der HPH liegt die ›Macanudo‹ bei 1,5 bis 2,5 (je nach Format und Art des Deckblatts) – und sie ist der perfekte Rauchgenuß für den täglichen Bedarf.

Neben der regulären Produktserie gibt es noch die ›Red Label‹-Variante mit jenem »weißen Punkt« in der Mitte der Bauchbinde, der auf die Edelmarke Dunhill verweist, in deren Läden sie auch exklusiv verkauft wird. Des Genießers ganze Freude ist jedoch die aromatischste ›Macanudo‹ von allen, die ›Vintage Cabinet Selection‹, besonders die Formate der ›No. 1‹ bis ›No. 4‹, die für besondere Gelegenheiten reserviert bleiben sollten. Die Zigarren dieser Marke sind mild im Aroma, und sie gehören zu den am besten gemachten Zigarren überhaupt.

Marsh Wheeling

Vereinigte Staaten. Mifflin M. Marsh stellte diese Zigarren für die Passagiere der Flußboote und für die Pioniere her, die auf dem Landweg nach Westen fuhren. Er begann damit im Jahre 1840, und seither haben sich die Zigarren kaum verändert. M. Marsh & Sons verkauften ihre Billigzigarren (»Stogies«, siehe auch Glossar) für einen Penny. Auch in damaligen Zeiten galt dieser Preis als sehr niedrig, und nicht zuletzt deshalb gewannen sie schnell an Beliebtheit.

Die langen dünnen Zigarren, die viele mit den Speichen eines Siedlerwagens verglichen, sehen heute noch fast genauso aus. Waren sie anfänglich in Schuhkartons und später in Holzschachteln verpackt, begann die Fabrik schließlich damit, eine eigene Zigarrenkiste in Blau und Gold herzustellen – und auch sie hat bis heute ihr Aussehen kaum verändert. So gehört auch das große Reklameschild für ›Marsh Stogies‹ an der Seite des fünfstöckigen Fabrikgebäudes aus Backstein seit Beginn unseres Jahrhunderts zum Ortsbild von Wheeling, West Virginia. Die einzig nennenswerte Veränderung liegt in der Herstellung: Wurden jene berühmten ›Stogies‹ mit Kurzblatt-Einlage früher von Hand gemacht, so werden sie heute maschinell gefertigt.

Die Firma stellt dreizehn verschiedene Formate her. Je nach Sorte werden die ›Marsh Wheelings‹ aus Connecticut- oder Kamerun-Deckblatt und homogenisiertem Umblatt hergestellt. Die ausgesprochen mild schmeckenden Tabake für die Einlage-Mischung stammen aus dem Miami River Valley in Ohio und aus Lancaster, Pennsylvania. Über die Hälfte der Produktion wird übrigens in West Virginia, Pennsylvania und Ohio verkauft.

Die ›Marsh Wheelings‹ sind zwar Massenprodukte, aber trotzdem ist nichts dagegen einzuwenden, sich eine während eines Aufenthalts im einem Jägercamp anzuzünden. Da sie sich während der vergangenen hundertfünfzig Jahre kaum verändert hat, verwundert es nicht, wenn die ›Marsh Wheeling Stogies‹ in so manchem Western in Erscheinung treten – schließlich sind sie Bestandteil der US-amerikanischen Geschichte.

Martinez y Cia

Vereinigte Staaten. Diese Zigarre ist für Raucher geeignet, die erschwingliche Havannas in den Vereinigten Staaten rauchen wollen. Im Jahre 1967 erwarb die Fabrik einen ausreichenden Vorrat an Havanna-Tabak aus der kubanischen Ernte von 1959, um damit eine besondere Zigarre aus Havanna-Blend herzustellen. Heute wird die ›Martinez y Cia Havana Blend‹ mit Kurzblatt-Einlage aus importierten kubanischen Saaten und echten Havanna-Tabaken sowie einem Connecticut-Deckblatt maschinell gefertigt. Die Einlage enthält noch immer 20 Prozent Havanna-Tabak.

Meia-Coroa
Portugal. Diese auf den Azoren hergestellte Zigarre ist handgemacht, eher klein, aber trotzdem vollgepackt mit einer Einlage aus kubanischen, dominikanischen und brasilianischen Tabaken. Außerdem hat sie ein Java-Umblatt und ein Connecticut-Deckblatt.

Mocambo
Mexiko. Etwas rauh für den amerikanischen Geschmack, finde ich allerdings, daß die Maduro-Version eine perfekte Zigarre für einen heißen Sommerabend bei einer kalten *Cerveza* abgibt.

Montecristo
Dominikanische Republik. 1993/94 wurde von der Consolidated Cigar Corporation eine in der Dominikanischen Republik hergestellte ›Montecristo‹ auf den US-amerikanischen Markt gebracht, gedacht als Fortführung einer der bekanntesten Marken in der Geschichte der Zigarre. Jahrelang vor Erscheinen der neuen Zigarre war eine limitierte Anzahl von dominikanischen ›Montecristos‹, im Geschmack der ›H. Upmann‹ sehr ähnlich, an einige ausgewählte Tabakwarenhändler in den Vereinigten Staaten geliefert worden. Diese neue Zigarre besteht aus einer vollkommen neuen Mischung aus in der Dominikanischen Republik gezogenen kubanischen Saaten, die wesentlich weniger eigenwillig im Geschmack (aber nicht ärmer im Aroma) ist als die kubanische Version. Zusätzliche Würze gibt ein dunkles Schatten-Connecticut-Deckblatt. Kenner werden außerdem die Tatsache zu würdigen wissen, daß die dominikanische ›Montecristo‹ ausgereift ist, wodurch der vollmundige Geschmack ihrer Tabake noch vertieft wird.

Montecristo
Kuba. Eine hochangesehene Marke. Die Zigarre ist reichhaltig im Geschmack und eine der wenigen Havannas, bei denen alle Formate, auch die kleinsten, vollständig handgemacht sind. Wegen ihres hohen Ansehens und ihrer Berühmtheit in aller Welt halten die meisten Raucher sie für viel älter, als sie tatsächlich ist. – Zusammen mit der ›Cohiba‹ ist sie eine der wenigen kubanischen Zigarren des 20. Jahrhunderts, die immer noch hergestellt werden.

Die ›Montecristo‹ wurde in den frühen dreißiger Jahren von Garcia und Menendez herausgebracht, jenen Familien, die seinerzeit auch die berühmte ›H. Upmann‹ produzierten. So hieß die Zigarre, die sie nun neu herausbrachten, anfänglich auch ›H. Upmann Montecristo‹, doch wurde der Name bald geändert, damit die Raucher sie nicht mit der Standardserie der H.-Upmann-Havannas verwechselten.

Zunächst wurde die ›Montecristo‹ exklusiv bei Dunhill verkauft, was ihr bei den ernsthaften Zigarrenrauchern in der ganzen Welt das Ansehen verschaffte, das ihr gebührte. So gewann sie schnell an Berühmtheit, zum Teil wegen ihres wundervollen edlen Geschmacks, aber auch wegen der riesigen Auswahl an Formaten, die diese Marke bereithielt – und eine Zeitlang galt die ›Montecristo A‹ gar als die teuerste Zigarre der Welt (diese Ehre ist inzwischen auf die ›Davidoff Aniversario No. 1‹ übergegangen).

Gegen Ende der kubanischen Revolution war in Havanna die ›Montecristo‹ unbestreitbar »das beste Pferd im Stall«. Leider verschlechterten sich schon bald darauf Qualität und Geschmack, und erst in jüngster Zeit hat sie ihr Image wiedererlangt. So ist sie denn für einige Zigarrenfreunde in Europa wie damals der Prüfstein, an dem alle anderen Havannas gemessen werden – jedenfalls sind Geschmack und Aroma der ›Montecristo‹ unverwechselbar.

Als ich seinerzeit die Partagas-Fabrik in Kuba besuchte, gab man mir eine Zigarre ohne Bauchbinde zu rauchen. Ich zündete sie an. Dieser weiche, mittelstarke Geschmack war unverkennbar. »Eine Montecristo!« rief ich sogleich aus – um sofort ein gewisses Unbehagen zu spüren, denn die ›Montecristo‹ war immer in der H.-Upmann-Fabrik hergestellt worden. Ein Vertreter von Cubatabaco nickte zustimmend. So muß der Charakter einer großen Zigarre sein!

Sehr wahrscheinlich haben Sie schon längst erraten, woher der Name stammt. Genau, aus dem Roman *Der Graf von Monte Cristo* von Alexandre Dumas d. Ä. Dumas schrieb einmal über seine berühmte Romanfigur: »Ich denke, er ist ein wunderbarer Gastgeber, der viel gereist ist, und [...] er hat ein paar ausgezeichnete Zigarren.« In der Tat: Dasselbe Zitat gebührt auch heute noch demjenigen, der sich dazu entschlossen hat, diese klassische Marke in seinen Humidor aufzunehmen.

Montecruz

Dominikanische Republik. Diese Zigarre wurde 1964 für die Dunhill-Läden in den Vereinigten Staaten geschaffen, und zwar als Alternativersatz für die durch das Embargo verbannten kubanischen

›Montecristos‹. Folglich waren die Ähnlichkeiten mit dem Namen, dem Logo-Design und den Farben des Etiketts der ›Montecristo‹ nicht zufälliger Natur.

Ursprünglich war die ›Montecruz‹ von denselben Familien (Menendez und Garcia), denen die Firma H. Upmann in Havanna vor der Revolution gehört hatte, auf den Kanarischen Inseln hergestellt worden. Heute wird diese Zigarre in der Dominikanischen Republik handgemacht. Die ›Montecruz‹ war seinerzeit die erste importierte Zigarre auf dem US-amerikanischen Markt, die mit Kamerun-Deckblatt gemacht wurde, das damals überaus teuer war, denn das Pfund Schatten-Connecticut-Tabak kostete damals 8 Dollars, während für das Pfund Kamerun-Tabak deftige 23 Dollars hingelegt werden mußten. Und so war die ›Montecruz‹ auch die teuerste Zigarre jener Tage.

Zur Zeit wird die ›Montecruz‹ in nicht weniger als zweiundzwanzig verschiedenen Formaten und Macharten angeboten, wovon die beliebtesten davon die ›210‹, die ›220‹ und die ›230‹ sind. Ihrem Erbe treu bleibend, ist die dominikanische ›Montecruz‹ nach wie vor eine der feinsten Zigarren innerhalb der Spitzenkategorie, besonders in ihren neueren Mischungen, bei denen in der Dominikanischen Republik gewachsener Piloto Cubano und Olor mit brasilianischen Tabaken kombiniert wird. Während für alle Zigarren ein dominikanisches Umblatt vorgesehen ist, hat der Raucher mittlerweile die Wahl zwischen zwei Deckblättern: dem originalen Sonnen-Kamerun und einem Natural-Claro-Schatten-Connecticut.

Obwohl die Einlage-Mischung bei beiden Zigarren gleich ist, sind die Proportionen der verschiedenen Sorten zueinander unterschiedlich, da sie jeweils den verschiedenen Deckblättern angepaßt sind, wobei das Claro-Deckblatt etwas leichter im Geschmack ist. Trotz dieses Unterschieds geben beide Varianten ausgesprochen aromareiche Zigarren ab.

Montenegro
Mexiko. Diese Zigarre mit Langblatt-Einlage wird aus San-Andres-Tabak hergestellt. Sie steckt in einer versiegelten Glashülse.

Montesino
Dominikanische Republik. Diese Zigarren, ursprünglich von Don Marino Montesino im letzten Jahrhundert hergestellt, werden heute in Moca, wo einer der drei Betriebe des Familienunternehmens Arturo Fuente angesiedelt ist, für den Export in die Vereinigten Staaten produziert. Dort kamen sie 1981 wieder auf den Markt.

263

Die ›Montesino‹ ist aus 100 Prozent Tabak und vollkommen hand-gemacht. Sie hat ein Schatten-Connecticut-Deckblatt mit einem Umblatt aus Nicaragua sowie eine Einlage-Mischung aus Tabaken, die in der Dominikanischen Republik und Brasilien gezogen werden. Die ›Montesino‹ ist im Geschmack leichter als die ›A. Fuente‹, wes-halb sie auf der HPH zwischen 1,5 bis 2 liegt. Da die Farben der Deck-blätter nicht identisch sind, könnte man sie ohne weiteres als Bün-delzigarre der Spitzenklasse bezeichnen, die in Kisten gepackt ist. Dafür ist diese Zigarre aber auch preiswerter als die ›Fuente‹. Während viele unter uns wahrscheinlich den volleren Geschmack und das raffiniertere Äußere des normalen Sortiments von Fuente bevorzugen, ist die ›Montesino‹ hinsichtlich ihres Rauchgenusses ein wahrer Geheimtip.

Montiago
Dominikanische Republik. Die Sorten dieser Zigarren weisen eine Langblatt-Einlage auf.

Mozart
Österreich. Eine ausgezeichnete Zigarre holländischen Typs von hoher Qualität, die in Österreich hergestellt und vertrieben wird. Sie ist mild, und das Ringmaß ist groß genug, um auch US-amerikani-sche Raucher zufriedenzustellen. Diese Zigarren haben ein Java-Deckblatt, ein Sumatra-Umblatt und eine Einlage-Mischung aus Havanna und Brazil. In den Vereinigten Staaten ist sie nicht erhält-lich.

Muniemaker
Vereinigte Staaten. Sie wurde 1912 von der F. D. Grave Cigar Co her-ausgebracht, eine der wenigen Originalproduzenten von Zigarren, die es heute noch in den Vereinigten Staaten gibt. Die Reklameschil-der für diese Zigarre waren der Inbegriff des Selbstbewußtseins, denn sie bestanden aus einer Tafel, auf der nichts weiter stand als das Wort ›Muniemaker‹. – Nähere Informationen über diese Firma finden Sie unter dem Stichwort »F. D. Grave & Son«.

Nat Sherman
Dominikanische Republik. Auf dem US-Markt erstmals 1993 erhält-lich, ist jedes Format an der Farbe seiner Bauchbinde zu erkennen. Darüber hinaus tragen sie alle Namen, die sich auf Schauplätze in New York beziehen. Die ›Exchange Selection‹ ist eine Mischung aus dominikanischen und südamerikanischen Tabaken mit Connec-ticut-Deckblatt; die ›Landmark‹ hat ein Kamerun-Deckblatt; ein

mexikanisches Deckblatt wiederum ziert die Serie ›Manhattan‹; die ›Gotham‹ weist ein Connecticut-Deckblatt auf und wird in einer Lederkiste verkauft; die ›City Desk‹ ist aus Maduro hergestellt; die elegante ›Host‹ schließlich hat eine Einlage aus kubanischen Saaten und ein Connecticut-Deckblatt.

New York

Mexiko. Diese Marke wurde 1989 von der Firma Te-Amo herausgebracht. Jedes Format ist nach einer berühmten Straße Manhattans benannt, so etwa die ›Wall Street‹ (6 x 52), die ›Broadway‹ (7 $\frac{1}{4}$ x 48) und die ›Park Avenue‹ (6 $\frac{5}{8}$ x 42). Die Art-Nouveau-Designs aus den zwanziger Jahren auf den Holzkisten sind fast schon allein ein Grund, diese Zigarren zu kaufen. Aber unabhängig vom Format ist die ›New York‹ mit einem in Mexiko gezogenen Sumatra-Deckblatt sowie einem Umblatt und einer Einlage aus San Andres extrem mild. Genauer gesagt: Dies ist eine der mildesten Zigarren, die ich jemals geraucht habe – eindeutig eine 1 auf der HPH. Da sie nur unangezündet noch leichter ist, empfiehlt sie sich für denjenigen, der mit dem Zigarrenrauchen gerade beginnt. Und falls Sie normalerweise eine Menge Coronas am Tag rauchen, so machen Sie doch zur Abwechslung einmal einen kleinen Zwischenstopp und gehen mit ›New York‹ auf Entdeckungsreise.

Nicarillos

Schweiz. Eine europäische Zigarre, die jetzt von SEITA, Frankreich, vertrieben wird.

Ninas

Frankreich. Eine beliebte, maschinell gemachte kleine Zigarre.

Nobel

Dänemark. Von der Firma E. Nobel werden beliebte und bekannte Zigarren holländischen Typs hergestellt. Nobel ist der größte Zigarrenproduzent in Dänemark – mit 400 Millionen verkaufter Zigarren allein im Jahre 1990/91. Auf dem europäischen Kontinent ist die Marke sehr bekannt und verbreitet, während man sie in den Vereinigten Staaten nicht ganz so häufig sieht, obwohl die ›Nobel Petit‹ und die ›Christian of Denmark‹ – die beiden Marken, die in die Vereinigten Staaten exportiert werden – langsam bei Rauchern an Beliebtheit gewinnen, die einen kleinen, zwölf bis zwanzig Minuten dauernden Rauchgenuß haben wollen.
Die Firma wurde 1835 von Emilius Nobel gegründet und war in Europa ein Wegbereiter für den Minizigarillo aus 100 Prozent Tabak.

1898 kam die ›Nobel Petit‹ auf den Markt und ist damit die älteste Zigarillomarke in Dänemark und eine der ältesten in der Welt. Die ›Christian-of-Denmark‹-Minizigarillos erschienen erst 1985. Ihre Einlage-Tabake kommen aus Java, der Dominikanischen Republik und Brasilien; außerdem hat sie ein Java-Umblatt und ein Sumatra-Deckblatt. Leider enthalten die ›Long Cigarillo‹ und die ›Corona‹ eine Spur Havanna-Tabak in ihren Mischungen, weshalb sie in amerikanischen Landen nicht so bald zu finden sein werden. Dasselbe gilt für die in Hülsen verpackte ›Hirschsprung Apostolado‹, eine köstliche Zigarre mit vollem Körper, deren Einlage Brazil und Havanna enthält.

Nørding
Dominikanische Republik und Honduras. Diese Zigarren werden in beiden Ländern hergestellt, um alle Geschmacksrichtungen im Nicht-Havanna-Bereich abzudecken und um zu verhindern, daß ein Land die steigende Nachfrage eventuell nicht befriedigen könnte. Die Marke ist benannt nach dem dänischen Pfeifenmacher Erik Nørding, Meister seiner Kunst, der dieses Sortiment als Zeichen für seine Liebe für edle Zigarren schuf.

Old Port
Kanada. Eine einzigartige kleinformatige, maschinengemachte Zigarre mit Kurzblatt-Einlage und homogenisiertem Deckblatt, die in Großbritannien und Kanada sehr populär ist. Die ›Old Port‹ ist sehr süß, und ihre Hersteller preisen die Tatsache an, daß die Zigarre nicht nur mit Rumaroma versehen ist, sondern daß ihre Tabakblätter auch in Wein getaucht wurden.

Onyx
Dominikanische Republik. Eingeführt 1992, erhielt diese Zigarre ihren Namen wegen ihres dunklen mexikanischen Maduro-Deckblatts. Sie ist sehr mild, hat ein Java-Umblatt und eine Einlage-Mischung aus Piloto Cubano, Olor und mexikanischem Tabak.

Optimo
Vereinigte Staaten. Früher wurde diese Zigarre ganz aus Havanna-Tabaken hergestellt. Sie ist noch immer ein sehr verbreitetes, maschinengefertigtes Massenprodukt aus homogenisiertem Tabak und Kurzblatt-Einlage.

Ornelas
Mexiko. Eine der bekannteren mexikanischen Zigarren, hergestellt in Guadalajara.

Oscar

Dominikanische Republik. Sie wurde im Oktober 1988 von Oscar Rodriquez auf den Markt gebracht. Diese Zigarren rauchen sich hervorragend und werden in sechs unterschiedlichen Formaten angeboten, angefangen bei der ›Prince‹ (5 x 30) bis zu der eleganten ›Don Oscar‹ (9 x 46), obwohl die ›Supreme‹ (8 x 48), zwar kleiner, die beliebteste Zigarre für irgendwann nach dem Dinner oder den späten Abend bleibt. Die Einlage-Mischung dieser handgemachten Zigarre ist sorgfältig zusammengestellt aus in der dominikanischen Republik gewachsenen Langblatt-Tabaken. Dem ebenfalls dominikanischen Umblatt folgt schließlich ein Schatten-Connecticut-Deckblatt. Diese Komposition ergibt eine 2,5 auf der HPH, was bedeutet: Diese Zigarre ist für den Spätnachmittag wie den Abend gut geeignet.

Es gibt auch eine Zigarre mit einer stärkeren Mischung, die für den europäischen Markt hergestellt wird und die eine Konkurrenz zu den Havannas darstellen soll. ›Oscar‹-Zigarren werden in einer eigenen Fabrik gefertigt, die sich, ebenso wie die Produktionsstätten von Juan Clemente, außerhalb der zollgünstigen Zone, der *Free Zone,* befindet.

Zusätzlich zur Standardserie von Zigarren voller Ringgröße gibt es noch die ausgezeichneten ›Oscaritos‹, kleine befeuchtete Zigarren, welche die Maße 4 x 20 erreichen. Sie werden in Zedernholzkästchen zu je sechsundzwanzig Stück geliefert und sind die perfekte Zigarre zum Aperitif für diejenigen, die eine vollmundige Zigarre in einer kleinen Verpackung suchen. ›Oscar‹-Zigarren sind erhältlich in den Vereinigten Staaten, in Australien, Europa, Hongkong und Südamerika.

Padron

Nicaragua. Obwohl das Firmenlogo eine Karte von Kuba (dem Heimatland der Familie Padron) darstellt, werden die jetzigen Zigarren aus Tabak, der auf eigenen Plantagen in Nicaragua wächst, in Honduras handgerollt. So kann die geographische Bestimmung dieser Zigarre mit reichhaltigem Geschmack etwas verwirrend sein. »Technisch gesehen« ist sie aber eine nicaraguanische Zigarre.

José Orlando Padron, ein kubanischer Tabakhändler, der während der Revolution aus Kuba floh, begann 1964 ein neues Leben in Miami. Damals hatte er einen festangestellten Zigarrenroller, der den ganzen Tag über arbeitete, damit José dann des Nachts seine Zigarren in Restaurants und Cafés verkaufen konnte. Die Qualität seiner Zigarren sprach sich bald herum, und sein Betrieb wuchs. Um 1969 beschäftigte Padron dann schon vierzig Zigarrenroller. Schließlich dachte die Familie an eine weitere Expansion, und so gründete sie 1970 in Nicaragua eine größere Fabrik. Doch die Padrons hatten ihre Rechnung ohne die Sandinistas gemacht – während der Revolutionswirren fiel die Fabrik den Flammen zum Opfer. Später wurde sie zwar wieder aufgebaut, aber um vor jeder revolutionären Strömung und anderen Unwägbarkeiten sicher zu sein, wurde in Honduras ein zweiter Betrieb gegründet. Diese Maßnahme erwies sich als sehr klug, denn als die Vereinigten Staaten ihr Embargo über Nicaragua verhängten, konnten ›Padrons‹ weiterhin in Honduras hergestellt werden. Als das Embargo endlich wieder aufgehoben wurde, begann die Firma ihren Verkauf auf die ganzen Vereinigten Staaten auszuweiten.

José Padrons Söhne, Orlando und Jorge, sind nun in den väterlichen Betrieb eingetreten, um ihren Vater bei der Leitung des von ihm gegründeten Unternehmens zu unterstützen. Zur Zeit besteht ihre Produktserie aus zwölf Formaten, angefangen bei der ›Delicias‹ (4 $7/8$ x 46) bis hinauf zur riesigen ›Magnum‹ (9 x 50). Im Jahre 1994 erschien dann eine limitierte Ausgabe anläßlich des dreißigjährigen Bestehens der Firma. Diese Zigarren, in nur fünf Formaten hergestellt, sind drei Jahre lang gereift. Besonders in Miami ist die Marke relativ bekannt und beliebt, doch leider ist die Standardserie nicht so oft erhältlich, wie sie es sein sollte. Die ›Padrons‹ sind sehr aromareich und würzig im Geschmack und haben ein aromatisches, öliges Deckblatt. Sie eignen sich hervorragend als After-Dinner-Rauchgenuß, was besonders für die größeren Ringmaße gilt. Eindeutig eine 2,5 auf der HPH.

Palais Royal
Dominikanische Republik. Unter diesem Namen wird die ›Juan Clemente‹ in Frankreich verkauft.

Partagas
Dominikanische Republik. Diese gefeierten Zigarren, die zuerst durch die Dunhill-Läden in den Vereinigten Staaten eingeführt wurden, sind nun auch in Europa erhältlich und bestehen aus einer Einlage aus dominikanischen, jamaikanischen und mexikanischen Tabaken, einem Umblatt aus in der Sonne gezogenen mexikanischen Tabak und einem teuren Kamerun-Deckblatt. Obwohl die ›Partagas‹ in der Einlage dieselben Tabake enthält wie ihre »Schwesterzigarre«, die ›Macanudo‹, ist sie doch robuster im Rauch, da die

Anteile der Tabake anders aufgeteilt sind und das Kamerun-Deckblatt ein übriges tut.

Tatsächlich ist die dominikanische ›Partagas‹ eine der aromareichsten und im Geschmack feinsten Zigarren auf dem Markt – von der kleinen ›Purito‹ bis zur ›No. 10‹. Sucht man einen angenehmen After-Dinner-Genuß, so kann man mit dieser Wahl nichts falsch machen. Schließlich ist noch die ansprechende Kiste der Jahrgangsausgabe ›Limited Reserve‹ zu erwähnen, die ein signiertes Zertifikat enthält, auf dem das genaue Ausgabedatum angegeben ist.

Partagas
Kuba. Das genaue Entstehungsjahr dieser Zigarre hat sich mit der Zeit verwischt. In Frage kommen die Jahre 1843, 1845 und 1867. Was jedoch sicher ist: Sie wurde auf jeden Fall von Don Jaime Partagas kreiert. Im Jahre 1889 – dieses Datum steht fest – erwarben dann Don Ramon Cifuentes und seine Partner, »Cifuentes, Fernandez und Co.«, die alleinigen Besitzrechte an dieser Marke. Cifuentes Sohn, Ramon Cifuentes, der in der Partagas-Werbung erscheint, führte die Tradition dieser ausgezeichneten Havanna bis unmittelbar vor dem Ausbruch der Revolution fort, um dann die berühmte Familienmarke in die Dominikanische Republik zu bringen.

Während der zwanziger und dreißiger Jahre galt es als schick, besonders in Großbritannien, die kubanischen ›Partagas‹ zu rauchen. Sie war auch die Lieblingszigarre der Schriftstellerin Evelyn Waugh, welche die ›Partagas‹ gar in ihrem Werk *Brideshead Revisited* namentlich erwähnt – so hoch schätzte sie sie.

Heute wird die ›Partagas‹ in demselben Fabrikgebäude hergestellt wie ehedem. Es stammt aus dem 19. Jahrhundert und liegt an einer baumbestandenen Straße in Havanna (siehe auch das Foto auf Seite 39). Zur Zeit bietet die Partagas-Fabrik eine sehr teure Produktreihe mit über dreißig verschiedenen Formaten an. Obwohl alle Zigarren im Geschmack ziemlich stark und herb sind, ist ihre Anhängerschaft trotzdem ziemlich groß. Mir persönlich schmecken die ›Chicos‹ besonders gut. Neben dem Vorteil, sie aufgrund ihrer kleinen Größe überall mit hinnehmen zu können, erfüllen sie das Bedürfnis nach einem schnellen, aber dennoch voll befriedigenden Rauchgenuß. Je nach Format liegen diese Zigarren zwischen 2,5 und 3 auf der HPH.

Pedro Iglesias
Vereinigte Staaten. Sie wurden ursprünglich für einen bestimmten Großhändler hergestellt, werden jetzt aber in den gesamten Verei-

nigten Staaten verkauft. Die Zigarren dieser in den fünfziger Jahren entstandenen Marke sind aus 100 Prozent Tabak und werden in Tampa gefertigt, wobei der maschinell hergestellte Wickel mit einer »Medium«-Einlage (deren Blätter weder kurz noch lang sind) gefüllt wird. – Einen Pedro Iglesias als Namenspatron hat es übrigens nicht gegeben. Hätte es ihn gegeben, so hätte er sicher nichts dagegen gehabt, diese preisgünstige Zigarre zu probieren.

Pedroni
Schweiz. Die Fabrik, welche diese kleinen, trockenen Zigarren herstellt, existiert seit 1847. Die von Hand gemachten und aus dunklen, feuergetrockneten (»fire-cured«) Tabaken bestehenden Zigarren haben für ihre Größe ein sehr volles Aroma. Ihr Format könnte man als »Minipyramide« bezeichnen. Sie haben ein rauhes Aussehen, eignen sich aber vorzüglich als Ergänzung zum Milchkaffee am Morgen mit einem Stück Landbrot.

Peter Stokkebye
Dominikanische Republik. Die ursprüngliche ›Stokkebye Santa Maria‹ war eine von Winston Churchills Lieblingszigarren. Das derzeitige dominikanische Produkt hat aber offensichtlich nicht dieselbe Mischung wie ehedem. Entworfen für den »maßvollen« Staatsmann von heute, ist sie eine extrem milde Zigarre: 1 HPH. Die Einlage-Mischung besteht aus Tabaken brasilianischen und kubanischen Saatguts, während das Umblatt dominikanisch ist. Einlage und Umblatt sind so mild, daß der reine Geschmack des leicht fermentierten Schatten-Connecticut-Deckblatts voll zur Geltung kommen kann.
Obwohl Peter Stokkebye Däne ist und seine Zigarren in den Vereinigten Staaten verkauft werden, werden gemäß der Geschichte dieser Marke drei beliebte britische Formate angeboten: eine Churchill, eine Lonsdale und eine Corona.

P. G.
Dominikanische Republik. Nach einer Testphase mit begrenzter Stückzahl im Herbst/Winter des Jahres 1990 wurde diese Marke offiziell am 1. Mai 1991 auf den Markt gebracht. Die Initialen »P.« und »G.« stehen für Paul Garmirian, einen Zigarrenliebhaber, der diese Zigarre ursprünglich für seinen privaten Gebrauch kreierte. Paul bildet jetzt seinen Sohn Kevork aus, damit der einmal das Unternehmen in der zweiten Generation weiterführen kann.
Die ›P. G.‹ hat ein Schatten-Connecticut-Deckblatt mit Umblatt und

Einlage aus der Dominikanischen Republik. Mehr als zwölf verschiedene Formate weist mittlerweile die Produktreihe auf, wovon die meisten den originalen kubanischen Formaten entsprechen und zwischen $4\frac{1}{2} \times 38$ für die ›Petite Bouquette‹ und 9×50 für die ›Celebration‹ liegen. Diese nicht ganz preiswerten Zigarren sind nur für den erfahrenen Raucher geeignet, da sie mit einem vollen Aroma aufwarten (HPH 2,5).

Phillies
Vereinigte Staaten. Weitverbreitete, maschinengefertigte Massenware. Der Zigarillo, früher in Philadelphia, Pennsylvania, hergestellt, kommt heute aus Selma, Alabama.

Picadu
Frankreich. Eine populäre, maschinengefertigte Zigarre von SEITA.

Pintor
Costa Rica. Diese Zigarren haben eine Langblatt-Einlage, die aus Tabaken zusammengestellt ist, welche aus drei Ländern stammen: Costa Rica, Honduras und Dominikanische Republik.

Pléiades
Dominikanische Republik. Dieses Produkt der Karibik ist die einzige französische Zigarre, die nicht in Frankreich hergestellt wird. Sie wird aber dort verpackt und verschifft, wodurch die französische Handelsagentur SEITA dem ausgezeichneten dominikanischen Tabak und dem handwerklichen Geschick der dortigen Arbeiter große Anerkennung zollt. Es handelt sich so um eine der wenigen handgemachten Zigarren, die aus Frankreich kommen.
Zur Zeit wird die ›Pléiades‹ in zwei verschiedenen Fabriken in Santiago produziert, wobei jede der Fabriken auf bestimmte Formate spezialisiert ist. Wenn die Zigarren in der Dominikanischen Republik von Hand gerollt sind, werden sie nicht in Kisten, wohl aber in schützenden Behältern nach Frankreich geschickt. Dort packt man sie sorgfältig aus und setzt sie einer weiteren Reifezeit von sechs Monaten aus (sollte es die Nachfrage erfordern, wird die Reifezeit abgekürzt). Danach werden die Zigarren in der zur SEITA gehörenden Fabrik in Straßburg nach Farben sortiert, in Kisten verpackt und schließlich von dort versandt. Bei SEITA wird dieses aufwendige Verfahren damit begründet, die Kontrolle über die Qualität der Zigarren und über den Verpackungsvorgang zu behalten. Darüber hinaus hat SEITA ein eigenes Design für die Zedernholzkisten entwickelt. Diese Kisten, in Holland hergestellt, sind mit einem wieder auffüll-

271

baren Befeuchtungssystem von Credo ausgestattet – und so kann die ›Pléiades‹-Kiste nicht nur wiederverwendet werden, sondern gibt auch einen hervorragenden Reisehumidor ab.

Als die ›Pléiades‹ eingeführt wurde, war sie ausgesprochen beliebt, aber mit der Zeit gab es immer mehr Probleme bei der Beschaffung. Da sie nicht selten auch bei der zweiten Nachfrage nicht in den Regalen zu finden war, sahen sich bald viele Raucher dazu veranlaßt, die Marke zu wechseln. Dann wurden zwar die Mischungen verändert, doch hatte das natürlich nichts mit dem Grundproblem zu tun, und so blieb das Beschaffungsproblem bestehen. Mittlerweile scheint diese dominikanisch-französische Zigarre jenen unangenehmen Umstand ihrer Vergangenheit hinter sich gelassen zu haben.

Die ›Pléiades‹ ist eine sehr milde Zigarre (1,5 bis 2 auf der HPH) mit Kontinuität. Sie besteht aus einem Schatten-Connecticut-Deckblatt, einem dominikanischen Umblatt sowie einer Einlage-Mischung aus Olor- und Piloto-Cubano-Blättern. Diese Zigarren sind in den Vereinigten Staaten und Kanada, in Hongkong und Singapore sowie in der Schweiz, Frankreich und Deutschland zu finden, und gerade hier sind sie sehr beliebt, besonders bei Leuten, die keinen eigenen Humidor besitzen.

Por Larrañaga

Dominikanische Republik. Hergestellt für Nicht-Havanna-Raucher, weist die Zigarre eine dominikanische Einlage, ein dominikanisches Umblatt, außerdem ein Connecticut-Deckblatt auf. Diese Mischung gibt ihr einen mittleren bis vollen Körper.

Por Larrañaga

Kuba. Als eine der ältesten Marken Kubas gehen ihre Anfänge bis ins Jahr 1834 zurück. Für einige Zeit die am meisten gefeierte Havanna, gehörte sie auch zu den Lieblingszigarren Rudyard Kiplings – und vielleicht dachte der an seine ›Por Larrañaga‹, als er schrieb: »Eine Frau ist nur eine Frau, aber eine gute Zigarre ist ein ›Smoke‹.«

Die Produktion ist jetzt sehr reduziert, und viele der kleineren Formate werden heute maschinell hergestellt. Sie ist nicht ganz leicht zu finden, die Suche aber durchaus lohnenswert, ist doch die ›Por Larrañaga‹ eine Zigarre mit einem vorzüglichen mittelschweren Aroma, das mit einem kleinen Hauch von Würze daherkommt. Allerdings ist das Öffnen der Kiste mit Arbeit verbunden, denn der Deckel ist mit nicht weniger als drei Siegeln versehen.

Primo del Rey

Dominikanische Republik. Eine beliebte Zigarre mit maschinell gefertigtem Wickel und einem handgerollten Broadleaf-Deckblatt.

Punch

Honduras. Wenn Sie ein Fan von stark getrockneten und fachmännisch gerollten honduranischen Zigarren sind, so sollten Sie sich von dieser Marke eine Kiste zulegen. Die Langblatt-Einlage besteht aus dominikanischen, honduranischen und nicaraguanischen Blättern, und sie steckt in einem Connecticut-Umblatt. Das Ganze ist gekrönt von einem weichen, öligen, in Ecuador gewachsenen Sumatra-EMS-Deckblatt (EMS, siehe auch Glossar). Auch die Maduro-Versionen dieser Zigarre lassen sich sehen, denn sie sind nicht übermäßig dunkel, sondern eher von einem weichen Schokoladenbraun.

Die Standardserie besteht aus zwölf Formaten, darunter eine Rothschild, eine Double Corona sowie die berühmten ›Punch‹-Formate. Daneben gibt es die ›Selección Deluxe‹ mit einem Deckblatt in Natural oder Maduro, die es in fünf besonderen Formaten gibt (im übrigen haben sie dieselben Tabakmischungen wie die Standardserie). Zu dieser Serie gehören eine Corona, die volle, aromareiche ›Château L‹ (mein persönlicher Favorit) und die ›Raja‹ (8 $\frac{1}{2}$ x 44). Außerdem ist da noch die ›Premier Grand Cru Selección‹, eine Premium-Zigarre mit doppelter Bauchbinde, die in vier Großformaten mit Ringmaßen von 48 und 50 angeboten wird. Die dickste, die ›Diademas‹ (7 $\frac{1}{2}$ x 54), ist die perfekte Zigarre nach einem Festessen, und die ›Monarcas‹ (6 $\frac{3}{4}$ x 48) ist eine der dicksten Zigarren, die in einer Hülse zu kaufen ist.

Alles in allem eignet sich die »Punch-Familie« sehr gut, um herauszufinden, was es mit den besten honduranischen Premium-Zigarren, die eine Langblatt-Einlage haben, auf sich hat. Jedenfalls ziehen die ›Punchs‹ immer gut und warten stets mit einem vollen Aroma auf (HPH 2,5 bis 3 bei den Maduro-Typen, HPH 2 bis 2,5 bei den EMS-Deckblättern). Und noch eines ist sicher: Viel besser können Zigarren nicht sein.

Punch

Kuba. Diese Zigarre wurde 1840 von Manuel Lopez herausgebracht, dessen Name noch immer auf einigen der historischen Bauchbinden zu sehen ist. Ursprünglich kreiert für einen britischen Importeur, leitet sich ihr Name von dem berühmten britischen Satiremagazin *Punch* ab, dessen Wahrzeichen im Cartoon-Teil die komische Figur

273

»Punch« ist (vergleichbar dem deutschen »Kasperl«). Dieser seit jeher unveränderte Harlekin sticht auch heute noch aus dem Etikett hervor (nicht nur bei Havannas, sondern auch bei einigen der honduranischen Varianten).

Es überrascht nicht: Die ›Punch‹ wurde bald eine begehrte Zigarre in Großbritannien (und in den Vereinigten Staaten, in die sie auch exportiert wurde), und auch heute noch ist sie in Großbritannien wie im übrigen Europa beliebt. Darüber hinaus hat die ›Punch‹ eine kleine Besonderheit, die wenig bekannt ist: Sie war die erste Zigarre, die im Half-Corona-Format herauskam. Als mittelkräftige Zigarre (eine meiner Favoriten) wird sie in einem großen Sortiment von Formen und verschiedenen Mischungen angeboten – Kenner und Liebhaber haben also eine große Auswahl vor sich. Sie reicht von der ›Petit Punch‹ (4 x 40) bis zur ›Churchill Punch‹ (7 x 47), wobei letztere durchaus dazu geeignet erscheint, Aufmerksamkeit zu erlangen.

Die Rechte an der Marke gingen irgendwann an die Besitzer der Firma Hoyo de Monterrey über, und infolgedessen wurde auch die Produktion der ›Punch‹ dorthin verlegt.

Quay d'Orsay
Kuba. Dies ist die einzige kubanische Zigarre, die einen französischen Namen trägt. Es verwundert also nicht, wenn man sie außerhalb Frankreichs kaum findet. Sie wurde 1970 von SEITA, dem französischen Tabakmonopol, entwickelt.

Der romantisch klingende Name bezieht sich auf den »Quai d'Orsay« in Paris, offensichtlich eine phantastische Gegend, um dort dem Rauchgenuß zu frönen. In Frankreich ist »Quai d'Orsay« auch ein Synonym für das französische Außenministerium, das dort beheimatet ist. So erscheint es realistischer, daß der Name der Zigarre etwas mit diesem Umstand zu tun hat.

Die ›Quai d'Orsay‹ zeichnet sich dadurch aus, daß (wie bei der ›Cohiba‹, der ›Diplomáticos‹ und der ›Montecristo‹) jedes Format ganz von Hand gemacht wird (was bei wenigen Havannas der Fall ist). Jene kubanisch-französische Zigarre wartet mit einem sehr schweren und würzigen Geschmack auf (was insbesondere bei der ›Quai d'Orsay Churchill‹ der Fall ist).

Quintero y Hermanos
Kuba. Eine maschinengefertigte Zigarre mit starkem Geschmack – und eine Havanna, die sich in Deutschland sehr gut verkauft. Beim

Panetela-Format ist nur der Wickel maschinengefertigt, während der Rest handgerollt ist, um der Zigarre ein etwas anderes Aussehen zu verleihen.

Rafael Gonzales

Kuba. Hier handelt es sich ebenfalls um eine Havanna aus den Anfängen unseres Jahrhunderts, die noch immer zu kaufen ist. Die Marke wurde 1928 von George Samuel und Frank Warwick ins Leben gerufen, die eine Zigarre speziell für den britischen Markt entwerfen wollten. Jedenfalls verwendete die Fabrik nur die besten Tabake, und aus dieser Marke ging das Lonsdale-Format hervor, das der Earl of Lonsdale in Auftrag gegeben hatte. Cubatabacos Mischung für diese Zigarre ist heute relativ mild, aber doch präsent.

Ramón Allones

Kuba. Sie wird seit 1837 in Havanna hergestellt und ist die zweitälteste kubanische Marke, die es gibt. Ihr Geburtsjahr erscheint stolz auf der Bauchbinde (nicht nur auf der kubanischen, sondern auch auf der dominikanischen Version).

Ramón Allones war ein sehr fortschrittlicher Zigarrenmacher mit innovativen Ideen, und er war der erste, der für seine Kisten Etiketten in Vierfarbdruck herstellen ließ. Er erfand auch die »8-9-8-Methode«, das heißt, die Zigarren liegen abwechselnd in Achter- und Neunerreihen in der Kiste, damit so die obere Reihe keinen Druck auf die darunter befindliche ausübt und die Zigarren schön »rund« bleiben (was natürlich nur die runden und nicht die eckigen Formate betrifft).

Auch diese kubanische Marke hat über die Jahre ihren starken Geschmack behalten. Sie ist eindeutig nicht für Einsteiger geeignet, noch nicht einmal in den kleineren Ringmaßen. Aber sie ist wunderbar, um sich mit ihr nach einem späten Mahl und zuviel Wildschweinbraten am Kamin zu erholen. Heute wird die ›Ramón Allones‹ in der Partagas-Fabrik hergestellt.

Ramón Allones

Dominikanische Republik. Früher wurden diese Zigarren von der Familie Cifuentes in Kuba hergestellt (also von derselben begabten Familie, welche auch die ›Partagas‹ und die ›Macanudo‹ gefertigt hat), während heute diese ausgezeichneten Zigarren in Santiago handgemacht werden.

Die ›Ramón Allones‹ wurde zuerst 1970 in den Vereinigten Staaten wieder auf den Markt gebracht, und zwar als eine halbprivate Marke.

275

Heute ist sie ganz verstaatlicht und nur erhältlich bei Alfred Dunhill sowie in anderen ausgewählten Tabakläden.

Die Einlage-Mischung besteht aus dominikanischen, jamaikanischen und mexikanischen Tabaken, wozu sich ein mexikanisches Umblatt und ein wunderbares Kamerun-Deckblatt gesellen. Für mich schmeckt die ›Ramón Allones‹ wie eine milde ›Partagas‹. Wenn unter dem Allones-Logo ›Selección Privada‹ zu lesen ist, dann heißt das soviel wie »Privatauslese«, und diese »Privatauslese« ist »in Form gepreßt«, das heißt, während des Herstellungsprozesses von Hand ist sie absichtlich in eine viereckige Form gepreßt worden. Es gibt aber auch die ›Ramon Allones Trumps‹, welche die elegante ›Selección Privada‹ in einer natürlichen runden Form repräsentieren. Sie haben einen etwas volleren Geschmack in der Einlage und werden ohne Bauchbinde oder Zellophanhülle in einer gestylten Zedernholzkiste angeboten. Insgesamt sind die ›Ramón Allones‹ mild (HPH 2) und eignen sich gut zum »Altern«.

Rigoletto
Dominikanische Republik und Vereinigte Staaten. Die Formate ›Black Arrow‹ und ›Dominican Lights‹ werden jetzt in der Dominikanischen Republik handgemacht, während andere Formate nach wie vor maschinell in Tampa hergestellt werden.

Ritmeester
Niederlande. Eine der ersten Firmen der Welt, die Zigarren holländischen Typs aus 100 Prozent Tabak herstellten. Jochem van Schuppen, der im Jahre 1887 die Zigarrenproduktion aufnahm, begann 1915 unter dem Warenzeichen ›Ritmeester‹ diese Zigarren herzustellen, und seither hat die Firma weltweit eine führende Rolle in der Produktion von trockenen Qualitätszigarren gespielt. Die ›Elites‹, ›Livardes‹, ›Royal Dutch Panetelas‹ und die Zigarillos findet man auf dem US-Markt. Die ›Livardes‹, kleine Zigarren in einer Blechschachtel, sind besonders in Skandinavien, Großbritannien und Irland sowie in Südafrika beliebt.

Robt. Burns
Vereinigte Staaten. Eine preiswerte Zigarre, die es seit Teddy Roosevelts Präsidentschaft gibt. Zu jener Zeit gehörten der Zigarillo und die Panetela zu den beliebtesten Formaten. In diesen frühen Jahren bestand immerhin die gesamte Produktreihe aus Havanna-Einlage und Connecticut-Deckblatt. Heute wird für dieses Massenprodukt, das in Dotham, Alabama, maschinell hergestellt wird, HTL (siehe auch Glossar) verwendet. Es gibt nur zwei Formate.

Romeo y Julieta

Dominikanische Republik. Bis vor kurzem galt diese Zigarre als ruhig und bescheiden, geschätzt von denen, die sie mochten. Als Castro an die Macht kam, verließen – ebenso wie viele andere legendäre Zigarrenmacher – die Besitzer der Marke Havanna und etablierten ihre Zigarre im karibischen Raum. Darin lag ein Problem, denn eine Zeitlang wurde sie gleichzeitig in drei verschiedenen Ländern hergestellt: in der Dominikanischen Republik, in Honduras und in Kuba. In Europa schaffte das keine Probleme, denn dort waren nur die echten Havannas erhältlich, doch in den Vereinigten Staaten entstand ein ziemliches Durcheinander, da sich dominikanische und honduranische Zigarren eindeutig im Geschmack unterscheiden. So verstieß die ›Romeo y Julieta‹ gegen das oberste Gebot der Zigarrenkunst: »Sei kontinuierlich!«

Da die honduranische Zigarre nicht mehr hergestellt wird, gewinnt die dominikanische Version langsam wieder an Boden. Mit ihrem Kamerun-Deckblatt, ihrem Wickel aus Connecticut-Broadleaf und der Einlage aus dominikanischen und kubanischen Saaten ist sie eine milde und doch aromareiche Zigarre. Vor allem erreicht sie jetzt einen neuen Höhepunkt in Qualität und Geschmack durch die seit einiger Zeit offerierte ›Vintage‹-Serie, bei der jede Zigarre das beste Schatten-Connecticut-Deckblatt aufweist sowie eine angenehme Mischung aus dominikanischen und brasilianischen Tabaken enthält, die zu einem wundervoll feinen Geschmack mit 2 bis 2,5 auf der HPH zusammenfließen.

Diese Zigarre ist leicht zu erkennen, da die normale rot-weiße Bauchbinde der ›Romeo y Julieta‹ hier mit Gold eingefaßt ist. Die ›Vintage‹-Serie wurde 1993 mit fünf Formaten eingeführt, von denen die ›No. III‹ (4 $\frac{1}{2}$ x 50) und die ›No. IV‹ (7 x 48) für mich die absoluten Favoriten für einen anhaltenden Rauchgenuß irgendwann am späten Nachmittag sind. Die ›Romeo-y-Julieta-Vintage‹-Zigarren werden in handgemachten Kisten aus spanischer Zeder mit eingebautem Befeuchtungssystem von Credo geliefert – ein Grund mehr, diese neue große Zigarre auszuprobieren.

Romeo y Julieta

Kuba. Mit der Produktion dieser berühmten Zigarre wurde 1875 begonnen, damals ausschließlich für den heimischen kubanischen Markt. Zu Ruhm gelangte sie durch Rodriquez »Pepin« Fernandez, früher Manager bei einer der größten kubanischen Zigarrenfabriken, der die Marke 1903 erwarb. Bis dahin war sie wie ein Starlet gewesen, das einen guten Agenten nötig gehabt hätte. So kam Fernandez daher und machte sie zum Star. Zu jener Zeit war die ›Romeo y Julieta‹ außerhalb Kubas kaum bekannt, doch innerhalb von zwei Jahren hatte Pepin sie zu einer der weltweit bestverkauften Spitzen-Havannas gemacht. Seine Zigarren nannte er übrigens immer »meine Kinder«.

Die ›Romeo y Julieta‹ erlangte zusätzliche Berühmtheit, da man ihr das erste Churchill-Format zuschrieb. In Wirklichkeit handelte es sich aber um die in Hülsen verkaufte ›Clemenceau‹ (benannt nach der wohl stärksten politischen Persönlichkeit der französischen III. Republik). Diese Zigarre gehörte zu Winston Churchills Lieblingsmarken, und er behauptete, sie regelmäßig zu rauchen. So kam es, daß das Format schließlich nach ihm benannt wurde. Seinerzeit wurde die ›Romeo y Julieta‹ in der alten Alvarez-y-Garcia-Fabrik hergestellt, aus der auch viele Dunhill-Havannas kamen.

Heute wird sie von Cubatabaco in der Partagas-Fabrik produziert. Sie ist eine volle, aromareiche, aber nicht zu starke Zigarre, deren Duft sehr angenehm ist (HPH 2,5).

Royal Jamaica
Dominikanische Republik. Es gab einmal eine Zeit, in der diese Zigarre in Jamaika gemacht wurde. Sie gehörte sogar zu den Originalprodukten, die, vollkommen aus Jamaika-Tabak hergestellt, für den Export bestimmt waren. Nachdem aber Hurrikan »Gilbert« 1989 die Fabrik zerstört hatte, siedelte die Firma in die Dominikanische Republik um.

Diese Zigarre ist mild im Geschmack und enthält eine Einlage-Mischung aus jamaikanischen und dominikanischen Tabaken, ein Java-Umblatt und ein Kamerun-Deckblatt. Die Maduro-Version dieser Zigarre hat die gleiche Einlage-Mischung, auch das gleiche Umblatt, während für das Deckblatt mexikanische Blätter verwendet werden. Eine interessante Information am Rande: Die Tabake für die Einlage werden immer noch von der Familie angebaut, welche die Marke ins Leben gerufen hat.

Royal Manna
Honduras. Eine preiswerte und extrem milde handgemachte Zigarre, einzigartig mit ihrem ungetrockneten Deckblatt. Eine der besten Zigarren dieses Typs fürs Geld.

Sancho Panza
Kuba. Die milde Zigarre jener alten kubanischen Marke hat nach wie vor ihre treue Anhängerschaft.

San Luis Rey
Honduras. Diese Marke, eingeführt 1993, steht für eine Zigarre mittleren Aromas.

San Luis Rey
Kuba und Deutschland. Hier handelt es sich um eine komplette Produktpalette an Zigarren und Zigarillos, die – und das ist einzigartig – zwei Nationalitäten hat, da einige Formate in Havanna von Hand gemacht werden, während andere, wie etwa die Corona und die kleine Panetela, maschinell in Deutschland gefertigt werden, und zwar von der Firma Villiger. Die Zigarren beider Länder sind mittelstark im Aroma, mit einem süßen Beigeschmack, der an kubanischen Kaffee erinnert.

San Pedro Sula
Honduras. Unter diesem Namen wird die in Honduras hergestellte ›Punch‹ in Europa verkauft. San Pedro Sula ist eine der größten Städte in Honduras und liegt in der Nähe der Fabrik, in der die ›Punchs‹ gefertigt werden.

Santa Clara 1830
Mexiko. Das Datum der Firmengründung (das auf der Bauchbinde zu lesen ist) ist Bestandteil des Namens jener Zigarre der Firma »Santa Clara S. A. De C. V.«. Sie ist vollständig von Hand gemacht und weist eine Langblatt-Einlage auf. Nach der Fertigstellung »altern« die Zigarren, und das Resultat ist eine Zigarre mit überraschendem Aroma von mittlerer Milde, aber mit Fülle (HPH 2). Diese Zigarren sind in den Vereinigten Staaten, in Deutschland und in Australien erhältlich.

Santa Cruz
Jamaika. Handgemachte Zigarren mit Langblatt-Einlage aus Tabaken, die in Jamaika, der Dominikanischen Republik und Mexiko gezogen werden.

Santa Damiana
Dominikanische Republik. Im Januar 1992 in London und im September desselben Jahres in den Vereinigten Staaten auf den Markt gebracht, wurde sie schnell ein begehrter Artikel – und das sogar unter den Havanna-Rauchern in Großbritannien und einigen anderen Ländern Europas. Es ist eine alte Marke, scheint aber für die heutigen verfeinerten Geschmäcker verbessert worden zu sein.
Bei der ›Santa Damiana‹ sind Einlage-Mischung und Umblatt aus

dominikanischen Tabaken, wozu sich ein ansprechendes Schatten-Connecticut-Deckblatt gesellt. Das Ergebnis ist eine unerwartet milde Zigarre der absoluten Spitzenklasse.

Santa Fe

Vereinigte Staaten. Der Name hat nichts mit der malerischen Stadt gleichen Namens in New Mexico zu tun. Wahrscheinlich ist diese Zigarre aus alter Zeit nach der hochangesehenen Tabakfarm von Menendez y Garcia im vorrevolutionären Kuba benannt. Heute wird die Zigarre maschinell in Alabama gefertigt, ein Massenprodukt mit Kurzblatt-Einlage und homogenisiertem Tabak.

Santa Rosa

Honduras. Diese Zigarre mittleren Aromas wurde 1984 auf den Markt gebracht und ist in einigen Teilen der Vereinigten Staaten wegen ihres attraktiven Schatten-Connecticut-Deckblatts und des günstigen Preises sehr beliebt. Eine angenehm zu rauchende Zigarre (HPH 2 bis 2,5).

Savinelli

Dominikanische Republik. Eine Zigarre von sehr mildem Geschmack, die 1994 eingeführt wurde (und auch die Bezeichnung »ELR« für »Extremely Limited Reserve« trägt). Sie wird bei Arturo Fuente hergestellt und führt den Namen der Gesellschaft, die von Achille Savinelli, dem italienischen Pfeifenmacher – und Meister seines Fachs –, gegründet wurde.

Schimmelpenninck

Niederlande. Hergestellt in Wageningen, Provinz Geldern, ist dies eine der edelsten kleinen Zigarren holländischen Typs. Die Gesellschaft wurde 1924 von zwei Brüdern und ihrem Onkel gegründet und die Produktion unter der Markenbezeichnung ›Schimmelpenninck‹ aufgenommen. Der Name stammt von einem holländischen Gouverneur, der im 19. Jahrhundert lebte.

›Schimmelpennincks‹ sind sehr beliebt. Das zeigt schon die Exportquote, denn über 90 Prozent der Produktion wird außerhalb des Landes der Deiche und Windmühlen verkauft, und zwar in mehr als 160 Ländern. In den Vereinigten Staaten, traditionsgemäß kein Markt für trockene Zigarren, hat die ›Schimmelpenninck‹ sogar einen Marktanteil von 50 Prozent an allen Zigarren holländischen Typs, die hier verkauft werden.

Die beliebte ›Duet‹ ist übrigens die in der Welt meistgekaufte dünne Panetela, mit einer Mischung aus mehr als zwanzig verschiedenen

Sorten von Kurzblatt-Einlagen aus brasilianischen, indonesischen und kamerunischen Tabaken.

Wenn Sie einmal Lust verspüren, ein ungewöhnliches Format, im Rauch der Rothschild ähnlich, zu probieren, so versuchen sie die ›Grand Luxe‹, eine kurze, untersetzte Zigarre in Torpedo-Form mit einem vollmundigen Kamerun-Deckblatt. Die ›Florina‹ ist ein anderes kleines Format mit vollem Körper, was daran liegt, daß ihre Einlage-Mischung aus Brazil- und Java-Blatt auch einen Anteil an Havanna-Blatt aufweist. Meine absolute Lieblingssorte ist allerdings die ›V.S.O.P. Corona De Luxe‹, die es wert ist, bei einem guten V.S.O.P.-Cognac geraucht zu werden.

Shah-ow-shu-ma
China. Eine chinesische Zigarre aus 100 Prozent Tabak, die zuerst in den vierziger Jahren hergestellt wurde und nun in ganz China und in Japan verkauft wird – nicht ganz, denn ein geringer Teil wurde 1992 in die Vereinigten Staaten exportiert. In China werden verschiedene Tabaksorten angebaut, und die Fabriken sind in den jeweiligen Anbaugebieten beheimatet. Der Geschmack der einzelnen Zigarren unter diesem Markennamen variiert also je nach der Provinz, in der sie hergestellt wurden.

Sobranie
Honduras. Es gibt eine entfernte Verwandtschaft zu einem der größten Pfeifentabake der Welt, aber dennoch hat diese Zigarre nichts mit Pfeifen zu tun. Tatsächlich ist sie näher verwandt mit der ›Excalibur‹ und der ›Punch‹ von Hoyo de Monterrey.
Die ›Sobranie‹, 1993 auf den Markt gebracht, wird in Amerika und in Europa verkauft und ist in fünf Formaten erhältlich, darunter eine ›Petite Corona‹, eine ›Double Corona‹, eine ›Czar‹ ($8 \frac{1}{2} \times 52$) und eine ›Magnifico Grande‹ ($7 \frac{1}{2} \times 54$).

Tabacalera
Philippinen. Zu 100 Prozent handgemacht – notgedrungen, denn auf den Philippinen steht keine einzige Maschine für die Zigarrenherstellung.

Te-Amo
Mexiko. Zuerst in den sechziger Jahren herausgebracht, ist diese Zigarre aus Mexiko in den Vereinigten Staaten mittlerweile ein Bestseller, beliebt besonders in New York. Übersetzt bedeutet der Name »Ich liebe dich« – womit eine Kiste ›Te-Amos‹ ein ideales Geschenk zum Valentinstag wäre.

Die Zigarren, in der San-Andres-Region handgefertigt, werden mit Deckblättern aus Natural-Sumatra-Saaten, in Mexiko gezogen, sowie mit Maduro- und Light-Deckblättern angeboten. Obwohl die Marke an sich schon sehr leicht ist (HPH 1,5), gibt es noch eine besonders leichte Ausgabe, die ›Te-Amo Light‹ – was sich allerdings eher auf das Aroma als auf die Intensität beim Rauchgenuß bezieht.

Temple Hall
Dominikanische Republik. Hier handelt es sich um eine alte Marke aus dem 19. Jahrhundert, benannt nach einer der Plantagen mit Jamaika-Tabak, die von kubanischen Pflanzern 1876 gegründet wurden. Die Temple-Hall-Plantagen gibt es noch immer, aber die Zigarre wird jetzt in Santiago hergestellt.
War die ›Temple Hall‹ früher von relativ bescheidener Qualität, so wartete sie 1992 bei ihrer Wiedereinführung mit einem moderneren Image und einer neuen Tabakmischung auf, bestehend aus Schatten-Connecticut-Deckblatt sowie einer Einlage-Mischung aus dominikanischem, jamaikanischem und mexikanischem Tabak.

The Ultimate Cigar
Honduras. Der Name hat absolut nichts mit dem Originaltitel dieses Buchs – *The Ultimate Cigar Book* – zu tun, obwohl sie eine der besten Zigarren ist, die ich in letzter Zeit geraucht habe. Früher die private Marke eines Versandhandels, ist sie jetzt allgemein erhältlich.
Ich rauchte diese Zigarre zuerst in ihrem Format ›No. 1‹, als ich die Fabrik in der Nähe von San Pedro Sula, in der sie hergestellt wird, besuchte. Damals wußte ich gar nicht, was ich rauchte, denn die Zigarre trug keine Bauchbinde. Das reiche, cremige Aroma mit einem leicht süßen Beigeschmack beeindruckte mich aber so sehr, daß ich am nächsten Tag wiederkam, um zu erfahren, welche Sorte ich da geraucht hatte – und um eine Kiste zu erstehen.
Diese handgemachten Zigarren reifen alle ein ganzes Jahr, wobei die Tabaksorten aus in Honduras gewachsenen kubanischen Saaten sind. ›The Ultimate Cigar‹ mit 2 bis 2,5 HPH ist in sechzehn verschiedenen Formaten erhältlich, und die Auswahl an Deckblättern ist fast genauso groß: Claro, Double Claro und Variationen von EMS und Maduros. Da bei dieser Zigarre die gute Reifung das Qualitätszeichen für den Connaisseur ist, wird sie ohne Zellophanhülle in Zedernholzkisten geliefert.

Thomas Hinds
Honduras. Die Gebrüder Mel und Tom Hinds, welche früher eine Konzession von Cubatabaco für Kanada hatten, brachten diese Zigarre 1994 auf den Markt. Nachdem sie besagte Konzession 1993 verkauft hatten, machten sie sich daran, eine volle honduranische Zigarre zu schaffen – und hier ist sie. Sie liegt bei 2 bis 2,5 auf der HPH, schmeckt aber niemals zu stark. In jedem Fall verspricht die ›Thomas Hinds‹ nach dem Essen für die meisten Gaumen einen angenehmen Genuß.

Tiparillo
Vereinigte Staaten. Eine kleine Zigarre mit einem Mundstück aus Plastik – ein Massenprodukt, das bei seinem Erscheinen im Jahre 1962 mit dem Reklameslogan »Should a gentleman offer a lady a Tiparillo?« (»Sollte ein Gentleman einer Lady eine Tiparillo anbieten?«) eine kleine Revolution auslöste. Dank des *Surgeon General's Report*, einem Gesundheitsmagazin, das um die gleiche Zeit über die gesundheitsfördernden Aspekte des Zigarrenrauchens das berichtete, was wir schon immer wußten, stiegen die Verkaufsziffern der ›Tiparillo‹ in nur wenigen Jahren nach ihrem Erscheinen auf eineinhalb Milliarden Stück pro Jahr.
Die ›Tiparillo‹ wird maschinell gefertigt aus homogenisiertem Tabak und ist nach wie vor auf dem Markt – nur daß jetzt die Ladys fragen, ob sie dem Gentleman eine ›Tiparillo‹ anbieten sollten.

Top Stone
Vereinigte Staaten. Sie wurde erstmals 1903 von E. Waegeman & Sons in Bridgeport, Connecticut, hergestellt. Einer von Waegemans Kunden liebte die Zigarre so sehr, daß er in echtem unternehmerischem Wagemut dem letzten noch lebenden Erben der Gründerfamilie die Fabrik abkaufte, und so verlegte man in den späten siebziger Jahren die Produktionsstätten schließlich nach Tampa.
Vor dem Embargo wurde diese Zigarre mit Broadleaf-Deckblatt und -Umblatt sowie einer kubanischen Einlage hergestellt, die dann später durch dominikanische und US-amerikanische Tabake ersetzt wurde. Heute ist die ›Top Stone‹ nach wie vor aus 100 Prozent Tabak, hergestellt mit Connecticut-Broadleaf-Deckblatt und -Umblatt, wozu sich noch eine maschinengewickelte Langblatt-Einlage gesellt. Sie liegt im oberen Bereich der US-amerikanischen Zigarren mittlerer Qualität und bietet eine breite Auswahl an Claro-, Colorado- und Maduro-Deckblättern.

Travis Club

Vereinigte Staaten. Eine Zigarre mit viel Historie – und mit einer Langblatt-Einlage, die in Texas noch immer von der Originalfirma hergestellt wird.

Die ›Travis Club‹ hat ihren Namen von einem Privatclub in San Antonio, Texas. Henry William Finck, Besitzer der Finck Cigar Company in San Antonio, war seinerzeit eingeschriebenes Mitglied im 1909 gegründeten Travis Club – und er war der einzige Zigarrenhersteller unter den Mitgliedern dieser exklusiven Gemeinschaft. Die nicht gerade bescheiden auftretenden Mitglieder befanden bald, der Club solle schon seine eigene Zigarrenmarke haben. Und so geschah es.

Während des Ersten Weltkriegs öffneten dann die patriotischen Clubmitglieder die Tore des Travis Club für die Militäroffiziere, die in San Antonio stationiert waren. Bald priesen auch die Infanteristen, die in Texas ihren Dienst taten, die Vorzüge der Travis-Club-Zigarren über alle Maßen, und so mutierte die private Clubmarke bald zu einer Zigarre, die öffentlich zu kaufen war.

Zur Zeit besteht die ›Travis Club‹-Reihe aus vierzehn verschiedenen Formaten (von denen viele noch aus den frühen Jahren des Bestehens der Firma stammen). Im Mai 1993 wurde außerdem eine Jubiläumszigarre eingeführt, die ›Travis Club Centennial Cigar‹, geschaffen anläßlich des hundertjährigen Bestehens der Finck Cigar Company (siehe auch Kapitel 2). Die Zigarren, welche der ›Senator‹ von Finck aus der Jahrhundertwende gleichen, ruhen in einer Jubiläumskiste, die aus Zedernholz hergestellt und die mit einem eigenen Befeuchter ausgestattet ist. Jene ›Travis Club Centennial Cigar‹ hat die Maße $6\,7/_8 \times 45$, ist aber voller im Aroma als die ›Senator‹, besteht zu 100 Prozent aus Tabak und ist aus Schatten-Connecticut-Deckblatt, Connecticut-Broadleaf-Umblatt und einer Einlage gemacht, deren Langblatt-Mischung mit dominikanischem Piloto, Olor und Brazil aufwartet.

Den Travis Club und das Gebäude des Elks Club, in dem jene vornehme Gemeinschaft im obersten Stock residierte, gibt es schon lange nicht mehr, aber ihr Bild ist auf dem kunstvollen nostalgischen Etikett einer Zigarre verewigt, die zu gut ist, um vom Markt zu verschwinden.

Tresado

Dominikanische Republik. Ausgezeichnet für den Einstieg, da mild im Geschmack und mild im Preis. Eine sehr gut gemachte handgerollte Zigarre mit Schatten-Java-Deckblatt, Kamerun-Umblatt und Langblatt-Einlage aus dominikanischem Tabak.

Trinidad
Kuba. Eine »Phantom-Zigarre«. Es gehen Gerüchte um, denen zufolge die ›Trinidad‹ (benannt nach einer Stadt auf Kuba) die ›Cohiba‹ als »Regierungs-Zigarre« ersetzen soll, jetzt, da letztere, wenn auch nur in geringen Mengen, zu kaufen ist. Aber amtliche Stellen in Kuba wissen natürlich nichts von der ›Trinidad‹, obwohl sie bei einem großen offiziellen Dinner, das 1995 in Paris stattfand und bei dem ein Essen 1000 US-Dollar kostete, ausgegeben wurden. Ein Unternehmer zahlte immerhin 250 000 US-Dollar für zehn Kisten dieser erlesenen Zigarren! Nur hochstehende Persönlichkeiten und Gäste der kubanischen Regierung hatten bisher wohl das Vergnügen, eine solche Zigarre geraucht zu haben. Also tun Sie so, als ob Sie diesen Abschnitt nie gelesen hätten, und streichen Sie jenes Phantom aus Ihrem Gedächtnis.

Troya
Dominikanische Republik. Eine gut gemachte Zigarre, mittelstark im Geschmack und sehr mild im Aroma (HPH 1,5).

Troya
Kuba. Eine berühmte Marke, deren Name sich auf Troja bezieht (womöglich hatten die Namensgeber die schöne Helena im Sinn).

Tueros
Kanada. Eine Zigarre mit Kurzblatt-Einlage aus Havanna-Blatt und einem homogenisierten Umblatt, die in Montreal exklusiv für Kanada maschinengefertigt wird. Es gibt nur ein Format (eine Corona), und jede Zigarre ist einzeln in einer Hülse verpackt. Extrem mild (HPH 1,5).

Veracruz
Mexiko. Eine Zigarre von mildem, delikatem Aroma mit Langblatt-Einlage, die 1977 herausgekommen ist und den Namen des Staates in Mexiko trägt, in dem sich jene San-Andres-Region befindet, die für ihren Tabakanbau so berühmt ist.
Der mexikanische Unternehmer Oscar J. Franck Terrazas kam auf die Idee, die ›Veracruz‹ herauszubringen. Sie ist handgemacht, wobei Tabake aus San Andrés Tuxtla und Oaxaca verwendet werden. Die Zigarren der ›Veracruz‹-Serie haben die aufwendigste Verpackung, die überhaupt vorstellbar ist. Es gibt sie in zwei Formaten: der ›Vera-

cruz Reserva Especial‹ (6 $\frac{1}{4}$ x 42) und der ›Veracruz Magnum‹ (7 $\frac{7}{8}$ x 50). Beide sind in einer Hülse aus bernsteinfarbenem Glas verpackt; ein aufgeschäumtes Zwischenstück schützt das kostbare Gut; schließlich ist das Ganze mit einer Gummikappe luftdicht verschlossen. Die Hülse wird dann von Hand in Seidenpapier gewickelt und in eine dünne Zedernholzkiste gelegt.

Diese Zigarren werden einzeln verkauft. Da der Hersteller garantiert, daß sie sechs Monate frisch bleiben, brauchen sie nicht die Bekanntschaft eines Humidors zu machen. Ich glaube, mit dieser Zeitangabe ist der gute Oscar Terrazas vorsichtiger als notwendig. Einmal lag eine originalverpackte ›Veracruz‹ auf meinem Schreibtisch volle zwei Jahre herum, bevor ich sie schließlich unter einem Papierstapel entdeckte. Nachdem ich das gute Stück nun ausgegraben hatte, wollte ich keinen Moment länger warten, um sie zu rauchen, zumal ich wirklich begeistert war, eine Zigarre genau in dem Moment zu finden, als ich eine brauchte. Ich barg also auf der Stelle diesen südamerikanischen Schatz und rauchte ihn. Zu meiner großen Überraschung war die Zigarre so frisch, als wenn ich sie gerade aus dem Humidor geholt hätte.

Die ›Veracruz‹ ist also wirklich ideal, wenn man keinen Humidor besitzt oder wenn man sich für längere Zeit auf Reisen begibt, nur muß man sich mit der beschränkten Auswahl an Formaten und dem verhältnismäßig schwachen Aroma zufriedengeben. Wegen ihres stattlichen Preises sind diese Zigarren nicht überall zu bekommen, doch sind sie absolute Spitzenklasse. Erhältlich ist die ›Veracruz‹ auf dem nordamerikanischen Kontinent und auf Hawaii.

Villa de Cuba
Vereinigte Staaten. Trotz ihres Namens ist diese Zigarre seit ihrer »Geburt« in den dreißiger Jahren stets in Tampa hergestellt worden. Heute ein Massenprodukt, wird sie maschinell gewickelt und hat ein homogenisiertes Umblatt.

Villiger
Schweiz und Deutschland. Eine der wenigen europäischen Zigarrenherstellerfirmen, die noch immer im Besitz der Gründerfamilie ist und auch von ihr geleitet wird. Die Marke ›Villiger‹ wurde 1888 ins Leben gerufen, als der Buchhalter Jean Villiger beschloß, eine Zigarre von besserer Qualität haben zu wollen, als sie im örtlichen Tabakladen in Pfeffikon erhältlich war, und so fing er an, selbst Zigarren herzustellen.

Der gute Mann machte seine eigenen privaten »Stumpen«, ein

beliebtes Format in dieser Gegend, und es dauerte nicht lange, bis sich im ganzen Dorf und in der Umgebung herumgesprochen hatte, wie gut diese »Stumpen« schmeckten. Bald hatte Villiger mehr als fünfzig Angestellte, die seine Zigarren in einer kleinen Fabrik herstellten, und allmählich verbreitete sich ihr Ruhm über die ganze Schweiz bis hinein nach Deutschland.

Seit den frühen Anfängen hat sich Jeans Liebe zum Tabak in der Familie Villiger stets weitervererbt, und es ist der Firma gelungen, zwei Weltkriege und zahlreiche Widrigkeiten im persönlichen Bereich zu überstehen. Im Jahre 1950 trat Jeans Enkel Heinrich in den Betrieb ein, und 1966 kam sein Bruder Kaspar hinzu, der hier ein rundes Vierteljahrhundert »die Stellung hielt«, bis er 1989 in die Schweizer Regierung gewählt wurde. Heinrich bleibt der berühmten Firma jedoch als Präsident erhalten, und seine Schwester Monika hat den Marketingbereich mittlerweile bestens im Griff.

Bis in die späten sechziger Jahre konnte man Villiger-Zigarren kaum außerhalb der Schweiz und Deutschland finden. Heute gibt es hingegen Fabriken in der Schweiz, in Deutschland und in Irland mit ungefähr neunhundert Mitarbeitern, die jährlich mehr als 450 Millionen Zigarren und Zigarillos produzieren. 20 Prozent davon werden in über siebzig Länder exportiert, darunter ins übrige Europa und in die Vereinigten Staaten. Darüber hinaus sind sie ein begehrter Artikel in Duty-free-Shops, und auch das Corps diplomatique wird mit ihnen beliefert.

Villiger war die erste Firma, welche die jetzt überall geläufige Fünferpackung auf dem Schweizer Markt einführte. Ursprünglich handgemacht, wird heute bei der Fertigung der ›Villiger‹ auf Maschinen zurückgegriffen, die den neuesten Stand der Technik aufweisen. Dabei werden die Zigarren mit Tabaken hergestellt, die zwei, manchmal auch drei Jahre gereift sind und aus Ländern wie Brasilien, der Dominikanischen Republik, Java, Kolumbien und Mexiko stammen sowie aus Afrika. Selbst Havanna-Tabak findet sich in vielen Zigarren wieder.

Stumpen, Zigarillos, Zigarren – die Produktpalette von Villiger ist groß. In Europa sind die ›San Luis Reys‹ aus 100 Prozent Havanna-Tabak (unter Lizenz von Cubatabaco hergestellt) und die ›Backgammons‹ aus 100 Prozent Tabak besonders hervorzuheben, während in den Vereinigten Staaten die ›Export‹, eine einzigartige viereckige Zigarre mit Sumatra-Deckblatt, und die ›Kiel‹, ein langes, schlankes Villiger-Format aus dem frühen 20. Jahrhundert, die beliebtesten Marken sind. Der letztgenannte Favorit hatte ursprünglich einen eingebauten Gänsekiel. Das Kielende stak heraus und diente als Mundstück, und so entstand der Name dieser beliebten Zigarre. Heute ist diese Methode mit dem Naturschutz nicht mehr zu vereinbaren, weshalb ein gelbes Mundstück aus Kunststoff den Gänsekiel ersetzt hat. Auch die kleinen Zigarrenformate ›Rio‹ und ›Tobajara‹ sind einen Versuch wert, ebenso die ›Braniff‹, die aus feinsten mexikanischen Tabaken aus der San-Andres-Region hergestellt werden.

Einige Villiger-Zigarren sind aus 100 Prozent Tabak, während für andere wiederum homogenisierter Tabak verwendet wird, der sich besser zur maschinellen Verarbeitung eignet. Zusätzlich zu der großen Auswahl an Zigarren und Zigarillos stellt Villiger auch Pfeifentabak her – und kürzlich ist die Firma gar in die Fahrradfabrikation eingestiegen. Das wäre vielleicht ein perfekter Urlaub: Man radelt durch die leicht geschwungene Schweizer Voralpenlandschaft auf einem Villiger-Fahrrad, eine Villiger-Zigarre paffend.

Villiger versorgt jedenfalls nach wie vor die ganze Welt mit einer reichen Auswahl an sehr typischen europäischen Formaten und Mischungen, auf deren Qualität Verlaß ist – nicht so jedoch auf deren Preise, denn die Produktreihe unterliegt bemerkenswerten Preisschwankungen von Land zu Land. Aber das muß ja nicht unbedingt an Villiger liegen.

Vueltabajo
Dominikanische Republik. Ich weiß: Natürlich schreibt man Vueltabajo eigentlich in zwei Wörtern. Aber lassen Sie sich durch diese kleine Unregelmäßigkeit in der Schreibweise nicht davon abhalten, diese feine Zigarre zu probieren. Sie ist ein richtiger »Geheimtip« – ein wirklich großer Geschmack, den hier eine neuere Marke offeriert. Sie erschien erstmals im Oktober 1993 auf dem Markt und hat sich als äußerst beliebt bei Insidern erwiesen.

Die Einlage-Mischung besteht aus in der Dominikanischen Republik gezogenen kubanischen Saaten, und das Umblatt ist ein dominikanisches Olor, wozu sich ein Schatten-Connecticut-Deckblatt gesellt. Alle Blätter zusammen ergeben einen facettenreichen Geschmackseindruck beim Anzünden. Besonders befriedigend sind die Formate 6 x 50 und 8 $\frac{1}{2}$ x 52 sowie die Pyramide (HPH 2 bis 2,5).

W. Ascot
Vereinigte Staaten. Eine Zigarre mit Kurzblatt-Einlage aus dominikanischen, ecuadorianischen und honduranischen Tabaken.

White Owl

Vereinigte Staaten. Diese Marke stammt von 1887, hieß ehemals ›Owl Brand‹, wurde irgendwann in ›Brown Owl‹ umbenannt, ehe sie schließlich im Jahre 1902 den Namen ›White Owl‹ erhielt. Zu Beginn dieses Jahrhunderts ein Bestseller im ganzen Land, hat die »Weiße Eule« heute eine Kurzblatt-Einlage und ein HTL-Umblatt (siehe auch Glossar). Eine beliebte und erschwingliche Massenware.

Willem II

Niederlande. Im Jahre 1916 ins Leben gerufen, ist sie die führende Marke im Land der Tulpen. In mehr als hundert Ländern gehört sie außerdem zu den beliebteren kleineren Zigarren holländischen Typs. Sie wird aus indonesischen und südamerikanischen Tabaken hergestellt und weist ein Sumatra-Deckblatt und ein homogenisiertes Umblatt auf.

Angefangen bei den kleinen ›Wee Willems‹ über die kurzen ›Dutch Wiffs‹ bis hinauf zu den länglichen ›Long Panetelas‹ sind sie ein angenehmer und abwechslungsreicher Rauchgenuß, der normalerweise in den meisten Tabakläden der Citys zu finden ist.

Wm. Penn

Vereinigte Staaten. Eine Zigarre, die während der ›Roaring Twenties‹, der ›Wilden zwanziger Jahre‹, ins Leben gerufen wurde. Sie wird auch heute noch hergestellt, allerdings jetzt maschinell mit homogenisiertem Tabak. Die Perfecto und die Panetela sind klassische Formate, die von Anfang an zum Sortiment gehörten. Noch immer ist die ›Penn‹ eine der beliebtesten Massenprodukte im Mittleren Westen der Vereinigten Staaten und in Neuengland.

Zino

Honduras. Hier handelt es sich um die honduranische Produktreihe von feuchten Davidoff-Zigarren, benannt nach dem jüngeren Zino Davidoff. Die ›Zinos‹, ausschließlich von Hand gemacht, wurden in den späten siebziger Jahren in Europa eingeführt, ehe sie 1983 erstmals in den Vereinigten Staaten zu kaufen waren.

Die ›Zinos‹ gibt es in drei Kategorien: ›Mouton Cadet‹, eine der mildesten Zigarren, speziell für die Baronin Philippine de Rothschild selektiert; die ›Honduran Series‹ mit mittelstarker Mischung und einer großen Auswahl an Formaten; die ›Connoisseur Series‹, eine Zigarre mit vollem Körper und reichem Geschmack, die 1987 anläßlich der Neueröffnung des Davidoff Ladens in New York herausgebracht wurde.

Zino

Niederlande. Dies ist der Name der ›Speciality Series‹ von Davidoff. Diese trockenen Zigarren holländischen Typs werden in Sumatra- und Brazil-Deckblatt angeboten und aus 100 Prozent Tabak hergestellt. Die ›Zinos‹ gehören zu den mildesten Zigarren im Davidoff-Sortiment. Noch milder sind allerdings die in Folie eingewickelten ›Zino-Relax‹ mit hellen bzw. dunklen Deckblättern und die ›Zino Classic‹.

*

Zum guten Schluß

Eine Frage, die mir sehr häufig gestellt wird, bezieht sich darauf, welche bestimmten kubanischen Marken noch hergestellt werden. Einige ehemals bekannte Marken sind nicht mehr auf dem Markt, viele gibt es nach wie vor, während andererseits auch neue ihre Käufer suchen. Um allen Interessierten einen Überblick zu geben, hier nun eine Auflistung, die ich anhand von Unterlagen, die mir Cubatabaco zukommen ließ, zusammengestellt habe und in der die Marken angeführt sind, die zur Zeit von Kuba exportiert werden: ›Bolivar‹, ›Caney‹, ›Cifuentes‹, ›Cohiba‹, ›Diplomáticos‹, ›El Rey del Mundo‹, ›Fonseca‹, ›Gispert‹, ›H. Upmann‹, ›Hoyo de Monterrey‹, ›José L. Piedro‹, ›Juan López‹, ›La Corona‹, ›La Escepción‹, ›La Flor de Cano‹, ›La Gloria Cubano‹, ›Montecristo‹, ›Partagas‹, ›Por Larrañaga‹, ›Punch‹, ›Quai d'Orsay‹, ›Quintero y Hermanos‹, ›Rafael Gonzales‹, ›Ramón Allones‹, ›Romeo y Julieta‹, ›Sancho Panza‹, ›San Luis Rey‹, ›Syboney‹, ›Stantos de Luxe‹, ›Troya‹.

Glossar oder Die kleine Zigarrenkunde

Da einige Stichwörter wohl kaum im Lexikon stehen, werden sie hier aufgeführt, weil sie in diesem Buch Verwendung finden.

AMS. Abkürzung für »American Market Selection«. Andere Bezeichnung für helle und relativ milde Deckblatt-Typen wie Candela, Claro Claro oder Jade. AMS war eine Zeitlang in Amerika sehr populär, daher diese Bezeichnung.

Angesetzte Kappe. Der Kopf der Zigarre wird hergestellt, indem eine separate Kappe geformt wird. Hierfür wird ein Stück Tabak in Form einer Flagge ausgeschnitten. Die »Fahnenstange« wird dann in einen kleinen Schlitz im Deckblatt eingeführt und aus dem Rest schließlich der Kopf geformt.

Belicoso. Eine relativ dicke Zigarre, in der Regel Ringmaß 52, mit einem geformten Kopf. Sehr einfach anzuschneiden.

Biddies. Ausdruck für eine kleine ostindische Zigarre. Auch benutzt von ›Agio‹ als Markenname für eine ihrer Minizigarren aus 100 Prozent Tabak.

Booking. Bei der Herstellung des Wickels werden die Blätter wie die Seiten eines Buches (»book«) in der Mitte gefaltet. Bei dieser Methode besteht eine große Gefahr, denn die Einlage-Blätter könnten an der Seite, an der sie gefaltet sind, sehr dicht aufeinanderliegen (sie bilden sozusagen den Buchrücken), wodurch verhindert wird, daß sich der Geschmack aller in der Einlage-Mischung verwendeten Tabake gleichmäßig verteilen kann. Die Tabakkonzentration auf einer Seite der Zigarre kann außerdem dazu führen, daß die Zigarre auf der einen Seite schneller abbrennt als auf der anderen.

Brandende. Das Ende, an dem die Zigarre angezündet wird.

Burros. Kubanischer Ausdruck für die Tabakhaufen, in denen die Tabakblätter fermentieren.

Casing. Befeuchtungsmethode. Wenn die Tabakblätter, die zu »Händen« zusammengebunden sind, aus dem Trockenschuppen kommen, besprüht man sie mit Wasser, damit sie wieder elastisch werden und leichter zu verarbeiten sind. Beim Befeuchten biegt man die einzelnen Lagen auseinander, um so ein gleichmäßiges Befeuchten aller Schichten zu gewährleisten.

Chavete. Die flache gerundete Klinge, welche die Zigarrenroller verwenden, um die Tabakblätter während der Verarbeitung zurechtzuschneiden. Heute stellen sich die Roller ihre *Chavetes* meist selbst her, und zwar überwiegend aus alten Sägeblättern.

Corte Caracol. Spanisch für »Muschelschnitt«. Beim Beschneiden des oberen Endes der Zigarre wird ein rundes Stück übriggelassen, aus dem dann der Kopf geformt wird. Bei dieser Methode muß nicht extra ein Stück Tabak ausgeschnitten werden, aus dem dann eine Kappe geformt wird (siehe auch das Stichwort »Angesetzte Kappe«).

Culebra. Eine »gezwirbelte« Zigarre, bei der in der Regel drei Stränge wie bei einem Seil miteinander verflochten werden. Culebras entstanden im 19. Jahrhundert, um die Arbeiter davon abzuhalten, die Zigarren, die sie gerade machten, ohne Entgelt mit nach Hause zu nehmen. Man hatte seinerzeit beschlossen, den Arbeitern drei Zigarren zuzugestehen, und diese drei Zigarren sollten zusammengeflochten werden, solange sie noch feucht waren. So waren sie leicht von den anderen Zigarren zu unterscheiden. Heute finden sich diese interessanten Formate bei Marken wie der kubanischen ›H. Up-mann‹, der honduranischen ›Hoyo de Monterrey‹, der ›Calixto López‹ von den Philippinen und der in der Schweiz hergestellten ›Villiger‹.

Curly Head. Das gezwirbelte Tabakende am Kopf einer Zigarre. Diese Art von Zigarren drehten sich die Zigarrenroller ursprünglich schnell zwischendurch für sich selbst, wobei sie sich die Mühe spar-ten, die Zigarre zu beschneiden und einen Kopf zu formen. Heute fin-det man den »Curly Head« bei einer Reihe von Premium-Zigarren, darunter bei bestimmten Formaten der ›Cohiba‹, der ›Davidoff‹ und der ›El Rico Habano‹.

Deckblatt. Das äußere Blatt der Zigarre, das um das Umblatt ge-wickelt wird.

Desbotonar. Spanisches Wort für eine Methode, bei der die Schöß-linge von der Tabakpflanze abgetrennt werden, damit mehr Stärke in die Hauptblätter gelangt.

Dry Cigars. US-amerikanischer Ausdruck für die nicht feucht gehal-tenen Zigarren aus den Niederlanden und der Schweiz, die in Europa so beliebt sind. Sie werden normalerweise aus Sumatra-, Java- und Brazil-Tabaken hergestellt. In Europa manchmal als »Kleine«, »Leichte« oder »Spezial-Zigarren« bezeichnet.

Durchmesser. Siehe unter dem Stichwort »Ringmaß«.

EMS. Abkürzung für »English Market Selection«. Bezeichnung für eine Deckblattfarbe (ein sattes Braun), die in Großbritannien lange Zeit bevorzugt wurde. Heute ist diese Farbe auch in Nordamerika sehr beliebt.

Einlage. Die Tabakmischung in der Mitte der Zigarre. Sie trägt viel zum Geschmack der Zigarre bei.

Figurado. Bezeichnung für alle Zigarren, die ein untypisches Format haben, wie etwa eine Torpedo, eine Pyramide oder eine Culebra.

Finished Head. Siehe unter dem Stichwort »Corte Caracol«.

Flathead. Eine Zigarre mit einem abgeflachten Kopf.

Galera. Kubanischer Ausdruck für den riesigen Saal in einer Zigarrenfabrik, in dem die Zigarren gerollt werden.

Guayavera. Ein traditionelles Hemd mit vier Taschen, das von Zigarrenmachern im karibischen Raum getragen wird. Die Langarmversion gilt als fein genug, um bei Hochzeiten ohne Krawatte getragen zu werden.

Hand. Im allgemeinen werden rund zwanzig Tabakblätter gleicher Beschaffenheit zusammengefaßt und an den Stielen zusammengebunden, so daß sie eine »Hand« formen. Eine solche »Hand« kann zwischen knapp 40 und knapp 55 Zentimeter lang sein.

Handmade. Der englischsprachige Ausdruck für »handgemacht«, der bedeutet, daß eine Zigarre vollständig von Hand gewickelt und gerollt wurde.

Handrolled. Der englischsprachige Ausdruck für »handgerollt« findet bei einer Zigarre Anwendung, bei der das Deckblatt von Hand um den Wickel gerollt wurde. Manchmal wird dieser Ausdruck auch im Sinne von »handgemacht« bzw. »handmade« verwendet.

Hecho a mano. Spanisch für »handgemacht«.

Holländischer Typ. Zigarren holländischen Typs, auch als »trockene Zigarren« bezeichnet, sind normalerweise kleinformatig und werden in der Regel aus indonesischem Blatt (Sumatra und Java) gemacht, bestehen aber zum Teil auch aus brasilianischen und kubanischen Tabaken. Die kubanischen Mischungen werden natürlich nur in Europa verkauft (wegen des amerikanischen Wirtschaftsembargos gegenüber Kuba). Alle Zigarren holländischen Typs weisen eine Kurzblatt-Einlage auf. Sie haben den Vorteil, wenig bzw. gar keine Befeuchtung zu brauchen. Manchmal werden sie auch als »europäischer Typ« bezeichnet.

Homogenisierter Tabak. Ein künstlich hergestellter Tabak, der für das Umblatt und bisweilen auch für das Deckblatt bei vielen billigen europäischen (trockenen) Zigarren, aber auch bei »feuchten« Billigprodukten verwendet wird. Homogenisierten Tabak stellt man her, indem man pulverisierten Tabak mit reiner Zellulose, Wasser und Pflanzenfasern zu einer fruchtfleischartigen Masse vermischt, die man in lange, dünne Blätter preßt, welche dann getrocknet und auf Rollen gewickelt werden. Daher wird dieses Produkt auch »Bandtabak« genannt. Der homogenisierte Tabak wird zur maschinellen Zigarrenproduktion verwendet.

HPH. »Highly Prejudiced HackerScale«. Dieses System dient dazu, die Stärke (nicht die Qualität) einer Zigarre zu bestimmen. Dabei reicht die Meßskala von 1 (sehr mild) bis 3 (sehr stark).

HTL. Abkürzung für »Homogenized Tobacco Leaf«. Siehe unter dem Stichwort »Homogenisierter Tabak«.

Kopf. Das obere Ende der Zigarre, das angeschnitten wird.

La Tabla. Spanisch für »Schneidebrett«. Gewelltes Brett aus Hartholz, auf dem die Zigarren zugeschnitten werden.

Lieberman. Ein von Hand betriebenes Gerät, mit dem unter Zuhilfenahme eines Gummiblatts die Einlage in das Umblatt gerollt wird. Benannt nach seinem Erfinder.

Miniature Cigars. Dieses ist die in Großbritannien übliche Bezeichnung für kleine trockene Zigarren holländischen Typs wie Zigarillos und Whiffs.

Perfecto. Eines der klassischen Formate. Eine gerade Zigarre mit sich verjüngendem Ende.

Präsentierkästchen. Siehe unter dem Stichwort »Zedernholzkiste«.

Premium-Zigarre. Ein anderer (international gebräuchlicher) Ausdruck für eine Spitzenzigarre, die sowohl handgemacht ist als auch aus 100 Prozent Tabak besteht und darüber hinaus eine Langblatt-Einlage aufweist.

Priming. Das Abpflücken der Tabakblätter von der Pflanze.

Puppe. Siehe unter dem Stichwort »Wickel«.

Puro. In Havanna wird jede Zigarre so genannt, die für den Export bestimmt ist. Außerhalb Kubas verbindet man mit dem Ausdruck

»Puro« eine Zigarre, deren Einlage, Umblatt und Deckblatt aus Tabaken bestehen, die alle in demselben Land gewachsen sind. So ist beispielsweise eine Zigarre, die zu 100 Prozent aus honduranischem Tabak gemacht ist, eine »Puro«. Hätte sie etwa ein importiertes Connecticut-Deckblatt, dürfte sie nicht so bezeichnet werden. – Das spanische »puro« bedeutet soviel wie »rein«.

Pyramid(e). Eine Zigarre in Pyramidenform, das heißt, sie hat am Kopf ein enges Ringmaß und weitet sich dann immer mehr bis zu einem breiten Brandende.

Reifekammer. Auch Reiferaum. Dann gibt es noch den Ausdruck »Marrying room«, »Heiratsraum«, der in typisch englischem Humor auf etwas Wichtiges hinweist. Jedenfalls ist dies der Raum, in dem die fertigen Zigarren ruhen, damit die verschiedenen Tabake ein konstantes Feuchtigkeitsniveau erreichen und sich die verschiedenen Aromen verbinden (»verheiraten«) können. In der Regel ist dieser Raum mit Zedernholz ausgekleidet.

Ringmaß. Die Dicke der Zigarre wird mit Ringmaß gemessen. Eine Ringmaß-Einheit beträgt $^1/_{64}$ Inch. Eine Zigarre mit Ringmaß 32 ist demzufolge $^{32}/_{64}$ Inch dick, also $^1/_2$ Inch. Zur Orientierung: 1 Inch = 1 in = 2,54 Zentimeter. Es ist allgemein üblich, die Dicke der Zigarre in Ringmaß anzugeben, vor allem bei handgemachten Zigarren, da der Zigarrenmacher die Dicke mit einem Ringmesser überprüft. Bei maschinell gefertigten Zigarren – und hier vor allem in Europa – wird oft auch der Durchmesser in Millimeter angegeben.

Sandwich-Einlage. Eine Technik, bei der die Einlage aus »gehacktem« Kurzblatt-Tabak zusammengesetzt ist, der in lange Blätter eingerollt wird. So befinden sich in der Mitte kurze und außen lange Blätter.

Scrap Filler. Die Einlage von Billigzigarren. Sie wird hergestellt aus den Überresten, die beim Schneiden des Tabaks entstehen. Dieses »Abfallprodukt« darf nicht mit einer »Kurzblatt-Einlage« verwechselt werden, die aus kleingeschnittenen langen Blättern für Spitzenzigarren bestehen kann. Der Tabak wird in diesem Fall deshalb kleingeschnitten, weil er dann maschinell und kostengünstiger verarbeitet werden kann.

Serones. Tragekörbe aus geflochtenen Palmblättern, die zum Transport getrockneten Tabaks von den Feldern in die Lagerschuppen verwendet werden. Jeder *Serón* ist dann mit circa 60 Kilogramm Tabak gefüllt.

Shaded. Spezialausdruck, der besagt, daß die Zigarren vor dem Einfüllen in die Kisten nach Farben sortiert worden sind.

Smoker. Treffender müßte es »Cigar Smoking Event« heißen, was soviel wie »Rauchertreffen« bedeutet. Es kann sich dabei um ein festliches Dinner handeln, um eine kombinierte Cognac- oder Whisk(e)y- und Zigarrenprobe oder einfach um ein Treffen in unregelmäßigen Abständen, bei dem sich Menschen einfach zusammenfinden, um Zigarren zu rauchen. Herkunft, Lebenseinstellung, Religion und politische Meinung spielen dabei keine Rolle. Es gibt nicht viele Zufluchtsstätten, die sich der Menschheit so weit öffnen, wie dies bei jenem Zeitvertreib geschieht.

Stogy. Eine lange, dünne und billige Zigarre, oft mit gezwirbeltem Ende. Sie wurde um 1827 von einem Tabakhändler namens George W. Black in Washington, Pennsylvania, auf den Markt gebracht und war gedacht für die Fuhrmänner und Siedler, die auf dem Weg nach Westen waren und etwas Billiges zum Rauchen brauchten. Man fand, daß die Zigarren den Speichen in den Rädern der Planwagen glichen, mit denen die Siedler unterwegs waren. Diese Planwagen tragen die Bezeichnung »Conestoga wagon«. Folglich wurden die Zigarren bald »Conestogas« genannt, dann »Conestogy«, was schließlich zu »Stogy« verkürzt wurde. – Von Journalisten wird dieser Ausdruck heute häufig für jede Zigarre gebraucht, unabhängig von Format oder Preis, was natürlich nicht korrekt ist.

Super Premium. Dieser Ausdruck wird verwendet, um hervorzuheben, daß »Super-Premium-Zigarren« noch eine Stufe über den »Premium-Zigarren« stehen, was sich nicht zuletzt darin zeigt, daß sie noch einmal erheblich teurer sind. Der Ausdruck verleiht den Zigarren zwar ein exklusives Image, doch zeichnen sie sich, davon abgesehen, auch durch hervorragende Qualität aus.

Torcedor. Das kubanische Wort für Zigarrenroller (»torcer« = »drehen«).

Torpedo. Eine Zigarre, bei der sich der Körper erst weitet und sich dann gegen das Brandende wieder verjüngt.

Trockene Zigarren. Siehe unter dem Stichwort »Holländischer Typ«.

Umblatt. Das Tabakblatt, das um die Einlage gerollt wird, um sie zusammenzuhalten. Durch diese »Symbiose« entsteht der »Wickel«.

Vega. Im Zusammenhang mit Tabak das spanische Wort für »Plantage«.

Whiff. Eine Zigarre holländischen Typs, die kleiner ist als ein Zigarillo.

Wickel. Auch »Puppe« genannt. Die Einlage, das heißt die einzelnen Füllblätter, und das Umblatt bilden zusammen den Wickel. Der Wickel wird schließlich in das Deckblatt gerollt.

XL. Bezeichnung für ein Tabakblatt, das gebrochen oder gerissen ist. In Kuba ist dieser Ausdruck nicht gebräuchlich – hier werden gebrochene Blätter einfach mit der Nummer »17« gekennzeichnet.

Zedernholzkiste. »Präsentierkästchen« – eine Zigarrenkiste aus Zedernsperrholz, die der Repräsentation dient. Deshalb kann man das Holz kaum sehen, da die Kiste überall, sogar an den Rändern, mit farbigen Etiketten beklebt ist.

Zedernholzkasten. Viel größer als die Zedernholzkiste und aus massivem Zedernholz, dient er zur Lagerung und zum Transport der Zigarren.

Von der Handwerkskunst der Pfeifenmacher
bis zur Philosophie des Pfeiferauchens.
Bücher für alle Pfeifenliebhaber.

Alexis Liebaert und
Alain Maya
Die Welt der Pfeife
216 Seiten
ISBN 3-453-08032-7

Richard Carleton Hacker
**Die Kunst
Pfeife zu rauchen**
384 Seiten
ISBN 3-453-04768-0

HEYNE

Guides für Kenner und Genießer

240 Seiten
ISBN 3-453-08039-4

224 Seiten
ISBN 3-453-09104-3

232 Seiten
ISBN 3-453-08706-2

272 Seiten
ISBN 3-453-05925-5

224 Seiten
ISBN 3-453-08704-6

224 Seiten
ISBN 3-453-07398-3

HEYNE